アイヌの漆器に関する学際的研究

浅倉 有子 編

北海道出版企画センター

カリンバ遺跡から出土した櫛（室瀬撮影）　本文 p.11

出典：宮内庁ホームページ　正倉院宝物
(http://shosoin.kunaicho.go.jp/ja-JP/Treasure?id=0000010088) を加工して作成
金銀鈿荘唐大刀（きんぎんでんかざりのからたち）　本文 p.14

粉蒔きの様子　本文 p. 24

粉固めの様子　本文 p. 24

塗り込みの様子　本文 p. 25

研ぎ出しの様子　本文 p. 25

完成作品　本文 p.25

科学分析に用いたサハリン・アイヌの漆器（左：大型丸鉢，右：行器）　本文 p.75

科学分析に用いたサハリン・アイヌの漆器（大型椀）　本文 p.75

大型丸鉢の塗膜のクロスセクション（左：透過光，右：反射偏光）　本文 p.83

行器の塗膜のクロスセクション（左：透過光，右：反射偏光）　本文 p.83

大型椀の塗膜のクロスセクション（左：透過光，右：反射光）　本文 p.83

サハリン・アイヌの漆器の加飾・模様　本文 p.85
（左：金色の武田紋，中：赤色の三巴紋，右：唐草模様（右））

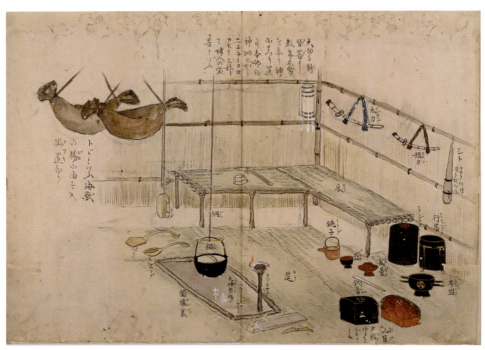

図1-1 「蝦夷島奇観」より「家器寶械図」 本文 p.94
（以下、口絵10頁図5までは、清水論文に照応）

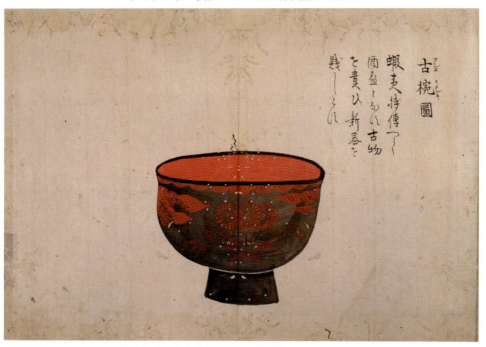

図1-2 「蝦夷島奇観」より「古椀図」 本文 p.94

秦檍磨「蝦夷島奇観」
所蔵：東京国立博物館
Image：TNM Image Archives

図2-1 札幌市 K36遺跡タカノ地点 第1号竪穴住居跡

図2-2 厚真町オニキシベ 2 遺跡 1号墓壙

図2-3 余市町入舟遺跡 GP-8墓壙

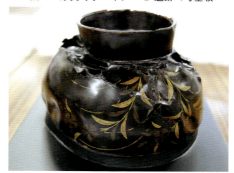
図2-4 余市町入舟遺跡 GP-21墓壙

図2-5 千歳市末広遺跡 IP-2墓壙 (No.12)

図2-6 千歳市末広遺跡 IP-2墓壙

図2-7 千歳市末広遺跡 IP-14墓壙 (No.16)

図2-8 礼文町香深井 5 遺跡1号墓壙

所蔵：札幌市 K36タカノ地点（札幌市埋蔵文化財センター）
　　　厚真町オニキシベ 2 遺跡（厚真町教育委員会）
　　　余市町入舟遺跡（余市町教育委員会）
　　　千歳市末広遺跡（千歳市埋蔵文化財センター）
　　　礼文町香深井5遺跡（礼文町教育委員会）

図3-1 伊達市有珠4遺跡 GP007 墓壙

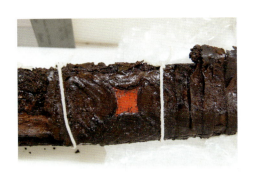
図3-2 千歳市末広遺跡 IP-14 墓壙

図3-3 福井県福井城跡（No.38）

図3-4 文京区春日町遺跡

図3-5 伊達市有珠4遺跡 GP012墓壙（No.6）

図3-6 伊達市有珠4遺跡 GP017墓壙（No.11）

図3-7 伊達市有珠4遺跡 GP019 墓壙

図3-8 木古内町札苅遺跡 2号墓壙

所蔵：伊達市有珠4遺跡（伊達市噴火湾文化研究所）
　　　福井県福井城跡（福井県教育庁埋蔵文化財調査センター）
　　　文京区春日町遺跡（文京区ふるさと歴史館）
　　　木古内町札苅遺跡（北海道博物館）

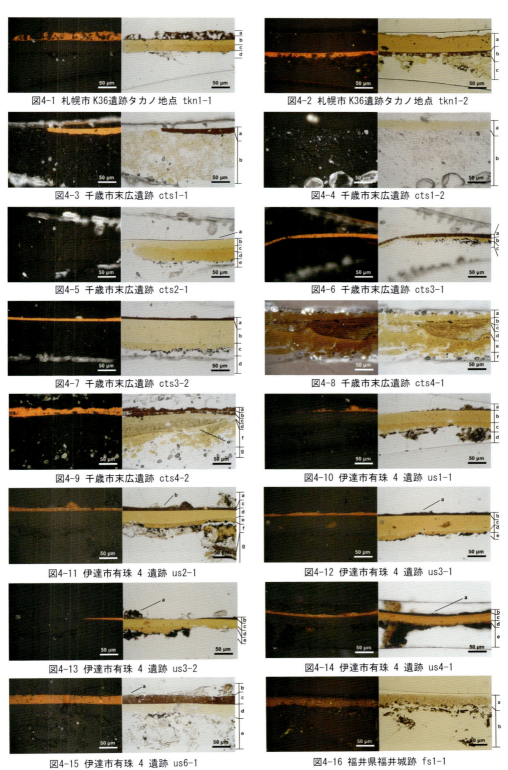

図4-1 札幌市K36遺跡タカノ地点 tkn1-1
図4-2 札幌市K36遺跡タカノ地点 tkn1-2
図4-3 千歳市末広遺跡 cts1-1
図4-4 千歳市末広遺跡 cts1-2
図4-5 千歳市末広遺跡 cts2-1
図4-6 千歳市末広遺跡 cts3-1
図4-7 千歳市末広遺跡 cts3-2
図4-8 千歳市末広遺跡 cts4-1
図4-9 千歳市末広遺跡 cts4-2
図4-10 伊達市有珠4遺跡 us1-1
図4-11 伊達市有珠4遺跡 us2-1
図4-12 伊達市有珠4遺跡 us3-1
図4-13 伊達市有珠4遺跡 us3-2
図4-14 伊達市有珠4遺跡 us4-1
図4-15 伊達市有珠4遺跡 us6-1
図4-16 福井県福井城跡 fs1-1

漆塗膜の断面像(左:反射偏向像,右:透過像) 本文 p.111表5, 112表6

千代田区紀尾井町遺跡Ⅱ（椀：蓋）

港区汐留遺跡（椀：蓋）

文京区春日町遺跡（椀：身）

千代田区丸の内一丁目遺跡（椀：身）

北海道伊達市有珠4遺跡（椀：蓋）

北海道平取町二風谷遺跡（椀：身）

北海道木古内町札苅遺跡（椀：身）

図5　東北系箔椀・類似製品　文様模式図　本文 p.99

資料番号　未124

資料番号　未137

資料番号　未151

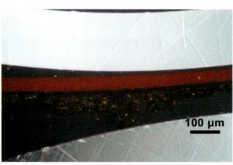

資料番号　未182

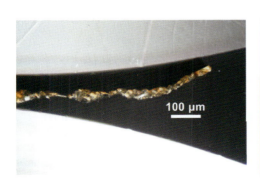

資料番号　未220

資料番号　未235

各資料の断面画像（クロスニコル）本文 p. 159

小樽市博物館所蔵　NO.118の全体像（左：側面，右：上面）　本文 p.165

No.118の部分拡大（左：羽の部分，右：土居の部分に描かれた意匠）　本文 p.165

小樽市総合博物館所蔵　No.137の全体像　本文 p.166

NO.137の側面に掘られた意匠　本文 p.166

No.137の見込みの熊　本文 p.166

小樽市総合博物館所蔵　No.109の全体像　本文 p.167

No.118の表面（右：金属箇所の拡大画像）　本文 p.168

No.137の表面（右：金属箇所の拡大画像）　本文 p.168

No.109の表面（右：金属箇所の拡大画像） 本文 p.169

<D-H>散布図

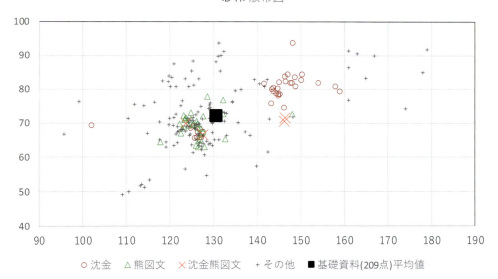

○ 沈金　△ 熊図文　× 沈金熊図文　+ その他　■ 基礎資料(209点)平均値

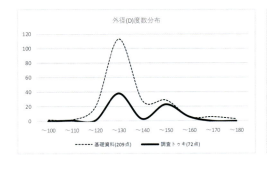
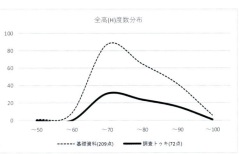

調査トゥキ（杯）の大きさ　本文 p.178

沈金熊図文 LR トゥキ (杯) ＜タイプⅠ＞

No.109　(A1 群) ／ 沈金熊図文 LR

沈金熊図文 LR トゥキ (杯) ＜タイプⅠ＞

No.118　(A1 群) ／ 沈金熊図文 LR

沈金熊図文 LR トゥキ (杯) ＜タイプⅡ＞

No.206　(B1b 群) ／ 沈金熊図文 LR(彫り込みのみ)

沈金熊図唐草文トゥキ (杯)

No.205　(B1a 群) ／ 沈金熊図唐草文

50mm

沈金トゥキ(杯) 　　　　　　　熊図文トゥキ(杯)

No.133（丸文, A2群）　　　　No.59（LR, A1群）　　　　熊図文LR

No.143（唐草文, A2群）　　　No.10（SG, B1d群）　　　熊図文SG

No.126（唐草文, A4群）　　　No.8（SR-L, B1b群）　　　熊図文SR-L

No.125（唐草文, C群）　　　No.113（SR-D, B2群）　　　熊図文SR-D

50mm

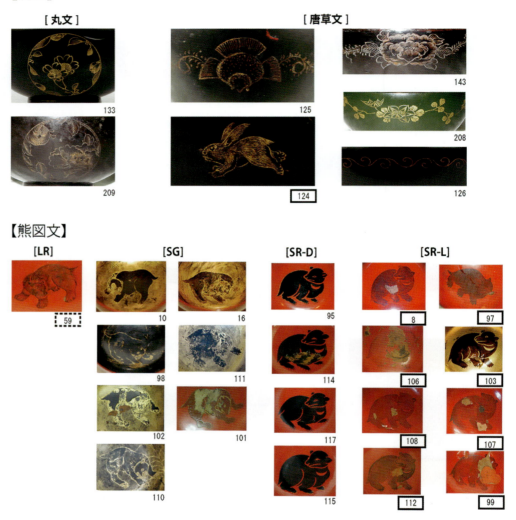

加飾・模様の変化と種別　本文 p.176

宝相華紋唐草の椀（左）と天目台（右）

年代が明確な漆器の例。明治4年（1871）以前の制作。千家十職の8代中村宗哲の作と想定される。

宝相華紋唐草の椀

(左側) 宝相華紋唐草の椀、北海道アイヌ、酒盃椀・上面、東京国立博物館所蔵、Image：TNM Image Archives
(右側) 宝相華紋唐草の天目台、北海道アイヌ、酒盃盃台・上面、東京国立博物館所蔵、Image：TNM Image Archives

(左側) 宝相華紋唐草の椀、北海道アイヌ、酒盃椀・正面、東京国立博物館所蔵、Image：TNM Image Archives
(右側) 宝相華紋唐草の椀、北海道アイヌ、酒盃椀・背面、東京国立博物館所蔵、Image：TNM Image Archives

宝相華紋唐草の天目台

（左側）宝相華紋唐草の天目台、北海道アイヌ、酒盃 盃台・正面斜め上、東京国立博物館所蔵, Image: TNM Image Archives
（右側）宝相華紋唐草の天目台、北海道アイヌ、酒盃 盃台・背面斜め上、東京国立博物館所蔵, Image: TNM Image Archives

宝相華紋唐草の合盃

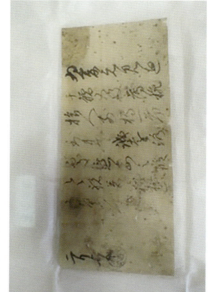

（左側）宝相華紋唐草の合盃、北海道アイヌ、酒盃・椀系合・正面、東京国立博物館、Image: TNM Image Archives

浄法寺歴史民俗資料館保管の文書　本文 p. 208

サンプル NO.1 菓子盆の黒色塗膜のクロスセクション（左：全体像，右：拡大図）本文 p.226

サンプル NO.4 飯椀の内赤色漆膜のクロスセクション　本文 p.227

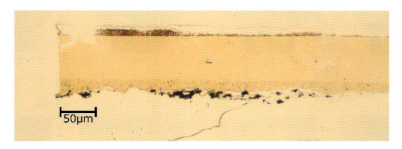

サンプル NO.3 南部箔椀　外黒色漆膜のクロスセクション（左）本文 p.227

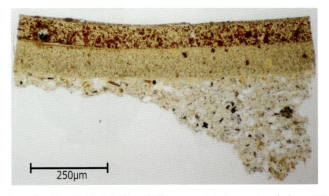

サンプル NO.5 椀の内赤色漆膜のクロスセクション　本文 p.228

サンプル NO.2 菓子盆の黄色漆膜のクロスセクション　本文 p.229

1（資料番号2006）

2（資料番号2140）

3（資料番号16253）

4（資料番号7613）

5（資料番号9614）

6（資料番号2192）

浄法寺椀の事例　本文 p.247

7（資料番号9620）

8（資料番号16208）

9（資料番号2161）

10（資料番号7636）

浄法寺椀の事例 本文 p.248

サンプル No.1(黒色膜)のクロスセクション(左:透過光,中:反射光,右:偏光) 本文 p.263

サンプル No.1(赤色膜)のクロスセクション(左:透過光,中:反射光,右:偏光) 本文 p.264

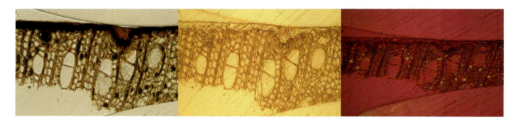

サンプル No.2(黒色膜)のクロスセクション(左:透過光,中:反射光,右:偏光) 本文 p.265

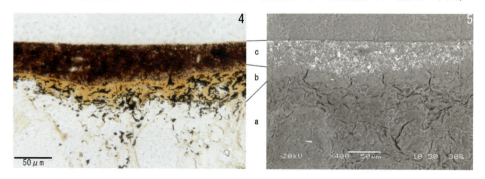

サンプル No.2(赤色膜)のクロスセクション(左:透過光,右:SEM像) 本文 p.265

目　次

『アイヌの漆器に関する学際的研究』の出版にあたって
　　　　　　　　　　　　　　　　　　　　　　　浅倉有子……………… 1

I　北海道から発信する漆文化
　北海道から発信する漆－今につながる漆文化－
　　　　　　　　　　　　　　　　　　　　　　　室瀬和美……………… 7

　コメント
　　　　　　　　　　　　　　　　　　　　　　　小野哲也………………30

II　サハリンの漆器
　北蝦夷地ウショロ場所における漆器の流入とアイヌの給料勘定
　　　　　　　　　　　　　　　　　　　　　　　東　俊佑………………35
　近世・近代のサハリン南部の歴史と漆器～西海岸ライチシカ：来知志を中心に～
　　　　　　　　　　　　　　　　　　　　　　　谷本晃久………………57
　サハリン・アイヌの漆器の特徴と科学分析
　　　　　　　　　　　　　　　　　　　　　　　宮腰哲雄他……………73

III　蝦夷地と漆器
　擦文・アイヌ文化における漆椀の実年代－総合的な分析による交流史の復元－
　　　　　　　　　　　　　　　　　　　　　　　清水　香他……………93
　蝦夷地で流通する「塗物類」に関する一考察
　　　　　　　　　　　　　　　　　　　　　　　菅原慶郎……………113
　明治初年におけるアイヌ向け漆器の仕入れについて
　　　　　　　　　　　　　　　　　　　　　　　松本あづさ…………129
　小樽市総合博物館所蔵漆器の科学分析
　　　　　　　　　　　　　　　　　　　　　　　本多貴之……………149
　小樽市総合博物館所蔵の漆器に用いられた金属の形態と加飾技法
　　　　　　　　　　　　　　　　　　　　　　　神谷嘉美……………163
　沈金熊図文トゥキ（杯）の木地形態
　　　　　　　　　　　　　　　　　　　　　　　小林幸雄……………173

Ⅳ 南部椀と浄法寺塗

南部箔椀に関する基礎的考察
　　　　　　　　　　　　　　　　浅倉有子……………195

歴史的な浄法寺塗の塗膜分析と特徴
　　　　　　　　　　　　　　　　宮腰哲雄他…………213

岩手県二戸市浄法寺で生産された可能性のある漆器について
　－新ひだか町博物館所蔵資料の検討から－
　　　　　　　　　　　　　　　　藪中剛司……………237

新ひだか町博物館所蔵のアイヌ漆器の特徴と科学分析
　　　　　　　　　　　　　　　　宮腰哲雄他…………255

装幀：落合研一
(北海道大学アイヌ・先住民研究センター)

『アイヌの漆器に関する学際的研究』の出版にあたって

編者：浅倉 有子

　出版にあたって，私たち研究グループのこれまでの経緯を振り返り，緒言としたい．

　本書表題に掲げた漆器は，アイヌの人々にとって，日常具として用いるだけではなく，儀式に使用する重要な祭具であり，威信財として財力の象徴でもあった．アイヌ文化の始まりを漆器の利用開始に求める見解もある．しかし，漆器が「伝統的なアイヌ文化」の重要な要素という通史的な理解はなされているものの，どのような時期に，どのような経緯を経て，どのような内実の文化が形成され営まれ，それが時期を追ってどのように変容していくのか，あるいは地域によってどのような差があるのか，また漆器文化がいつ，どのように「終焉」を迎えるのか，迎えていないのかといった具体相に関する研究は，ようやく緒に就いたばかりである．

　他方，和人の生産者の側から見れば，蝦夷地は漆器の一大消費地であり，消費者の動向（嗜好）が生産に直接的な影響を及ぼしていたと考えられる．また，近世においては，松前藩主との御目見の場となったウイマムや，各場所におけるオムシャといった儀礼の場で，椀と盃台という組合せの漆器が用いられ，アイヌ民族の褒賞や役職への就任にあたって高価な漆器が下賜されるなど，幕藩権力が漆器を媒介とした支配を行っていたことも見逃してはならない．

　したがって，アイヌにおける漆器の問題を検討することは，同じ列島上に歴史を歩んできたアイヌ民族の歴史と文化を明らかにするのみではなく，漆器の生産・流通に関与した和人の歴史と文化，また同化政策等を含めたアイヌと和人との関係史の諸相を検証することでもある．

　北海道内の博物館や資料館等には，他のどの地域より，膨大な数の漆器が収蔵されている．しかし，その総数すら把握されてはいないのが，現状である．また，現在の漆器産地が江戸時代にも産地であったとは限らず，逆に生産をやめてしまった産地もある．さらに，商人や職人関係の史料は，権力側の史料に比較して，一般に残りにくい状況がある．これらのことが，漆器研究を困難なものとしている．

アイヌ文化における漆器研究が不可欠であるとの認識によって，文献史学を専門とする浅倉を代表とする科学研究費基盤研究（C）「アイヌ漆器に関する歴史的研究―文献史学と考古学，民俗学・文化人類学の連携」がスタートしたのは，2013年春のことであった．この研究には，本書に執筆をしているほとんどのメンバーが，研究分担者，連携研究者等の様々な形で参加している．また，本書への執筆はないが，当時北海道立アイヌ民族文化研究センターの研究主幹であった古原敏弘氏の支えが大きかったことを付言したい．古原氏を中心とする『アイヌ民族に伝わる漆器の調査研究―アイヌ民具としての漆器類の基礎的データの収集と分析―』（神奈川大学日本常民文化研究所,2014年）の刊行は，強力な後押しとなった．

　漆器研究は，複数の分野の研究者の連携と協力が不可欠の領域である．この科研遂行の過程で，本書に講演録が収められている漆芸家で人間国宝の室瀬和美氏や，明治大学の科学分析の専門家（宮腰哲雄氏・本多貴之氏ら）との交流が生まれたことは，その後につながる大きな財産となった．また，石川県輪島漆芸美術館長の四柳嘉章氏には，漆器研究に関わる多大なご教示を頂き，かつ塗膜分析で大きなご援助を頂いている．漆器の生産地と技法の解明にあたっては，四柳氏，宮腰氏・本多氏のご尽力が大きな力となっている．

　この科研の最も大きな成果は，2015年10月に北海道大学で開催したシンポジウム「漆器とアイヌの社会・文化」である．アイヌの漆器研究の当時の到達点を示すことができたと自負している．本書には，このシンポジウムにおける室瀬氏の講演録を収録した．講演録のため，他の執筆者の論考と文体等が相違しているが，当日の雰囲気を伝えるために，口語体のままとした．また，講演直後の質疑と，標津町教育委員会の小野哲也氏のコメントも，講演と密接に関わる内容であったため，採録した．

　その後，2016年に「アイヌ漆器に関する学際的研究」が，科学研究費基盤研究(B)に採択され，現在最終年度を迎えている．新たに採択された基盤研究(B)で最も力を注いだのが，ロシア・ユジノサハリンスク市に所在するサハリン州郷土博物館所蔵の漆器の調査である．3年間の調査と研究交流により，同館とは緊密な協力関係が生まれている．2018年12月に明治大学で開催したシンポジウム「アイヌの漆器に関

する学際的研究」では，館長のユーリ・アレン氏と研究員のイリーナ・キム氏から同館所蔵の漆器について報告を頂いた．

　本書の刊行によって，アイヌ文化の根幹に関わる漆器についての新たな知見や，アイヌが用いた漆器の具体像を提示することができたのであれば，幸いである．

　最後に，極めて安価な形で本書の刊行をお引き受け頂いた北海道出版企画センターの野澤緯三男氏と，原稿の入稿にあたり多大なご尽力を頂いた（株）ジャパングローサーズの武田計良氏に篤く御礼申し上げます．

Ⅰ　北海道から発信する漆文化

北海道から発信する漆－今につながる漆文化－

室瀬 和美

人間国宝 漆芸家

　今日は基本的な話として，漆とは何か，その技法はどういうものか，また，先程アイヌの漆器が特殊なかたちで内地から入ってくるというお話がありましたが，内地ではどういう歴史で現在に至ったのかということを，お話しさせて戴ければと思っています．

　私の父はやはり漆作家でして，輪島の出身です．輪島で沈金という技術を身に付けて，京都に出て蒔絵，螺鈿を学び，その後東京に移り作家活動を始めました．東京に出たのは昭和 9 年頃です．それから，戦前戦後と，漆芸の加飾技法である蒔絵，螺鈿，沈金を通して作家活動をして参りました．その活動を見ながら，私も育ったわけです．

　生活の中に漆器がある時代は，かつては当たり前であったわけですけれども，北海道が特別ではなく，日本全国共通して徐々に生活の中から漆器文化が失われ，なかなか漆器に触れる機会が少なくなってきました．この機会をお借りして，漆という素材，漆に関わる技術をご紹介できればと思っています．

　皆さんは，北海道の漆を通してアイヌの社会・文化についてご研究されているわけですけれども，そもそも漆とはという基本的なところを知った上で，具体的な発表を聞いて戴ければと思っています．

　「漆」という言葉の語源は諸説ありますが，「うるはし」「うるほし」という言葉の音から来ていると言われています．要するに，麗しい姿，潤いのある塗膜というところから，「うるし」と呼ばれる様になったのかも知れません．

　漆というのはウルシノキという樹木の樹液です．この樹木は，地球上では，東アジアから東南アジアにかけての地域のみに分布しています．漆科漆属の植物は 6 種類といわれています．ヤマウルシ，ツタウルシ，ハゼノキ，ヤマハゼ，ヌルデ，そしてウルシノキといわれるものです．その中の 5 種類は日本中の自然の山に生えてい

ますけれども，日本ではウルシノキだけは，植栽しないとなかなか増えていかない特殊な樹木です．

私たちが使っているウルシオールを主成分とした樹木の分布は，日本から朝鮮半島，中国の大陸北東部の地域といわれています．東南アジアに分布する樹木は，漆といわれていますけれども，植物学的にはハゼの種類であると聞いております．

ウルシノキは落葉・広葉樹ですから，4月あたりに新芽が出て，6月頃から本格的に活動期に入ります．7月，8月，9月と活発に活動をして，10月以降，紅葉し，落葉が始まって休眠期に入るという1年を送ります．樹木は7～8mぐらいの樹高になります．目の高さで直径15～16cm程の太さになるのに15年ぐらいかかります．植栽した環境や個体差がありますので，早いのは13年程，遅いのは20年ぐらいかかりますけれども，一般的には十数年で漆液が採取できるくらいの大きさに育ちます．

そして，幹に傷を付けながら，その傷から出る樹液をへらで掻き取り採取して集め，しばらく置き発酵が落ち着いた状態の液を生漆（きうるし）と呼んでいます．

この傷は，4日置きぐらいに傷付けていきますが，6月から傷付け始めて，シーズンの終わる9月末頃まで取ると，20本から25本ぐらいの傷が付きます．下から人の手が届くところぐらいまで採るので，片面に5カ所ぐらいずつ，裏表で10カ所ぐらい傷付けます．1カ所の傷からひと掻きで1gか2gしか採れないので，1シーズン掻き取っても，1本の木からおよそコップに1杯から1杯半，150g程しか採れません．

シーズンが終わると木は全身傷だらけになりますから，そのまま置いておくと立ち枯れてしまいます．およそ15年程育てて，150g程度の漆を採取して一生を終えるというサイクルです．そのままですと立ち枯れてしまいますが，根元から切り落とすと翌年萌芽して，また15年ぐらいすると採取できます．そういう繰り返しで，育てながら採取していくというのが，現在の日本に於ける漆液採取のシステムです．

ウルシノキからなぜこんなに漆が出てくるかというのは，人間の血液をイメージしてもらえば良いと思います．例えば腕に傷を付ければ，血が出てきて，かさぶたになって自分の身を守ります．ウルシノキも，傷を付けられると，樹液が出て，空気に触れて固まって木を守ります．その樹液が固まる前に，私たち人間は掻き取って，集めて樹液を使わせてもらっているのです．

ですから，ウルシの樹液は日本の夏の気候に最も速く反応して，速く固まるようにできています．つまり，すぐに空気中の湿気と温度に反応して固まる性質を持っているわけで，普通の塗料と違って，溶剤や水分が飛んでいわゆる乾燥で固まるのではありません．空気中の湿度に反応して，主成分のウルシオールが酸化重合して硬化するという，特殊な固まり方をするのが漆液の特徴です．これは他には無い性質です．この事を頭に入れて，漆の話を聞いていただければと思います．

　余談ですが，これは皆さんがこれから一般の方に漆の文字についてお話しする機会にぜひ使っていただきたい話しがあります．ウルシノキは樹木です．日本の漢字は樹木を表すときには木へんが付きます．松・杉・檜・梅・桜も全てそうです．しかし，ウルシノキだけは木へんが付かない．さんずいが付きます．

　では，木はどこにあるかというと，右側のつくりにあります．つまり「木に傷を付けると水が出る」という意味です．これが漆の実態を表しています．それを強調してさんずいが付きます．漢字ができるころに，既にウルシノキは樹液が役立つことを知っていて，この漢字が成り立ったのです．

　ですから，漆という漢字を子どもたちに教えるときには，ちょっとかみ砕いて，「木に傷を付けると水が出るという意味の木で，樹液が重要な木なんだよ」と教えていただいて，より強調して「木へんじゃなくて，さんずいだよ」と言うと，子どもは一度で覚えます．漆を理解してもらうために，こういうふうに説いてもらえれば良いと思っています．

　さて，この漆の文化はどのぐらい前まで遡るかですが，専門に勉強されている方はすでに知識としてお持ちでしょう．実は，日本人は縄文早期からずっと漆と付き合っていました．現在のところ，最も古く出土したと言われている漆の資料は，北海道南茅部町の，垣ノ島B遺跡から出土したものです．

　これがそのときの写真です．（一部の写真は，掲載できなかったことをお断りする―編集者注）．この朱くなっている部分が，朱い漆が塗られたもので，図解するとこういう形になります．頭の飾りの部分，腕の飾りの部分，足のところに掛けてある部分が，植物繊維を織り，そこに朱い漆を塗ったものです．これが，いわゆる炭素14で年代測定をしたところ，9000年前という数字が出てきたとされています．しか

し，なんと20年程前の2000年12月の暮れに，ここの倉庫が火事になってしまい，今この資料は残念ながらありません．

かけらが残っていて，それで分析した結果と聞いています．この数字の精度は，私たちは専門家ではないので分かりませんけれども，これをもっと詳しく測っていただきたいと願っています．多少の数値のずれはあっても，8000年前ぐらいに遡った時代から，日本人は漆とともに生きてきたことは間違いないと思います．それから現在までずっと途絶える事なく伝わっているというのが，私達の漆の文化だと考えて良いと思います．

同じ縄文の漆でも面白い資料があるのでご紹介します．これは縄文土器です．この口の部分がちょっと欠けていますが，水を入れて注ぐ注水器です．

これは，3500年ぐらい前のもので東京の下宅部遺跡から出土していますが，ここに黒いしみのような跡が見えます．実はこれが漆の液で，壊れた縄文土器を漆で直している跡です．3500年ぐらい前に，土器を接着材として漆で直しながら使っていたという，漆修復の最も古い例のひとつかと思います．こういう技も，既に縄文時代からあったと分かると，日本人は相当漆を理解し，密接なつながりを持っていたのだろうと思います．

同じ遺跡で出たものです．これは漆の樹木そのものです．漆の幹にはこういった傷を付けてあります．下宅部の遺跡には，こういう材も大量に出土しています．

担当者の話を聞きますと，傷を付けた木が腐りにくいことをよく分かっていて，土留めの杭として使っていたそうです．それが大量に出土して，見てみると傷を付けた跡があったということです．

これではないのですけれども，傷の付いた木を宮腰先生が分析をされると，やはりウルシオールがここから出ているというお話をお聞きしました．それはウルシノキに間違いないのだろうと思います．

近年は，福井県の鳥浜貝塚から出土した漆の枝を測定したら1万2600年前のものだったそうです．もしかすると，まだまだ漆の文化は遡る可能性があるといわれる1例が，この発見になると思います．

北海道の縄文の資料がどのぐらいあるかといいますと，私もここ数年こちらの先生方と一緒に見せて頂きますと，縄文時代のものがあちらこちらに出土しています．小樽市総合博物館には，朱い漆，黒い漆で土器の上に塗られたものや，下地が付いて，さらに朱い漆が塗られたものなど，結構見られます．

　あるいは櫛です．これは木で頭の部分を造り込んで，そこに朱い漆を塗ったものです．もうちょっと拡大しますと，細かく繊維を編んだ跡が見えています．植物繊維を使って，丁寧な仕事をしながら櫛をつくっています．このような櫛も国内の各所から大量に出土しています．祭祀用具として使ったのではないかという話です．

　こちらは，去年見せていただきました恵庭市にあるカリンバ遺跡です（左側の写真1．恵庭市郷土資料館所蔵．口絵にカラー写真あり．以下同じ）．これは復元したものだそうですけれども，腕輪飾り，櫛といったものが大量に出土しています．

　そのひとつの例ですが，先ほどご紹介しました櫛の頭の部分です．櫛先の部分は木が腐ってなくなってしまっていますが，頭の部分だけは漆で塗り込まれて残っています．ここで私自身も興味があったのは，頭の部分が刃物か何かできれいに刳り抜かれて文様をつくっているところです．

　これがカリンバの櫛のひとつの特色なのかと思っていますけれども，デザイン的にも面白いし，よく見るとちゃんと編み込んで，それから抜いて，抜いた小口の部分まで朱漆が塗ってあるのです．ですから，相当計画的に仕事をしているなと思います．抜けた厚み部分まで塗るということは，デザインだけではなくて，我々仕事をする人間からすると，かなり細い刷毛か筆がないと塗れません．ですから，道具づくりも，相当この時代で成熟していたのではないかと思います．

　これが実際に北海道で採取された漆の液で塗ったのか，この場でつくられたかというのは，まだまだ分からないですが，実際に使われた文化，つくられた技術があったということは事実です．これだけ素晴らしい，朱漆が塗られた櫛が出土しているのです．

あるいは，腕飾りです．これも丁寧に編み込んで，編み込んだ文様まではっきり見えます．こんな細かく編んで，見事に塗ってありますので，塗りの技術という意味では相当高度な技で，漆の専門家がもう居たといっても過言ではありません．今こういったものを作っても良いと思うぐらいの仕事です．

縄文時代の出土漆器は北海道だけではなく，青森県の三内丸山遺跡から出土したものもあります．これは，クリの材を削って盛皿にした一部が出土したところです．同じ青森県の亀ヶ岡では，土器の上に黒漆を塗って，朱い漆で文様を付けたものや，是川遺跡では，竹を編み込んで器にして黒漆，朱い漆を塗ったものも出土しています．

北東北から南北海道にかけては，縄文のひとつの漆文化圏があったといっていいと思います．日本国内でも，数年後に向けてこの文化を世界遺産に登録する動きが出ており，今，準備が進んでいると思います．

残念なのは，登録の候補地に，カリンバ遺跡，小樽，あるいは余市といったところが入っていないことです．「なぜですか」と聞きましたら「地元が手を挙げないのです」ということでした．世界遺産の登録は，地元が手を挙げない限り国の方から「どうぞ」とはいわないのです．

北海道を専門に研究されている先生方が，ぜひ自治体に手を挙げることを勧めていただきたいと思います．これだけの文化があって，北東北から南北海道にかけての縄文文化圏というのを定義してくださっているのに，地元の人は興味がないというのはもったいないです．興味がないということは，その文化圏から研究活動が外れるのです．

中央の方も地元が手を挙げるのを待っていますが，どんどん手続きが進んでいきます．改めて北海道の皆さん，研究者の皆さんが，地方の行政の方に少し発信しなさいとアドバイスをしていただきたいと思います．

ちょっと脱線しました．

そういった縄文時代の文化は，関東地方にも，北陸にもあるのですけれども，北東北から北海道エリアは特殊な文化圏だと考えております．それが北海道ではそのまま続縄文と続いてくるわけです．

日本国内では，弥生文化が入り込んできてしばらく漆の文化は低迷するのですが，低迷するといっても消えたわけではなく，朱い漆で塗る文化が消えていくのです．この後の弥生文化では，静岡や中国地方でも出ていますけれども，ほとんど黒塗りです．ものすごく面白い漆器も出ているのですが，朱い漆はほとんど消えていきます．

　それが古墳時代に入り，天平・飛鳥・奈良時代になり，今度は大陸からいろいろな漆の技術が入ってくるわけです．そして，私たちが今知っているような漆文化が奈良時代以降に花開くわけですけれども，さかのぼって確認できる漆工資料で，いわゆる伝世品で最も古く素晴らしい作品が，法隆寺の玉虫厨子です．

　これは，2m程あるかなり大きい厨子です．この部分に漆絵，あるいは密陀絵（みつだえ）で描かれているといわれています．お釈迦様が虎のいるところに身を投じている場面や，復活する場面などがそれぞれ4面に描かれています．

　その後に出てくる資料は，東大寺を中心としたものが多く，正倉院という宝物庫に，漆工品が大量に収蔵されています．そのひとつに，金銀鈿荘唐大刀（きんぎんでんそうのからたち）（次ページの写真2）といわれるものがあります．

　この黒漆塗りの鞘の飾金具の間に装飾があります．裏表に文様があり，表側に3カ所，裏側に3カ所です．小さい画像ですので大きくしますと，金具と金具の間には，一角獣や，瑞雲や，麒麟の文様などが描いてあります．画像に見えるこの一粒一粒が金の粒になっています．

　これがどういう材料や技術でつくられてきたのかということを，1年間正倉院に通いまして，調査研究する機会をいただきました．そうしたら，これの技法が，今でいう研出蒔絵の技法とほとんど変わらないことが確認されました．『東大寺献物帳』の中に「鞘上末金鏤作」と記載されていました．その読み方は分かりませんが，末金鏤と称した表現が，今でいう研出蒔絵なのだろうと思っています．

　これは，復元したときの金粉です．金箔と金粉を混同している方が多いのですけれども，金粉は，金の塊を鑢でおろして粉にしたものです．金箔は，金の塊をたたいて，たたいて薄く延ばしたものです．従って，金箔は金粉の厚みの1000分の1以上薄いものです．

ですから，金粉を蒔いてこのような文様にしていくには，ものすごく粒子が粗いため，蒔いた上から塗り込めた漆の層を数えると 4 層ぐらいあり，まだ金の粒は出っ張っていました．そのぐらいしないと金粉が沈み込まないぐらい粗い金粉が使われていました．

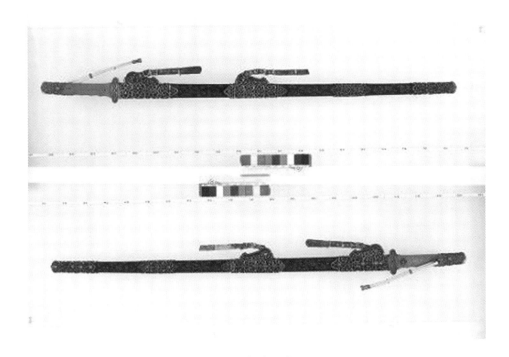

正倉院宝物

　この金粉が徐々に細かく造られるようになって，丸められて，いわゆる蒔絵に変化してきます．そして平安時代に研出蒔絵として完成してくるわけです．
　これが，平安時代の「蒔絵」と名称が付いた時代の特定できる最も古いものです．名称としては，宝相華迦陵頻伽蒔絵冊子箱（ほうそうげかりょうびんがまきえさっしばこ）というものです．これは，弘法大師，いわゆる空海が唐に渡って，三十帖の経文を書き写し，持ち帰ったもので，その冊子を入れる箱で 919 年制作と伝えられています．この箱の表面は研出蒔絵で表現されています．

これは10世紀のもので，もう蒔絵の技法が完成されています．蒔絵という言葉自体も，この時代に初めて確認出来ます．例えば『竹取物語』の中に，「館に漆を塗り，蒔絵を施し・・・」という文が出てきます．

　同じ平安時代には，皆さんもよくご存じの岩手県中尊寺金色堂の内部が，全面に螺鈿と蒔絵で荘厳に施されています．白く光っているのが夜光貝で，巻貝を使った装飾という意味で螺鈿と呼ばれています．この螺鈿は，琉球から岩手の中尊寺まで，恐らく何千個という大量の貝が東北まで運ばれ，加工されて，これだけの素晴らしいものが出来上がっています．そういう意味では，平安時代には蒔絵螺鈿の技術はほとんど出来上がっていたのです．

　この柱を拡大したものがこれですが，白く光っているのが螺鈿です．画像では分かりにくいですけれども，ここに，金の研出蒔絵がしてあります．ものすごく綺麗です．中尊寺に行く機会がありましたら，ぜひ見てください．

　その後も，鎌倉時代，室町時代と漆文化は途切れずにつながってきます．例えば，鎌倉時代の国宝「梅蒔絵手箱」（三嶋大社蔵）ですが，全面，金の沃懸地で蓋裏には水際に咲く梅樹の下に几帳を立て，雁が群れ飛び，あるいは水に遊ぶ図を同じく金の高蒔絵で表し，「錦・帳・榮・傳・雁・行」の文字を銀平文で散らしています．

　手箱というのは，お化粧道具を入れるものです．手元に置く箱という意味で手箱と呼ばれています．この手箱は内容品がよく揃ったものとして最も古く，また蒔絵技法も沃懸地・平目地・付描・描割・高蒔絵・研出蒔絵・平蒔絵と各技法が用いられた貴重なものです．

　そして，室町時代は蒔絵手箱以外の硯箱が多く作られています．蒔絵文化は技法やデザインが時代によって変わりながらずっと続いていきますが，桃山時代で大きく変化を遂げます．

　例えば，京都高台寺霊屋の内陣です．階段の部分，秀吉像及び高台院像が納まる厨子の扉にも蒔絵が施してあります．建造物の蒔絵では，先ほどの中尊寺の金色堂と同じぐらいの広さです．ただ，蒔絵に螺鈿はなく，平蒔絵というシンプルな蒔絵で秋草などが表現されています．そのほか，歌書箪笥にも草花を描いた平蒔絵が中

心の漆器が大量につくられて伝わっています．一部の先生方には，昨日この平蒔絵という技法を体験していただきましたので，良く分かると思います．

　この時代の蒔絵と共通したものが，余市町歴史民俗資料館にあります．このお椀は余市周辺で出土したといわれていますが，見ると秋草の文様が描かれ，葉の表現が共通していると思います．このお椀も北海道で使われていたものでしょう．とても貴重な資料のひとつだと思っています．

　確かここには2つお椀がありますが，出土した後に水分が抜けて，壊れる寸前ですけれども，この時代の大事な貴重な資料だと思いますので，ぜひ大事に保存していただければと思っております．

　ちょっと時代は下がりますけれども，同じような技法のお椀もありました．こういった関連のものは，午後にも専門的な発表があると思います．ぜひ，こういったものをベースに研究を進めて戴きたいと思っています．ただ，デザインだけではなく，材料，技法，樹種，構造といったものを多角的に研究を進めていかないと，全体観が見えなくなるので，各分野からの情報を総合的に判断するというのが必要かと思います．

　日本の漆芸文化に戻ります．この桃山時代は，これまでの日本漆工の歴史の中では見ることのない特殊なデザインの漆器が，この時代に大量につくられています．基本的には京都でつくられているのですけれども，我々の目にはほとんど触れる事のない特殊なものです．なぜ見ないかというと，これらは輸出用につくったからです．それらはキリスト教で使う聖書を置く書見台や，聖餅箱（せいへいばこ）といった品々です．

　これらも，高台寺蒔絵と同様の技法を使っています．それに鮑貝の螺鈿が加わっているのが大きく違うところですが，それ以外の技法はほとんど同じ平蒔絵です．

　これは，キリスト教に関わる衣類や大事な聖遺物を入れる洋櫃（ようびつ）です．これはヨーロッパでキリスト像などを描いた油絵を中に入れて礼拝する龕です．

　これらは全部輸出漆器です．恐らく数百どころではなかったでしょう．注文してつくらせたのですけれども，なぜ輸出されたのかです．ポルトガルの宣教師が16世紀半ばに種子島に漂着して，日本に初めて西洋人たちが渡来してきます．

そのときに私達に最も知識として残っているのは，鉄砲伝来です．火縄銃が種子島に入って，信長，秀吉が使って，戦争のスタイルまで変えたという大きな出来事がありました．当然，ワインだ，ガラスだ，カステラだ，といったものも全部その時代にポルトガル人が日本に伝えたものです．ここまでは皆さんが学校で教わっていると思います．

　教わっていないのは，そのときに出ていった日本の文化です．それが蒔絵です．貿易ですから，入ったものもあれば，出ていくものもあって成り立つわけです．学校では，入ったものは教えてくれるけれども，出ていったものは教えてくれなかったのは，これは学校教育の問題です．

　これらの漆器が発見されたのは，ヨーロッパでまだ五十数年前です．これが突然，ヨーロッパの古美術市場に出てきて，どこのものだ，こんなものは見たことがないと，いろいろな先生方が研究をして，ようやくこれは日本でつくったものだということが分かりました．それからはどんどん出始めて，今や当たり前になってきて南蛮漆器と称されています．こういったものが，情報としても，学問としても伝わっていなかったのです．

　日本の文化発信の中では，最も代表的で重要なものでした．もうひとつ代表的なものには伊万里がありました．この伊万里と蒔絵が，日本を代表する文化発信ということで，ヨーロッパの人たちは，蒔絵をものすごく大事なもの，日本の顔として珍重しました．

　江戸時代に入ってキリスト教が禁止されます．キリスト教が禁止されると，当然，キリスト教の用具はつくられなくなるわけです．1630年代に入ると徐々につくられなくなります．

　それらの中で輸出から漏れてしまった可能性のある品で「葡萄蒔絵螺鈿聖餅箱」があります．聖餅箱とはキリスト教の聖餐式に用いる聖餅を納める容器といわれています．円筒形の印籠蓋造で中に懸子が納まります．蓋表には円内にＩＨＳ・花クルス・三本の釘を，その外に楔形と火災形の光芒を交互に配しています．側面には葡萄を表し，平蒔絵と鮑貝の螺鈿で大らかに表現されています．

この聖餅箱はずっと鎌倉の東慶寺に残されています．未だに，なぜ輸出されなかったのか，なぜキリスト教が禁止になっても残されたのか，なぜそのまま現代まで伝わったのかは，いまだに謎ですが，これからまた研究が進むと見えてくることでしょう．そのキリスト教禁止令の後も，長崎の出島を窓口にして日本の漆器は，今度は宗教とは関係のない棚や櫃といったものをつくって輸出し続け，ヨーロッパではその人気は絶大なるものでした．そして日本から来た蒔絵の施された漆器を「ジャパン」と呼ぶようになりました．18〜19世紀になるとヨーロッパでは，「ジャパン」と呼ばれる漆器はものすごく人気があって，その中でも最高のコレクターがマリー・アントワネットでした．マリー・アントワネットは，繊細な蒔絵の小箱類を大量にコレクションしていました．

　実はマリー・アントワネットのお母さんのマリア・テレジアが，ものすごく蒔絵が好きだったのです．マリア・テレジアは「世界のどの宝石よりも蒔絵のほうがはるかに素晴らしい」という内容の文章が書かれているぐらい大好きだったそうです．

　マリー・アントワネットがルイ16世に嫁ぐ時に沢山持たせたのです．その後，マリー・アントワネットはそのコレクションをどんどん増やしたという事です．

　そういう素晴らしい文化が日本の漆文化，蒔絵文化だったということを，ぜひ知っていただいて，誇りに思っていただきたいと思います．

　当時，ヨーロッパの塗料は，ラックカイガラムシの分泌物をアルコールで溶いた透明な塗料しかありませんでした．ですから，家具は全部，木の見える塗装しかありませんでした．そこに黒漆に金の蒔絵を施したものが入ってきたということで，日本はすごい文化を持っていたと尊敬されるぐらいの出来事でした．

　一説によるとピアノが黒くなったのもその影響だともいわれています．それまでのピアノは木目の見えた塗料しか塗られていなかったのが，漆がヨーロッパに伝わるようになって初めて黒塗りのピアノが生まれたというぐらい，漆の影響力はものすごく西洋にあったわけです．日本とヨーロッパの架け橋というのは，何を隠そう漆や蒔絵がどれほど役に立っていたかということです．

　国内に戻ります．いつも政治と美術は切り離せないものですが，そのひとつとして，江戸時代に入ると大名調度があります．大名調度は，恐らく日本の蒔絵の1300

年の長い歴史の中で，技術的には最高のものといわれています．大名調度というのは，将軍や大名の娘が嫁ぐときにつくらせて持って行くものです．

　特に三代将軍家光の娘，千代姫が嫁ぐときにつくらせた初音蒔絵調度はその中でも最高のものです．今は70数点残っていますが，当初は200点ほどあったといわれています．図様は「源氏物語」の初音の巻を表すもので，技法は金の濃梨子地に高蒔絵・平蒔絵・研出蒔絵，さらに肉合研出蒔絵を併用して，まさに金の絵画といった感じです．梅の花には赤い珊瑚，図の中に散らされた文字や鶯，桜の花などは金銀の彫金が貼られています．金銀珊瑚に綾錦とはよくいったもので，本当にこれだけすごいものを千代姫に持たせるわけです．三棚から貝合桶と文具・調度類が全て揃えられています．

　なぜこれだけの事をしたかというと，数年前，大内家から文献がひとつ出てきました．これは画期的な文献でびっくりしたのですが，三代将軍の家光には当初男子がいませんでした．千代姫は女の子で，尾張徳川家の二代光友に嫁がせます．もしこのまま男子ができなかったら，二代光友に将軍を継がせるという文書が出てきたそうです．要するに，千代姫は次の将軍になりかねない人と結婚するために，これだけ豪勢なものをつくらせたという事です．

　ただ，作らせる側は良いが，作る側はたまったのものではありません．千代姫が嫁いだのは数えで3歳です．2年半でこれをつくらなければいけないのです．京都中の漆工房で夜も寝ずにつくったという逸話があるほどです．でも，婚礼までにつくらなければ首をはねられますから，命が懸かっていました．京都中，昼夜明かりが消えなかったといわれています．それぐらいすごいことだったのです．

　私たちが今，この一部，1個をつくっても，2～3年はかかるでしょう．そういったものがこの時代につくらされたのです．これが，日本に於いてこの時代の蒔絵文化の象徴と考えていいと思っています．

　公家や武家の為の蒔絵文化がずっと続いていたわけですけれども，桃山時代に大富豪の町衆がのし上がってきた時代でもあります．その町衆のためにもつくられ，蒔絵文化が広がっていくのも，この時代です．

きのうご覧になった方もおられるかと思いますけれど，『美の巨人たち（テレビ東京）』に出てきたのがこの硯箱です．この作品をつくったといわれている本阿弥光悦は，これまでにないエネルギッシュで，創作的なものをつくり出しました．それも桃山時代の特色です．先ほど言ったように，高台寺蒔絵や，あれだけの輸出漆器や，町衆たちのための自由な制作も出現します．桃山というのは，戦国の政治だけでなく美術の世界にも大転換を起こした時代です．

今，俗にITというものを通して世の中の価値観がすっかり変わる，この21世紀の大転換の混乱と同じぐらいの転換期です．だからこそ，これだけいろいろなものが出てきたということです．

その100年後に生まれた尾形光琳は，本阿弥光悦と血縁関係にありました．100年前の光悦をリスペクトして作ったものが八橋蒔絵硯箱です．光悦も光琳も自分では手を施さないのですけれども，デザインの面白さ，形も文様も創作して今までにない表現が出てきたのが，この時代だと思っています．これらの表現スタイルを現在では琳派と称していますけれども，創作の積み重ねとして現代まで伝わっているのが，日本の文化の特色です．

明治以降，ほとんど江戸時代の文化が消えます．幕府をはじめ全ての大名がなくなってしまいますから，注文してつくらせる文化がなくなってしまうのです．

では，この漆文化をどう残し伝えるべきかと考えた結果が岡倉天心がつくった東京美術学校です．ここに，白山松哉など，江戸の蒔絵を継承した人を先生に呼んでくるわけです．

皆さんは，漆器あるいは蒔絵というと，輪島とすぐに結び付けますけれども，日本の最高のものは江戸でつくられてきたわけです．高度な技術者も，最終的には江戸に残って，その技術者が東京美術学校というものを通してずっと伝えてきて，現代に続いています．

ですから，「東京で蒔絵をしています」というと皆さんはびっくりするのですけれども，本流は東京に残っています．それは産地としてではなく，個人として残っています．蒔絵をする人間は，私を含めてもう数名になってしまいましたけれども，系譜はこのように伝わっているということです．

六角紫水が岡倉天心の最初の弟子で，その後美術学校の先生として残って，松田権六を育てました．私の父親も六角紫水に学びます．この松田権六という人は，近代漆芸の祖といわれているような人ですけれども，こういったものをつくっています．

もう1人の高野松山ですが，昭和29年に重要無形文化財制度ができて，最初の認定者が漆芸では松田権六と高野松山です．その後ずっと人間国宝制度が現在まで継続するわけです．よく人間国宝は血筋のようにいわれますけれども，誰も血筋としてはつながっていません．技術としてつながっています．そして田口善国の作品になり，私の作品になります．かなり大まかですけれども，奈良・平安時代から現代までこのように伝わっています．

さて蒔絵技術とは，どういうものでしょうか．蒔絵というのは，言葉でお話ししてもイメージが伝わらないのですが，せめて画像で見ていただきたいと思っています．

蒔絵に入る前に，蒔絵の下になる部分で，漆塗りが必要になります．これが漆塗りの黒の部分です．日本の漆器の場合，木材がベースになるのがほとんどです．その木材に麻布を貼って補強をして，この布目が見えなくなるまで何回も下地を重ねます．漆と土を混ぜた下地なのですけれども，その下地の粒子がだんだん細かくなって，肌が整ってきたところで，初めて黒漆を塗ります．

ですから，この工程の大半はほとんど表面からは見えなくなる状態で，黒漆が2，3回塗られて，初めて蒔絵のベースとなります．私たちが見えるのはこの面だけですが，下ごしらえにこれだけの工程があります．

これだけの手間暇をかけますと，ものすごく時間もコストもかかります．奈良時代から現代まで丁寧に仕事をする事は変わりません．ただ，制作コストを下げられると，この下地作業に手を抜かざるを得ません．そうすると，コストは下がりますし，一見仕上がり面からでは全然分かりません．今でいう1万円のお椀が半値以下でできます．でも，使っているうちに剥がれてくる可能性があります．粗悪品は，表面では見えない部分で手を抜くということなのです．

江戸時代の経済と作品を照らし合わせると，見事に一致してきます．幕府に力があり，景気のいいときは，この下地がしっかりできています．景気が悪くなると下地工程で手を抜きます．でも，漆が塗られて蒔絵をすると仕上がった時は全く分かりませんが，良い時代と，悪い時代は，漆器の長持ち度が違います

　最初に紹介した，家光がつくらせた婚礼道具は，400年以上たっていますけれども，ほとんど壊れていません．壊れているところを探すのが大変なぐらいです．つまり，ほぼ完璧にできています．

　これが篤姫の婚礼調度になりますと，残念ながら相当壊れています．下地塗膜がほとんどめくれて剥がれています．要するに，下地が弱いのです．同じお姫様の婚礼調度なのですけれども，つくらせる側は「コストを切り詰めて豪華なものを作れ」と，受ける側は「はい，分かりました」と結果，下地工程で手を抜く事になるのです．それが現在まで伝わっているもので，漆器が長持ちするか，しないかという問題は経済と結び付いています．

　ですから，天明の大飢饉や，天保の大飢饉など，飢饉のあった後は必ず漆器は粗悪品になります．好景気の時はものすごく良いものが出来ます．これはあくまでも制作予算なのです．発注側から予算をいわれたら，それで作るほかないのです．断れないのです．制作者の知恵としてここをいかに考えるかです．現在でも安物はいけません．

　使われる下地土も，輪島で使う土，東北で使う土，京都で使う土，みんな違います．そういったことも，これからの研究には役に立てていただければ参考になると思います．

　蒔絵というのは，読んで字のごとく，蒔いて絵にすると書きます．絵巻物と間違える方がいますが，絵巻ではなく蒔絵です．先ほどご紹介した奈良時代から室町時代ぐらいまでの主流になっている技法は，研出蒔絵という技法です．

　まず，漆だけで文様を描きます．そこに，最初の画像でお見せしたように，金の塊を鑢でおろした金の粉を蒔き付けるわけです．漆というのは，縄文時代から接着剤として使われているぐらい接着力がものすごく強いものですから，金属の粉もしっかりと定着させます．ですから，この漆の特性を生かした技が蒔絵です．

金粉が細かければ，この上に漆でまた定着させるだけで，その後磨くと，絵が仕上がります．これを平蒔絵と呼んでいますけれども，金粉の粗いものは定着させただけでは取れてしまいます．あるいは淡く地蒔をしたいときには，地塗りの漆が見えてしまいますから，この上から全体に漆を塗り込みます．この後，研炭という特別に焼いた木炭で研ぐと，この金の文様がもう一度見えてきて，最初に描いた蒔絵と同じ文様が表れてきます．同じ文様でも今度は平らに仕上がっていますから，触っても取れません．

　これが研出蒔絵といって，手間暇をかけて手擦れしても金の文様が取れないというものです．使うことを大前提で生み出された技法です．絵画なら，触らないという前提でここで終わってもいいわけですが，日本の文化は常に使う・触るというのが前提にあるので，ここまで高度な技術と手間をかけることになります．

　これを少し私の作品で確認してみます．これが今回紹介します南天の花をモチーフにした作品です．南天は6月初め頃に白い花が咲きます．その後お正月前に赤い実が付きます．「難を転ずる」という意味もあって，おめでたい植物ということで作品のテーマにしました．

　まずはスケッチをして，イメージを考えて，それを図に起こします．この原図を器物に転写するために，薄い雁皮紙に輪郭線を写し取っていきます．そして，この雁皮紙の裏側から漆で輪郭線をなぞっていきます．できるだけ細く描きます．

　漆で描いたほうを器物の塗り研ぎ面に乗せて，紙の上から薄く削ったクジラベラでこすっていきます．そうすると，裏面に描いた漆の線が器物面に転写されるわけです．この転写されたところに，金の細かい消粉を絡めると，文様の線がはっきり見える様になります．これが原図から器物に移す工程で，置目（おきめ）と称しています．こうして，原図が初めて立体に移されます．この図を基に，蒔絵の文様を描いていきます．

　きのう体験をして戴きましたが，漆で文様を描きます．きのうは描きやすいように文様の漆に色をちょっと付けましたけれども，金粉をこういうふうにぼかして蒔く場合は下の地塗りの色が見えてしまうので，私の場合は何も入れない透明な漆で

描きます．ですから，塗りのむらが出ない様に光に反射させながら描いているわけです．

描いた漆の上に粉蒔きを始めますが，南天の葉の先がちょっと赤いので，朱い漆の乾漆粉（かんしつこ）をアクセントとしてちょっと蒔き，その後すぐに全体に金粉を蒔きます．粉筒（ふんづつ）という道具を使って，絹のメッシュを通して蒔くわけです．（左側の写真3）そのときに全部蒔かないで，淡く蒔きぼかしをしておくと濃淡が出ます．

その後，金粉の上から漆で定着して，朱い乾漆粉のところはちょっと朱い漆で，あとは透明な漆で粉がずれないように定着をする粉固め（ふんがため）という作業をします．（左側の写真4）

あとは南天の花の周りの地文様で，形の違う扁平な平目粉という金粉を蒔いていきます．このように金粉を蒔いて，地文様をつくっていきます．それも，また漆で定着します．

側面は貝を使っています．貝というのは厚みがありますから，蒔くと重なって平らに仕上がらないので，1粒ずつ置いていかなければいけません．粒置き（つぶおき）と称する技法ですけれども，蒔いたように見せますが，実は一粒ずつ置いていくという作業をします．

それが一通り出来上がったのがこの写真です．これで下拵えが一通りできました．これが，最初に大きく4つに分けた工程段階の2つ目です．

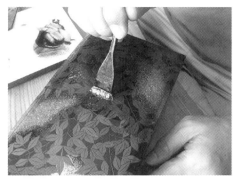

そして，3段階目の塗込みという作業を行います．（左側の写真5）この場合も，黒漆ではなくて透漆（すきうるし）で塗り込めます．それでも中塗までは黒漆を塗っているので，仕上がりの地は黒く見えます．

4段階目は研出しです．（左側の写真6）これは研炭です．木炭を使いますが，備長炭みたいに堅い炭では傷だらけになってしまいますので，アブラギリの木を研炭用に特別に柔らかく焼いた炭を使います．水を付けながら丁寧に研ぐと金の文様が研ぎ出されてきます．

側面も同じように研ぎ出します．全体が研ぎ上がった状態がこれです．今回は蒔いた金粉が粗いですから，1回ではなかなか埋まらないので，同じ工程を3回ぐらい繰り返して，平らに整えていきます．これは3回目の塗込みです．これが1回目の塗込みですから，1回目の工程よりずいぶん整ってきたと思います．側面も同様に塗り，研ぎを繰り返します．

実は毎回の作業ですけれども，漆を硬化させる場合は，湿度が必要なので，湿度の高い戸棚に入れます．その後は花の部分です．これは色漆を用い，平蒔絵という技法で花の部分を描きます．

最後は，胴摺という炭研ぎ面を整える作業を経て，その後生漆を摺り重ねて堅くして，最後は磨き上げます．磨き上げるときは，伝統的に鹿の角を焼いて細かくした粉で磨くと，傷が入らないで仕上がります．今日はざっくり2～3分で紹介しましたけれども，完成までほぼ10カ月ぐらいを要します（左側の写真7）．

蒔絵に絞って話しましたけれども，これから皆さまが北海道の漆をどう研究していくかという問題については，今日の午後にはいろいろな研究成果が紹介されますので，バラエティーに富んだ研究者の皆さんの発表を楽しみにしております．その中でも，こういうお椀類がたくさんこちらにも伝わっているというお話がありましたけれども，それらも楽しみにして聞きたいと思っています．

　CTで撮った画像や，樹種同定など，宮腰先生はじめ，今日は出席されていませんが吉田先生など，いろいろな先生方に協力して頂いていますが，化学的な分析も絡めて研究が進んでいけば良いなと願っております．

　先ほど，谷本先生からもお話があったと思いますが，アイヌの人々が何故これだけ漆器を愛していたかという理由のヒントになると思っている事例を最後にひとつ紹介します．

　縁もゆかりもないような写真ですけれども，皆さんの記憶にあるかと思います．三浦雄一郎さんが，80歳というご高齢でエベレストに登頂したニュースがありました．

　三浦雄一郎さんがエベレストに登頂する前に，たまたま講演会がありまして，最後に漆のお椀のお話をしました．お椀には，金属や，陶磁器，木に漆を塗ったものなど，いろいろな材料があります．でも，日本文化には食事の際，木に漆を塗ったお椀が食事を美味しく戴くために，ものすごく重要だという話をしました．

　そうしたら，最後に「本当に木の漆椀は優秀なのですか」と質問に来られた方がいらして，木の椀は軽くて保温力があることが一番で，温かいものが冷めにくいのです．その理由は木の熱伝導率が一番低いのです．金属が一番伝導率が高いから，冷めやすいです．ガラスも合成樹脂もみんなそうですという話をしましたら，「うちの父親が山に登るので，高い山では冷めない器が欲しい」ということでした．山はどこですかと聞いたら「エベレストだ」ということでした．

　昔はアルミのお椀を持っていって，前回登ったときはプラスティックのお椀でしたと言われました．聞くと，6000 m～8000 mに行くと夜は－40℃，昼は空気が薄いですから＋50℃にもなり，1日の寒暖差が 90℃近いということでした．とても体力的に持たないので，朝，昼，夜，体を温めるために鍋料理にするそうです．ところが，

お椀によそって食べるころには，−40℃では一瞬のうちに冷めてしまうということでした．

プラスティックも熱が外に伝わりやすいので，木で漆塗りのお椀を持っていけば，軽いし絶対に冷めずに食べられますよというお話をしたのです．そうしたら，「そういう椀をつくって欲しい」と言われてしまいまして，言った手前作ったのが，この大小のお椀です．

これは息子さんの三浦豪太さんです．雄一郎さんとご飯を食べて，見事に湯気が出るぐらい本当に冷めません．3カ月1日3食で900食，これで体力が保てましたというお話をしてくださいました．汁物もご飯も全てこのお椀で食べたそうです．

寒い場所はどうしても食べものが冷めやすいのです．陶器は割れる危険性だけではなくて，重い事と冷めやすいという問題があるのです．寒暖差が毎日90℃近く，雪は氷として固まっていてほとんど溶けることがないので，一風吹くとあっという間に湿度も20%を切ってしまうそうです．食器を洗うのも，ヒマラヤのてっぺんですから凍った雪を溶かした水で洗うわけです．砂利が沢山混ざっているのですから，椀は傷だらけになります．それでも耐えてきました．温度差，乾燥，砂利入の水という過酷な戦いをして無事帰ってきて，記念に2組私に戻してくれました．そのほかの椀は，皆さんいまだに使っているとおっしゃっていました．そういう意味では世界中で最も過酷な環境で生き抜いてきた器です．今後も漆椀は自信を持って勧められます．

木の漆塗りの椀は，寒いところに最も耐え，食事を温かく保ちますから，アイヌの人たちの食生活に有効な食器になっていった気もします．そういう木の温もりに対する思いがありながら，北海道では漆が取れなかったということだけで，その製品を輸入せざるを得なかったのではないかと思います．

この寒冷地という気候の中で私がちょっと感じた点をお話しして，話を締めくくろうと思います．

日本では，同じ椀でもお茶碗には石偏の「碗」を使い，汁椀と飯椀には木偏の「椀」を使って，歴史的に使い分けてきました．でも，明治時代以降，茶碗の方が安くて壊れにくいと，いつの間にか，茶碗でご飯を食べる習慣に変わってきました．

「ご飯茶碗」などという不思議な名前を付けてしまいました．ご飯茶碗というのはないでしょう．飯椀でしょう．ご飯茶碗というのは誰が付けたのですか．いつからお茶を飲む碗でご飯を食べるようになってしまったのでしょう．そして，ご飯茶碗などという意味不明な名称を付けてしまいました．本当はご飯はゆっくり時間をかけて椀で食べるものなのです．飯椀によって最後のお米の一粒まで温かく，美味しく食べられるのです．

　この文化が，先ほど言ったようにエベレストぐらいに行ってしまうと，自分の体を守るところに直結します．その事例が三浦さんでした．極寒の地でも心豊かにご飯を美味しく戴くためにも，やはり漆椀文化が北海道に広がったのではというのが，私のひとつの提案でございます．

　今日は，ありがとうございました．

○司会：室瀬先生，貴重なお話をありがとうございました．最初に9000年を1時間に縮めていただいて，10カ月を2分に縮めていただいて，非常に大変なことをしていただいてありがとうございました．

○会場：すみません．ひとつだけ，私も漆の本とかをいろいろ読んでいて，今，先生のお話に出てこなかったのが，漆の将来で，先ほどの蒔絵に筆が出てきましたけれども，あの筆を作る人がいなくなることです．そういう話が出てきたのですけれども，いかがなのでしょうか．

○室瀬：では，ひとつ質問にお答えしたいと思います．

　そのとおりです．今，蒔絵筆というのは，ものすごく大変な時代です．蒔絵筆は大体 2 種類で，ネズミの毛と猫の毛の筆を使います．本来，細い線描筆はネズミの毛を使っていたのです．ネズミといっても小さなマウスではなくクマネズミという大きなラットです．ネズミは日本でも嫌われものでありまして，大体退治されてしまいます．その中でも生き抜いて現在まできていることは間違いないのですけれども，日本の生活文化が変わったために，ネズミの毛が手に入らなくなったのです．

　なぜかというと，私たちは過去にはずっと木造の生活をしていました．ですから，ネズミが走り回っても，毛の先が擦れないのです．ところが今は鉄筋コンクリート

の生活になりました．その壁の間を走り回りますと，毛の先が全部擦れてしまって，筆にならないのです．毛先の水毛がないネズミは捕まえても役に立ちません．

　それで，仕方がないということで，ネズミに変わる小動物です．

　動物というのは，小さければ小さいほど毛が細いですから，細い線が引けるのです．イタチやタヌキのように大きくなってしまうと毛が太くなってしまって，細い線が引けないのです．ですから，一番小さいネズミの毛が良いのです．その次に小さいのが猫なのです．仕方なく，今は猫の毛を使っています．

　日本では伝統的に猫の皮で三味線をつくりますから，猫の毛は要らなくなりますので，その廃物利用です．ネズミの代わりに猫という因果なものですけれども，そういう毛を使っています．

　日本画などの絵を描く場合は絵具が柔らかいので，多少太くても毛先だけで描けるので良いのですけれども，蒔絵をするときは，それ以上大きな動物は使えません．

　自然界のネズミが本当に捕れなくなってしまったのは，ものすごく残念です．この筆を作る方はいるのです．でも，捕ってくれる方，なめしてくれる方，材料を提供する方がいなくなったというのが一番問題です．

　それで，私たちは仕方なく代用の筆を使っています．なくなることはないのですが，供給する量も質もどうしても落ちてきます．近年では猫毛ですら，良い毛が手に入らなくなったと言われています．もちろん，その影響で蒔絵筆を造る人もいなくなりつつあります．

　ですから，先ほどご紹介したような初音蒔絵調度のような細い蒔絵の線を描く道具がなくなったことのほうが，技術の問題よりも心配な気がします．でも，それを再生するためには，漆器を皆さんが使っていただくことしかないと思っています．皆さんが使えば，作る人は増えます．作る人が増えれば，材料を作る人が増えます．そういう循環ですので，できたら，皆さまがもう一度，北海道で漆器を使う文化に戻っていただくことが，技術を守ること，材料を守ることに直結すると思っています．

「コメント」

小野哲也（標津町教育委員会）

　標津町教育委員会の小野と申します．私は，今回の報告者の皆さんと一緒に過去何回か研究会のほうに参加させていただきました．それを踏まえて，今回のシンポジウムの報告内容について，若干のコメントを添えさせていただければと思います．

　今回のシンポジウムは，アイヌ社会の中で重要な役割を担ってきた漆器をテーマにして，学際的な研究としてさまざまな分野の方から問題提起がなされました．こういった漆器を対象とした学際的な研究は，今から15年前ぐらいに，短い期間だったと思いますが1度行われています．本日の報告者である古原さん，小林先生，会場にいらっしゃる小倉さんが加わっておられました．

　そのときは，考古と，民具等の専門家による学際的な研究だったのですけれども，実際に始めてみると，それぞれの分野で出された意見がなかなかリンクしてこないところがありました．

　具体的にきょうの報告の中で見ていきますと，藪中さんが報告された民具の資料で扱った蛸唐草とか，宝尽くしといった文様の資料は，遺跡のほうからは出てきません．遺跡で一般的に見つかるような植物の文様は，民具のほうでは少ないです．同じ文化資料として使われたはずのアイヌの漆器は，民具の資料と，考古の資料では接点が非常に少なかったという印象でした．そこで壁にぶつかってしまっていたのです．

　今回は文献史の視点がだいぶ入って来たことによりまして，若干それが変わってきたなという印象を持っているところです．

　例えば，以前であれば，考古学の資料と民具の資料の差は地域差として考えて，それで済ませていたと思うのですが，今回は，例えば藪中さんの説明にも，小林さんの説明の中にもありましたけれども，アイヌ民具資料の漆器は非常に企画性が高いものが出てきます．

　冒頭の浅倉先生と，今の東先生の報告にありましたように，19世紀初頭になると台盃という言葉が現れます．さらに，漆器に対して政治的な意図がありそうでした．そういうことが出てくると，今までは単に地域差としてアイヌ系に使われていたも

のだというかたちで捉えていたものの中に，政治的な意図が絡んできそうな，今までになかった視点が加えられたのかなという印象があります．

しかし，文献史からの言葉と実際のモノ資料を直ちにつなげることができるかというと，そういうこともできません．古原さんの報告にもありましたように，斜里の博物館で見つかったものと，旭川の博物館で見つかったものの出どころが同じ可能性があります．そうすると，民具資料はどこの地域で使われていたものであるか，非常にばらばらになってしまいます．

民具資料と考古資料に共通していえることなのですけれども，一番の問題は産地です．一体どこでつくられたのかが全く分かっていません．そういう状態にあって，文献とモノ資料をつなげる壁が出てきたわけです．

ただ，きょう私が聞いていてこれはいけるなと思ったのは，宮腰先生とか，本多先生の材質科学の部分です．今までアイヌの漆器をやってきた中でもやもやとしていた部分に光が見えてきたような報告だったので，期待できるかなと思っていました．

アイヌ漆器といっても非常に膨大な数があって，やみくもに科学的な調査をやっても答えが見えにくい部分が出てきます．そこは，今までやってきた物質文化，あるいは文献資料とうまくタイアップして，たぶん本当の意味での学際の研究に進んでいくのでしょう．そんな期待ができるような内容だったと思っています．

以上，若干整理をしながらコメントとさせていただきます．

II　サハリンの漆器

北蝦夷地ウショロ場所における漆器の流入とアイヌの給料勘定

東 俊佑

北海道博物館

1. はじめに

　幕末期における場所請負制下のアイヌは，請負人が経営する漁場における雇用労働等に従事し，その労働に見合った給料の支給を受けていた．請負人からは，米，酒，タバコなどのさまざまな物品が前貸しにより支給され，締日（決算日）の勘定の際に，稼いだ給料から差し引かれた額が，彼らの取り分となった．この仕組みは「給料勘定」と呼ばれ，江戸幕府の第二次蝦夷地直轄領期の1856（安政3）年よりはじまったものである[1]．本稿で論じるウショロ場所アイヌへ渡された漆器は，主に「給料勘定」システムによりアイヌが入手した本州からの外来の交易品であり，和製品である．

　アイヌと松前藩，あるいはその委託契約を受けた請負人側の間の物々交換は，「交易」あるいは「代物替」などと呼ばれる．場所請負制下の雇用労働におけるアイヌの和製品入手も，一般に〈場所請負制下における交易〉として括られるが，「自分稼」や「自分商売」と呼ばれる形態の商取引[2]を除けば，厳密には相対交易ではない．それは，物々交換ではなく，アイヌが請負人へ提供する労働力と品物の交換であった．「給料勘定」においては，アイヌの稼ぎ高が「○○俵　此代○○貫○○文」などと記され，雇用者からアイヌへ給料を支払う形をとる．しかし，ウショロ場所においては，労働力提供の対価としての賃金（現金）がアイヌへ直接支払われるわけではなく，その額に見合った物品が現物支給されるにすぎない[3]．

　菊池勇夫氏が紹介・検討した『庚申万延元年蝦夷地御領分御引受留』によると，同じ場所請負制下であっても，1855（安政2）年以前の松前藩復領期は，「漁勘定」と呼ばれる仕組みであったという[4]．「漁勘定」の内容，及び第二次幕領期における「漁勘定」から「給料勘定」への移行については，場所請負制下のアイヌの問題を考察するうえで，今後検討しなければならない問題である．本稿は，論題の趣旨が異なるので，この問題は別途検討することとし，「給料勘定」システムの成立を前提に話を進めたい．

ところで，この「給料勘定」の様相が具体的にわかる史料（帳簿）は，きわめて残存例が少なく，近年分析が進展している．俗に〈アイヌ交易帳簿〉と呼ばれるこの類いの史料として，例えば北海道博物館が所蔵する林家文書の『土人勘定差引帳』がある．林家はヨイチ場所の請負人を務めた家柄であり，『土人勘定差引帳』は，1858（安政5）年から3年間のヨイチ場所アイヌの雇用実態を読み解くことができるものである[5]．一方，ロシア・サンクトペテルブルクにあるロシア科学アカデミー東洋古籍文献研究所には，『簾貸帳』，『大福帳』と題するサハリンアイヌの交易帳簿が所蔵されている．この2点の帳簿は，1806～07（文化3～4）年のフヴォストフ事件の際にロシア側に接収されたものだと考えられている[6]．また，近年筆者が分析を試みている北蝦夷地ウショロ場所アイヌの経営帳簿『北蝦夷地用』は，アイヌを使役した和人による場所（漁場）経営，すなわちアイヌの雇用（労働）の実態を読み解くことが可能な史料である[7]．

　上記4点の帳簿のうち，アイヌの「給料勘定」に関するものとなれば，年代的にいって，ヨイチ場所の『土人勘定差引帳』，及びウショロ場所の『北蝦夷地用』となる．とくに後者には，「土人給料勘定」として記される部分があり，ウショロ場所アイヌの「給料勘定」の実態がわかるものである．このなかにはアイヌへ対し，漆器が渡されている旨の記述も確認できる．

　ウショロ場所は，幕府の対ロシア政策の一環として，幕末期に越前大野藩が新たに進出し，アイヌを雇用した漁場経営を試みた地域である．ウショロ場所への漆器の流入実態については，帳簿『北蝦夷地用』のほか，「越前大野土井家文書」[8]に含まれる蝦夷地（ウショロ場所）関係史料などから探ることも可能である．本稿では，紙幅の関係などから，ウショロ場所における漆器の流入とアイヌへの支給の問題に限定し，当該諸問題の諸相を明らかにしてみたい．

　従来のアイヌ漆器研究では，浅倉有子氏による「台盃」の研究のほか，本州からの交易品としてアイヌへ渡された漆器の，主として酒宴の儀礼における威信財（宝物）としての機能に注目した研究がある[9]．本稿では，「送払帳」や「勘定帳」といった帳簿に注目し，ウショロアイヌへの物品供与の様相を具体的に復元し，その構造を明らかにしてみたい．

2. 越前大野藩とウショロ場所

　はじめに，帳簿分析の前提として，ウショロ場所の概要や越前大野藩のウショロ場所進出とその歴史的背景について述べておきたい．

ウショロは，サハリン島西海岸北緯 48 度 50 分付近に位置する地名で，江戸時代においては，アイヌが居住する一大集落であった．戦前期樺太日本領時代には鵜城，戦後はロシア名・オルロヴォ Орлово となっている．

　ウショロとは，いくつかの小さな村の集合地域名であり，江戸時代以前，「ウショロ村」が存在したわけではない．1862（文久 2）年のアイヌ人別帳[10]によると，ウショロ場所には，「ライチシカ村」「ウエンルイサン村」「ヲタフニ村」「ウシトマナイホ村」「ナイコトロ村」「ウツシユ村」「フレヲチ村」の 7 つの村があり，7 村全体の家数は 23 軒で，179 名が居住している．この 7 村のうち，ライチシカ村をのぞく 6 村は，現在のオルロヴォ近辺 10 数キロ以内の海岸に点在している．ライチシカ村は，ウショロ場所内に含まれるが，一般にウショロというと，ライチシカ村をのぞく 6 村のあたりを指す．

　このウショロには，サンタン人と呼ばれる人びとが渡来し，アイヌと交易を行っていたことが知られる[11]．サンタン人は，アムール川下流域のキジ湖周辺に居住する，現在のウリチ民族につながる人びとであったとされる．彼らは，サハリン島西海岸南端のシラヌシまで赴き，中国製絹織物や青玉，ワシの羽などと，アイヌ・日本側が用意したキツネ・テン・カワウソ等の小動物の毛皮を交換する交易活動を行っていた．

　そのウショロに，安政 3 年（1856）以降，江戸幕府が進出しはじめる．ロシア人のサハリン島進出に危機感を抱いた江戸幕府は，安政 2 年（1855），蝦夷地を松前藩から召し上げて直轄領とし，蝦夷地の政務全般を担当する箱館奉行を設置する（第二次蝦夷地直轄）．そして，当時北蝦夷地と呼ばれたサハリン島の北緯 50 度以南地域（アイヌ居住村の北限であった西海岸ポロコタン以南）の実効支配を強化するため，アイヌの「撫育」や漁場開発などを強力に推し進める．その政策の担い手として白羽の矢を立てられたのが越前大野藩であった[12]．

　大野藩は，現在の福井県の山間部に位置する小藩である．蝦夷地警備を幕府より担わされた東北諸藩とは異なり，安政年間以前までほとんど蝦夷地と関わりのなかった藩である．7 代藩主土井利忠（藩主在位：1818-1862）の治世の末，逼迫する藩財政の立て直しのため，藩直営の会所＝大野屋の経営と蝦夷地進出に乗り出すことになる．大野や各地の特産物を，全国各地に設けた取次店である大野屋で売り捌き，その利益でもって藩財政の健全化を図るものである．蝦夷地進出は，その珍奇でかつ利益還元率の高い産物を大野屋で売り捌くことも念頭に置いている．

この大野藩の藩政改革の実質的な主導者が，家老内山良休（七郎左衛門）とその弟隆佐であった．大野屋の経営が兄良休，蝦夷地進出は弟隆佐を中心に進められた．

　1856（安政 3）年，大野藩は蝦夷地の金銀探索のため，数名の藩士を蝦夷地へ派遣する．その翌年，場所請負制の及んでいない地域の新たな漁場開発の可能性を探るため，藩士早川弥五左衛門を北蝦夷地へ派遣する．北蝦夷地南部のシラヌシ，クシュンコタン，トンナイの近辺は，すでに伊達家・栖原家の場所請負となっており，その北側の部分は，越後出身の豪農松川弁之助とその親戚の鳥井権之助たちが「差配人」となって新規漁場開設を進める「直捌場所」であった[13]．早川は，この年，サハリン島西海岸のポロコタンまで探査を行い，アイヌの大きな集落があったウショロを開発の拠点とするべく認識をもつ．その一方で大野藩は，蝦夷地への人員や資材の運搬，及び蝦夷地産品の本州方面への回漕のための洋式帆船・大野丸を，翌 1858（安政 5）年に江戸湾の品川沖で建造する．

　この間，1857（安政 4）年，及びその翌年，ロシアがサハリン島西海岸のナヨロやクシュンナイ（北緯 48 度付近）への人員の滞留を推し進めたことで，日露の境界をめぐる争いがいよいよ顕著となる．このような背景もあり，幕府側は大野藩に対し，ウショロへの藩士の早急の駐屯，及びアイヌの「撫育」を強く働きかけ，1859（安政 6）年から大野藩は，ウショロにおいてアイヌを雇用した漁場経営を開始する．そして，翌 1860（万延元）年には，ウショロが大野藩の「領分同様」の地であると幕府は認めるに至る．

　しかし，1859（安政 6）年に，幕府とロシアの東シベリア総督ムラヴィヨフの間の国境画定交渉における，サハリン島が日本とロシアの「双方雑居」の地であることの日本側の受諾は，サハリン島におけるロシア人の北緯 50 度線以南への南下や居住の承認を意味し，これ以降，ロシア人のサハリン島南部への移住や徘徊が顕著となる[14]．1862〜63（文久 2〜3）年に起こったウショロアイヌのロシア側への逃亡事件（「トコンヘ一件」）は，日本側のアイヌ政策に深刻な影を落とすことになり，ウショロに駐屯する大野藩士は，箱館奉行所役人とアイヌ，ロシア人の三者の板挟みとなって事件への対応に苦慮する[15]．

　1862（文久 2）年以降，福永銑之助，早川弥五左衛門，鶴見代次郎，松尾友三などの大野藩士が，ウショロの現場監督者として同地に駐屯する．また大野藩は，蝦夷地での漁業やアイヌの使役経験のある者・吉田儀兵衛を親方として雇い入れ，ウショロにおいてアイヌを雇用した漁場経営を継続する．大野藩は，厳しい環境のなか，ウショロアイヌの「撫育」と領内の警衛等を幕府よ

り担わされていたわけであるが,折しも 1862(文久 2)年には藩主利忠が引退し,1864(元治元）年 8 月 28 日には,経済基盤の主翼であった大野丸が子モロ沖で座礁し,あえなく沈没する.その後,江戸幕府は滅亡し,1869（明治 2）年に大野藩士たちはウショロを引き揚げることになる.

3. ウショロ場所における漆器の流入

次に,大野藩のウショロ場所経営時代における同地への漆器流入の諸相を,以下の 2 つの史料から見ておきたい.1 つは藩士・福永鉞之助が記した『諸事記録』,もう 1 つは織田村の百姓・北野宗兵衛が記した『北野惣兵衛諸品送払帳』である.

3.1 福永鉞之助『諸事記録』

大野藩主・土井利忠を祀る柳廼社（福井県大野市）が所蔵する「越前大野土井家文書」のなかに,『諸事記録』という冊子がある[16].冊子には「福永錥之助氏所蔵　諸事記録　福永鉞之助後宇吉」,「福永錥之助借上謄写」とあり,本冊子は,福永鉞之助の関係者（子孫カ）である福永錥之助氏所蔵の『諸事記録』を謄写し,柳廼社に納めたものと考えられる.

「土井家分限帳」[17]によると,福永鉞之助は「万延二酉年二月朔日供小姓並宛行並北蝦夷地開拓御用掛」とあり,1861（万延 2）年より「北蝦夷地開拓御用掛」となっている.また,1862（文久 2）年にウショロ場所のウエンルイサン村に住むアイヌの青年・ハウトンマカ（後トコンベと改名）が番人からの暴力を契機に逃亡し,ロシア人のもとへ駆け込んだ際の記録類[18]に,ウショロ詰の大野藩士として名前の確認できる人物である.

『諸事記録』の内容は,ウショロ場所のアイヌに関するさまざまな覚書である.〔表 1〕はその項目部分を抜粋したものである.オムシャや奉行所役人の廻浦の際のアイヌへの下賜品（「被下物」）,「給料勘定」の際の各種品物の値段（俵・把）,コンブの買入値段（反）,各種品物の値段（文）,漁業時の必需品,ウショロ場所のアイヌ人別帳等から構成される.年代を判別する手がかりとなる記述として,一番古いもので⑤「土人給料取調書」に「巳十月」（1857（安政 4）年）とあり,最も新しいもので㉓「来子年網あば...」（子年は 1864 年なので 1863（文久 3）年）とある.したがって,この冊子は,おおよそ 1850 年代末～60 年代はじめごろのウショロ場所に関するものと考えられる.この年代は,福永鉞之助がウショロに滞在していた時期にほぼ重なるので,『諸事記録』は福永の関係資料とみて間違いないだろう.

『諸事記録』の⑥「土人給料勘定諸品直段付」,及び⑧「〔土人給料勘定諸品直段付〕」の部分は,「玄米」「行器」「耳たらい」などの「諸品」の値段の書き上げとなっている.それぞれ銭換算の額（貫・文で表示）と俵・把・升・合で表示される額が列挙されている.これをまとめたものが〔表2〕である.便宜的に各品に1〜85の番号を付した.

例えば,2番目の「上行器」であれば,「一,上行器壱ツ　此代拾貫八百文　拾八俵」と記されている.「拾八俵」とは「土人給料」の稼ぎ高における値段を示すものと考えられる.アイヌが漁場などで働いて稼いで得た給料は,米（8升入りの「夷俵」）の単位である「俵」やタバコの単位である「把」で表される.したがって,この記述は,「上行器」の値段が18俵,銭換算で10貫800文に相当するという意味になる.

前半の1〜61は「右者差配人手先ニ而箱館表ニおゐて伺済之上直段定」,後半の62〜85は「右者当場所ニ而相定メ候直段」と,それぞれの末尾に記述がある.「差配人」とは,前に述べた越後出身の松川弁之助,鳥井権之助のことである.したがって,前半は,「直捌場所」での「諸品」の値段,後半はウショロ場所で独自に定めた値段を書き上げている部分ということになる.

この1〜85のなかで,2〜3「行器」,4〜6「耳たらい」,7「湯当」,8〜9「台盃」,10〜12「蒔絵壱ツ椀」,13〜14「朱壱ツ椀」,15〜16「柄提」,17「蝦夷壱ツ椀」,18「板折敷」,19〜21「酒桶」,22〜24「鴨々」,62〜64「黒耳たらい」は,漆器である可能性の高い物品である.最も高価なのが2「上行器」で10貫800文（18俵）,最も安価なのは65文（1把）の16「小柄提」,17「蝦夷壱ツ椀」,18「板折敷」,24「小鴨々」の4つである.一口に漆器と言っても,高価な部類に属する「行器」「耳たらい」「湯当」「台盃」「蒔絵壱ツ椀」「酒桶」から安価な物まで,さまざまであった.1〜85全体を比べると,漆器類,小袖・古手・木綿などの布類,鉄鍋が高価であったことがわかる.そして,『諸事記録』に,これらの値段帳が含まれていることは,大野藩がウショロアイヌに対し,「給料勘定」による漆器等「諸品」の支給を企てた,あるいは実際に支給したことの証拠であると言える.

3.2　北野宗兵衛『北野惣兵衛諸品送払帳』

『北野惣兵衛諸品送払帳』は,前節で見た福永鉞之助『諸事記録』と同様,柳廼社所蔵「越前大野土井家文書」に含まれる帳簿である[19].表紙には「文久年間迄北野惣兵衛諸品送払帳」とある.また,史料の添書として「北野氏ハ内山隆佐ノ命ニテ蝦夷開拓ニ従事シタリシ人,此帳面ハ大正十四年丹生郡織田村旧領地ノ人ヨリ送ラル」との記述がある.北野宗兵衛は,丹生郡織田村

出身の百姓で，文久年間ごろにウショロ場所で活動した大野藩関係者である．したがって，この添書の記述に従えば，この帳簿は北野宗兵衛の活動に関係するものであり，何らかの理由で宗兵衛の出身地である織田村の人の手に渡り，それが 1925（大正 14）年に柳廼社に献納されたということになる．

ところで『織田町史　資料編中巻』[20]には，「北野宗兵衛家文書」が収録されており，蝦夷地関係史料として「ハウトンマカ一條記」，及び「西浦ウショロ領ライチシカ村ゟフレヲチ村迄土人々別改帳」の 2 点が紹介される．前者は，1862（文久 2）年のハウトンマカの逃亡事件の顛末，後者は，ウショロ場所アイヌの人別帳である．これらの史料の北野宗兵衛家への伝来は，宗兵衛の文久年間ごろにおける大野藩ウショロ場所経営への強い関与を示す証拠である．

『織田町史』の「北野宗兵衛家文書」の「解説」によると，江戸時代の織田村は，大野藩の領地西潟 13 か村の内にあり，1851（嘉永 4）年から 1858（安政 5）年まで，藩士早川弥五左衛門が織田村の代官所に勤めていたという．その関係から，宗兵衛ほか数名の者が，ウショロ場所の仕事に関わったと推測する．「ハウトンマカ一條記」には，ウショロ詰足軽高橋峰三郎宛ての宗兵衛の書状が収録されており，そのほか，宗兵衛と藩士福永鉞之助とのやりとりや，捕縛したハウトンマカが再び逃亡しないよう夜の見張り番を担当する宗兵衛の姿も見え，彼がウショロ場所の仕事に奔走する様が見て取れる．

さて，この『北野惣兵衛諸品送払帳』は，ウショロ場所へ積み込まれた各種荷物の数量と，それを誰にいくつ渡したかが書き上げられた帳簿である．荷物の種類によって，渡した相手はそれぞれ異なるが，主なものを抜粋すると，「会所」「番家」のほか，「高橋様」（高橋峰三郎）「山藤様」（山藤直二郎）など箱館奉行所ウショロ詰の役人，「福永様」（福永鉞之助）「鶴見様」（鶴見代次郎）など大野藩関係者，「吉田殿」（吉田儀兵衛）「平作」「友吉」などウショロ場所の番人，「ヲンハヲトヱ」「イキリマウシ」「キリホクシランケ」といったウショロのアイヌなど，となる．また，ウショロへ各種荷物を運んだ船として，「伊勢丸」「大野丸」などの船名が見える．大野丸が運航した時期や，帳簿中に渡した相手として登場する人物から判断すると，この『送払帳』は，文久初年ごろのウショロへの荷物の流入量を記録した帳簿と見て良いと思われる．

『送払帳』は，前欠で途中から記述がはじまっている．したがって，ウショロへの物資流入の全貌を明らかにすることは残念ながらできない．『送払帳』に見える荷物は，「大坂酒」「越後酒」

「味噌」「醤油」「地廻り葭」「煙管」「手拭」「股引」「古手」「白木綿」「庖丁」「木綿針」「鍋」「間切」「砂糖」「細工鎬」「麹」「草鞋」など70種類を越える．

このなかに漆器と思われる品物の名も見える．抜粋すると①行器，②台盃，③湯桶蒔絵附，④三ツ組盃，⑤酌提，⑥耳盥，⑦伊勢膳，⑧赤膳の8種類となる．この『送払帳』には，鴨々，蝦夷壱ツ椀，板折敷など安価な漆器は含まれておらず，いずれも高価な漆器ばかりである．

例えば，①行器は，『送払帳』に次のように記される．

　　一，器行四ツ
　　　　壱ツ　ヲンハヲトヱ
　　　　壱ツ　ニシロ
　　　　壱ツ　メラチ
　　　　壱ツ　ハニシトランケ

ここに記されるヲンハヲトヱ以下4名は，人別帳と照合すると，ウショロのアイヌであることがわかる．4つの行器がウショロへ運ばれ，各4名にそれぞれ1つずつ渡されたという意味であろう．

同様に見てみると，②台盃は，「〔吉野　小原〕台盃請払座」とあり（〔　〕は割注を示す），「一，小原　五ツ」「一，吉野　五ツ」とあり，「小原」「吉野」の台盃が各5つずつ運ばれたことがわかる．これが「請」であり，「払」は，「壱ツ　ヘシロコツテ」以下，ニシロ，カアナイ，センクラ，ノホリランケ，ニシトカリ，マンチカ，カンキタヨシマ，ラサヲフニの9名の人名が記され，最後に「〆九ツ」，そして「外壱ツ　ヲムシヤ之節盃紛失，当時台斗箱入ニ而有之候事」とある．ウショロへ運ばれた台盃10個のうち9つがアイヌへ渡され，1つはオムシャに使用した際に「盃」の部分が紛失したとある．

③湯桶蒔絵附は，「湯桶蒔絵附五ツ」とあり，「此払」として「壱ツ　ヘシロコツテ」以下，ニシロ，ホンランケ，ハニシトランケ，マンチカと5名の名が記される．

④三ツ組盃は「三ツ組盃　三組」とあり，ニセリメセカ（ニセレミセカ），イワトイケマに1組ずつ渡されている．残りの1組は「壱組者戌之年越ス，此分戌二月撫育相渡し候節，土人江遣し候事」とあり，戌＝1862（文久2）年2月にアイヌの誰かに渡されている．このことから，ニセレミセカ，イワトイケマに三ツ組盃が渡されたのは1861（文久元）年であったことがわかる．

⑤酌提は,「酌提拾三払　但し送り状ニ者十五之儀ニ候得共,二月下り不足ニ候事」とある.15の酌提がウショロへ送られたはずが,13しか届かなかったということである.この払いは,ヘシロコツテなど11名のアイヌで,残り2つは「会所入用」とある.

⑥耳盥は,「耳盥拾八払座」とあり,ウショロへ運ばれた18の耳盥は,カンキシランケなど11名のアイヌへ渡され,残りの7つは「外七ツ戌之年江越ス」と,次年送りになったとある.11名のうち,ヲコンノには「中下」,ノヲキウケマには「中上」,セイシヒリマ,ヌイクシマ,ハトルンマには「下」の表示があり,ほか6名には何も表示がない.この「中上」「中下」「下」は,前節『諸事記録』の「大」「中」「小」のように耳盥の大きさ,もしくは品質を表すものと考えられる.

⑦伊勢膳は,「一,伊勢膳弐拾枚」とあり,「此払」としてニシノツテなど18名の名が記され,最後に「外弐枚　会所入用」とある.

⑧赤膳は,「一,赤膳拾枚　会所并番家ニ入用」とあり,アイヌへ渡されたものではない.

『送払帳』が完全な形で残っていないため,ウショロへ流入した荷物の全貌を,この帳簿から復元することはできない.しかし,この『送払帳』からわかることは,ここに出てくる漆器の払い先が,赤膳以外すべてアイヌであることである.

このことについて,漆器以外の物品,例えば「徳利」について見てみると,

　　一,徳利拾弐本
　　　此払
　　　　壱本　シツヘチウ
　　　　壱本　サンキランマ
　　　　壱本　シリヘンラリ
　　　　〆
　　　　壱本　ウエンルイサン番家仕入
　　　　六本　蔵片付入
　　　　壱本　鍛冶屋貸
　　　　壱本　紛失いたし酉十一月中ニ

とある.10本のうち3本はアイヌへ渡されているが,ほか7本はアイヌ以外である.また,「股引」は,

股引請払座

　　七月十六日

　一，弐拾足　大野丸

　　　此払

　　　　壱足　高橋様

　　　　壱足　藤作

　　　　壱足　吉五郎

　　　　壱足　仁太郎

　　　　壱足　長助

　　　　壱足　文吉

　　　　壱足　六三郎

　　　　弐足　松太郎

　　　　壱足　庄吉

　　　　壱足　重吉

　　　　〆拾弐足

　　　　壱足　ハウトンマカ

　　　　壱足　レウシノツテ

　　　　壱足　ヘケンシラリ

　　　　壱足　ヲウリ

　　　　壱足　ノホリランケ

　　　　壱足　セイシヒリマ

　　　　壱足　シユマカンテシユ

　　　　壱足　ヘイナラリ

　　　　〆八足

　　　合弐拾束

とあり，アイヌ以外の人物も請け払いの対象となっている．このことから，行器，台盃，湯桶，耳盥などの漆器は，アイヌへ渡すことを目的としてウショロへ運ばれ請け払われる，いわばアイヌ専用の漆器であったことが，『送払帳』から読み取れるのである．

4. ウショロ場所経営帳簿『北蝦夷地用』から見た漆器

　北海道大学附属図書館所蔵の『北蝦夷地用』[21]は，大野藩の関係者と見られる「早見鵜一良」なる人物が作成したウショロ会所の経営帳簿である．内容は，1862（文久 2）年のアイヌ人別帳，1859（安政 6）～1862（文久 2）年の「土人給料勘定」や「撫育」などから成る．詳しくは，拙稿「『土人給料勘定』のしくみ（Ｉ）」[22]で検討したことがあるので省略するが，ここで明らかにした「給料勘定」については，漆器がアイヌへ渡された仕組みを説明する行き掛かり上，以下に簡潔に説明しておく必要があろう．

　「給料勘定」とは，アイヌ（労働者）と会所（使用者）の間の前貸清算による差引勘定システムである．一般的に，雇用とは，労働者が使用者の支配を受け，その規律の下に労働を提供し，使用者はこれに対する対価として報酬（給料）を支払う関係である．しかし，ウショロアイヌの「給料勘定」の場合，会所側はアイヌに対して，給料としての現金を支払っているわけではない．

　1859（安政 6）年におけるウショロ場所の「給料勘定」は，69 名が対象となっている．彼らには，それぞれ 80 俵，60 俵，40 俵，25 俵などと稼ぎ高の基準値（標準報酬年額）が定められている．しかし，実際は 12 か月フルに働くわけではなく，8 か月とか，7 か月半など春から秋までの間の一定期間の雇用となるので，半月割で減額した額が給料となる．

　例えば，ウエンルイサン村のエルンカは，基準高が 35 俵であるが，この年 6 か月半しか働いていないので，稼ぎ（給料）は 18 俵 7 升 7 合（11 貫 378 文）となる．ただし，エルンカには締日（決算日）にこの額が支払われるわけではなく，前貸しとしてウショロ会所側がすでに渡していた品物代を引いた額が支払われることになる．エルンカの場合，上古手 1 枚（3 貫 600 文），ヤマ井印莨 2 玉（130 文），同 1 玉（65 文），地廻り莨半把（65 文）の 4 品の前貸し分があり，合計 3 貫 860 文分が稼ぎ高より差し引かれ，残り 7 貫 518 文が実際の稼ぎ（給料）となっている．

　そして，この稼ぎ高 7 貫 518 文がエルンカに支払われるかというと，そうではない．エルンカには，玄米 1 俵（3 貫文），蒔絵附耳盥 1 つ（3 貫 600 文），絞り 1 反（1 貫 800 文），片口 1 つ（130 文）の合計 8 貫 530 文分の品物が渡されている．本当は 7 貫 518 文分の品物が支給されるはずであるが，これは会所側が 1 貫 12 文分計算を間違って過剰に支給してしまったようで，その旨の記述が帳簿に記されている[23]．

　以上のように，雇用者の年間報酬額を予め定めて，前貸清算による差引勘定を行い，品物の現物支給を行う仕組みが，アイヌの「給料勘定」というシステムであった．この仕組みだと，貸高

と稼高のバランスによって差引高が決まることになる．当然，貸高の方が多ければ赤字清算となり，稼ぎの方が多ければ黒字清算となる．1859（安政6）年のウショロ場所の「給料勘定」では，69名のうち黒字清算は38名（約55％），赤字清算は31名（約45％）となっている．

次に，アイヌに漆器が渡されるケースの特徴を指摘しておこう．そのケースは3つあり，1つは前貸しの貸付品として，2つめは黒字清算の場合の差引額（給料）内における現物支給品として，3つめは差引勘定に関係なく手当としてである．

まず貸付品の場合を見てみよう．〔表3〕は，「土人給料勘定」69名のなかで，貸付品として帳簿にあらわれる品目を値段の高い順に並べたものである．「全数量」の列は，帳簿中にその品物が登場する回数を数えたものである．ここの数が多いということは，その品物がウショロ場所のアイヌにたくさん渡っていることを意味する．

このなかで漆器と見られる品物は，行器（10貫800文）が1回だけである．貸付品のなかで最も高価な品物である．行器の前貸しを受けたのは，フレヲチ村のコシハルである．彼は，基準高40俵で8か月働いて稼ぎが26俵5升3合（15貫998文），貸付高は25貫928俵，差引高は9貫930文の赤字となっている．行器を購入しなければ，黒字清算となっていたはずであった．貸付品として漆器が登場するのはこの1例のみである．

次に差引高の現物支給品の場合を見てみよう．〔表4〕は，差引高と渡品（支給品）の額と，渡品や手当品として支給された具体的な物品の品名と数量をまとめたものである．便宜上，帳簿に出てくる順番に個人名に1～69の番号を付してある．69名のうち，稼高がなく，手当を支給された者が10名いる．これについては「差引高」の左列「手当」の欄に「俵」と「貫」「文」を記入した．手当受給者の場合も前貸しにより差引勘定が行われ，渡品が支給されている．帳簿の上では，手当受給者の手当も，別枠としての手当品も，どちらも「手当」と表示され紛らわしいので，本稿では後者を「手当品」と呼ぶこととする．「貸過」の欄に「貸過」とあるのは赤字清算の者である．表記のない者は黒字清算である．

〔表4〕を見てわかるとおり，「渡品」は，差引高が黒字の者に支給される．差引高の額の範囲内で，さまざまな品物がアイヌへ渡されていることがこの表からは読み取れる．

このなかで，「渡品」として漆器を入手している者は，全部で13名いる．整理すると〔表5〕のとおりとなる．本帳簿には，1862年の人別帳も記載されているので，各人がどんな人物なのかを分析する参考として，肩書き，年齢，基準高も〔表5〕に付け加えた．

一方，手当品として漆器を入手している者も 7 名いる．これを整理すると〔表 6〕のとおりとなる．これについても 1862 年人別帳の情報を付け加えた．

　「給料勘定」においては，黒字清算となった者は，差引高の額が多いほど，さまざまな品物も，高額な商品も入手することができる．差引高の額が多くなるためには，貸高が少なく稼高が多ければ良いわけである．アイヌ社会内には「乙名」「小使」「土産取」といった役付きの者が存在し，彼らは社会内において上位階層に位置する存在である．役付きの者の基準高は，他の者に比べて最初から高く設定されており，No.1 ヲンハヲトエは 80 俵，No.30 ノホリランケは 75 俵，No.21 センクラ，及び No.43 キリホクシランケは 60 俵である．No.42 サンキランマは基準高が帳簿上に表記されていないが，人別帳では「小使」となっており，高い値を示していただろうことは想像に難くない．彼らは，この「給料勘定」の仕組みのなかでは，他のアイヌに比べて容易く高い値の差引高を弾き出すことが可能であり，それだけ高額商品を入手しやすい環境下にある．

　〔表 4〕を見ると，「渡品」のなかで一番高価な品物は，蒔絵附耳盥 1 つ 3 貫 600 文である．No.17 エルンカと No.21 センクラが入手している．2 番目に高価な品物は，4 斗入玄米 1 俵 3 貫である．9 名入手している．3 番目は，2 貫 400 文で，湯当（湯桶）1 つ，台盃 1 組，縞木綿 1 反，4 番目は 1 貫 800 文で茂尻合羽 1 枚，紅中形・絞り・掲布・浅黄絞りなどの布 1 反，ほか 1 貫 500 文で白木綿 1 反，上股引 1 足，黒耳盥 1 つ，と続く．ほかは，貸付品と種類に大差はない．

　2 貫 400 文の値の湯桶は，No.21 センクラ，No.30 ノホリランケがそれぞれ 1 つずつ入手している．また同値の台盃は，No.16 カアナイ，No.21 センクラ，No.30 ノホリランケ，No.42 サンキランマ，No.43 キリホクシランケ，No.44 マンチカ，No.56 アイアイノの 7 名がそれぞれ 1 つずつ入手している．黒耳盥は，No.2 ヘシロコツテが 900 文，No.4 ニシノツテが 1 貫 500 文の物をそれぞれ入手している．

　No.16 カアナイ，No.17 エルンカ，No.56 アイアイノを除けば，台盃，耳盥，湯桶などの高価な漆器を入手した者は，「乙名」「小使」「土産取」など役付きのアイヌ，またはその息子である．帳簿を分析して見えてきたこの特徴は，「給料勘定」のしくみやアイヌ社会における漆器のあり方を考えるうえで興味深い事実として指摘できるだろう．

5. まとめにかえて

これまで大野藩関係文書により，ウショロ場所への漆器の流入やアイヌへの支給の諸相について考察してきた．分析対象とした『北野惣兵衛諸品送払帳』と『北蝦夷地用』の対象年代が一致していれば（安政6年であれば），より深い分析が可能となるのであろうが，残念ながら流入・請払と「給料勘定」の年代は一致していない．

『北野惣兵衛諸品送払帳』に見える行器，台盃，耳盥，湯桶が支給されたアイヌの名前を1862年人別帳と照合させると，次のとおりとなる．

ウショロへ流入した4つの行器は，ヲンハヲトエ（惣小使），ニシロ（惣小使ヲンハヲトエ男子），メラチ（家主モンコサンコ同居男），ハニシトランケ（土産取）の4名に渡されている．

台盃10組のうち9組は，ヘシロコツテ（惣小使ヲンハヲトエ男子），ニシロ（惣小使ヲンハヲトエ男子），カアナイ（不明），センクラ（土産取），ノホリランケ（乙名），ニシトカリ（家主），マンチカ（土産取キリホクシランケ悴），カンキタヨシマ（家主シンナウツケ女子），ラサヲフニ（家主シンナウツケ男子）の9名に渡されている．

18の耳盥のうち11は，カンキシランケ（惣小使ヲンハヲトエ悴），イルンカ（家主ニセラヽ井弟），レウシノツテ（家主モンコサンコ男子），ヘンチヤリク（ウタレ男），子エチホマ（家主ホクヌ男子），子ヤコノ（家主コキタイ妹イヘルカリ悴），中上の耳盥はノヲキウケマ（不明），中下の耳盥はヲコンノ（家主モンコサンコ男子レウシノツテ妻），下の耳盥はセイシヒリマ（家主ヌカケシランケ悴），ヌイクシマ（家主イトワトワ同居女），ハトルンマ（家主サ子タツタリ悴ニセウンランケ妻）で合計11名に渡されている．

5つの湯桶蒔絵附は，ヘシロコツテ（惣小使ヲンハヲトエ男子），ニシロ（惣小使ヲンハヲトエ男子），ホンランケ（家主ニセレミセカ弟），ハニシトランケ（土産取），マンチカ（土産取キリホクシランケ悴）の5名に渡されている．

『送払帳』は，渡された品物の個数とアイヌの名前が書き上げられているだけなので，これが差引勘定による渡品なのか，手当によるものなのかが判別できない．おそらく双方の場合が一緒くたに示されているものと考えられる．『送払帳』に見える行器，台盃，耳盥，湯桶など高価な漆器が渡された者の特徴として，役付きの者，もしくはその息子が多いことを指摘できる．そうでない者も含まれるが，これは手当として支給された可能性がある．真偽のほどは明らかにで

きないが，いずれにせよ，高額漆器受給者の約半数以上が役付きの者，もしくはその子弟であったことは明らかなので，その事実については，大きな意味を持つものと考えられる．

　一般的に，近世後期のアイヌ社会において，漆器は威信財（宝物）であったと言われる．場所請負制下のアイヌにとって，酒宴の場における高価な漆器の陳列は，経済力や権威の誇示であった．また，浅倉有子氏は，「役土人」の役儀就任や昇任の際には，「台盃」一組が下賜される慣例があったことを指摘する [24]．『送払帳』や『北蝦夷地用』の分析から見える，役付きの者，あるいはその子弟が高価な漆器を入手する様は，有力者の「家」の財力，あるいは役の世襲にとって，漆器が重要な意味を持っていたことを顕著にあらわしているのではなかろうか．

注

1) 菊池勇夫「万延元年蝦夷地場所引継文書の紹介と検討—仙台藩分領，とくにクナシリ場所を中心に」『中近世北方交易と蝦夷地内国化に関する研究』（平成 22～25 年度科学研究費補助金　基盤研究(A)研究成果報告書，研究代表者・関根達人）2014 年.
2) 「自分稼」について，谷本晃久氏は「雇用による定額給料（米に換算しての和製品前貸清算）の体系とは異なる，アイヌによる商品生産」と定義する（谷本晃久「アイヌの『自分稼』」（菊池勇夫編『日本の時代史 19　蝦夷島と北方世界』吉川弘文館，2003 年）．
3) ウショロ場所の「給料勘定」のしくみについては，東俊佑「『土人給料勘定』のしくみ（I）—北蝦夷地ウショロ場所経営帳簿『北蝦夷地用』の分析—」（『北海道博物館研究紀要』第 3 号，2018 年）を参照のこと．
4) 『庚申万延元年蝦夷地御領分御引受留』（国立公文書館所蔵）は，幕府から仙台藩への 1860（万延元）年における蝦夷地場所引継文書である．菊池勇夫氏は「漁勘定」について，「請負商人はアイヌ雇の給与をその都度支払うのではなく，漁事が終了した後にそれまで貸し与えていた分を差引清算し，現物で支給した．この年一回の勘定を漁勘定と言っている」と説明する（菊池勇夫『北方氏のなかの近世日本』（校倉書房，1991 年）の 192 頁）．また「アイヌ出産物の買上代や雇代を帳面にその都度記帳しておき，秋一度の漁勘定の時期に，アイヌへの貸付（物品の売上代）分を相殺し決算するというかたちを取っている」とも記す（同書の 242 頁）．
5) 東俊佑「幕末蝦夷地の経営帳簿『土人勘定差引帳』」（『東京大学史料編纂所研究紀要』第 20 号，2010 年）．
6) 保谷徹「サハリン・アイヌ交易帳簿の「発見」と共同プロジェクト」（『東京大学史料編纂所研究紀要』第 20 号，東京大学史料編纂所，2010 年），谷本晃久「帳簿の概要とアイヌ交易研究」（『東京大学史料編纂所研究紀要』第 20 号，東京大学史料編纂所，2010 年），同「ロシア科学アカデミー東洋古籍文献研究所サハリンアイヌ交易帳簿の研究概報—一九世紀初頭アニワ湾岸地域における交易のすがた—」（『東京大学史料編纂所研究紀要』第 24 号，東京大学史料編纂所，2014 年）．
7) 前掲 3)．
8) 「越前大野土井家文書」は，7 代大野藩主土井利忠を祀る神社・柳廼社（福井県大野市所在）が所蔵する文書群である．
9) 「台盃」については，浅倉有子「浄法寺漆器の生産と流通」（矢田俊文・竹内靖長・水澤幸一編『中世の城館と集散地』高志書院，2005 年），同「蝦夷地における漆器の流通と使途—浄法寺から平取へ—」（千田嘉博・矢田俊文編『都市と城館の中世—学融合の試み』高志書院，2010 年），同「蝦夷地における漆器の流通と使途—椀（盃）・盃台・「台盃」—」（『北海道・東北史研究』2010（通巻第 6 号），2010 年）．

アイヌ文化における漆器については，金田一京助・杉山寿栄男『アイヌ芸術　第三巻　金工・漆器篇』（北海道出版企画センター，1943 年），佐々木利和『アイヌの工芸』〈日本の美術 354〉（至文堂，1995 年），同「アイヌ文化の歴史と生業」（『アジア遊学』第 17 号，2000 年．のち同『アイヌ史の時代へ——余瀝抄—』（北海道大学出版会，2013 年）に所収），同『アイヌ文化誌ノート』（吉川弘文館，2001 年），谷本晃久「イコリカヤニの蒔絵の行器」（『北の青嵐』第 140 号，2004 年）などに考察がある．

10)『北蝦夷地用』（北海道大学附属図書館所蔵旧記 314）所収「文久三壬戌年ライチシカ村より フレヲチ村迠土人々別改覚」．なお「文久三」とあるのは「文久二」の誤記．

11) ウショロにサンタン人が渡来し，アイヌと私的な交易を行っていたことは，東俊佑「幕末のサンタン交易について」『北方の資源をめぐる先住者と移住者の近現代史－北方文化共同研究報告－』（北海道開拓記念館，2010 年）で検討したことがある．

12) 越前大野藩の北蝦夷地進出に関する研究は，高島正『福井県人樺太経営史』（私立図書館高島文庫，1912 年）にはじまり，主に福井側の地方史研究のなかで取り上げられてきた．筆者は，それに加え北海道立文書館所蔵の「箱館奉行所文書」などを材料に，東俊佑「幕末期北蝦夷地における大野藩のウショロ場所経営」（『北海道開拓記念館研究紀要』第 35 号，2007 年）において検討を加えたことがある．

13) 松川弁之助，鳥井権之助など越後出身者の漁場開設については，東俊佑「北蝦夷地における直捌の展開と越後差配人の漁場開設」（『北海道開拓記念館研究紀要』第 37 号，北海道開拓記念館，2009 年）で論じたことがある．

14) 詳しい経緯については，秋月俊幸『日露関係とサハリン島—幕末明治初年の領土問題—』（筑摩書房，1994 年）を参照．

15)「トコンベ一件」については，最近，東俊佑「『トコンベ一件』再考—北蝦夷地ウショロ場所におけるアイヌ支配と日露関係—」白木沢旭児編『北東アジアにおける帝国と地域社会』（北海道大学出版会，2017 年）で検討した．

16) 本稿では，大野市史編さん室所蔵のマイクロフィルムを使用．

17)「土井家分限帳」は，大野藩士の由緒，履歴が記されたもの．1869（明治 2）年成立．本稿では，大野市史編さん委員会編『大野市史　第四巻　藩政史料編一』（大野市役所，1983 年）所収の抜粋を使用．

18)『土人ハウトンマ一件留』（函館市中央図書館所蔵／箱館奉行所文書 5042），『蝦夷地御用留』（国立国会図書館所蔵，請求番号 158-56），北野宗兵衛家文書「ハウトンマカ一條記」（『織田町史』資料編中巻，織田町，1996 年）など．

19) 本稿では，福井県文書館所蔵のマイクロフィルムを使用．

20)『織田町史　資料編中巻』（織田町，1996 年）．

21) 前掲 10)．

22) 前掲 3)．

23)「壱貫十弐文算違ニ而過分遣し候」とある（39 ウ）．なお，エルンカの場合のように，会所側が計算を間違う例は特殊で，実際はほとんど見られない．

24) 前掲 9)の浅倉有子論文「蝦夷地における漆器の流通と使途」．

表1 『諸事記録』の構成

番号	表題	番号	表題
①	ヲムシヤ之節被下物覚	⑬	諸品手間積
②	御祥月被下物覚	⑭	覚〔秋夏漁業出精高見積〕
③	調役衆廻浦之節被下物覚	⑮	往来手形之事
④	下役衆見廻リ之節被下物覚	⑯	手船船中ゟ進物返礼覚
⑤	土人給料取調書	⑰	去ル未年七歳未満名面書上
⑥	土人給料勘定諸品直段付	⑱	七拾歳以上老女土人名面
⑦	土人より買上直段	⑲	孤之土人名面
⑧	〔土人給料勘定諸品直段付〕	⑳	長病土人名面
⑨	昆布買入直段覚	㉑	北蝦夷地西浦ウショロ領当申家数人別一村限取調帳
⑩	熊皮土人方買上直段	㉒	水豹買入直段覚
⑪	売し左之通	㉓	来子年網あばウツシユウシトマナ并弐ヶ番入用み積り
⑫	漁業場壱ヶ所木品荒積り		

※番号は便宜的に付したものである。
※〔 〕は表題がないため、もしくは内容を補うため筆者が付した名称である。

表2 「給料勘定」の「諸品」の値段

番号	品名	此代 貫	此代 文	直段 俵	直段 把	直段 升	直段 合	種類	備考
	差配人手先より伺済直段								
1	玄米八升入俵		600	1					
2	上行器壱ツ	10	800	18					
3	中行器壱ツ	9	600	16					
4	大耳たらい	3	600	6					
5	中同壱ツ	(虫喰不明)		5					
6	小同壱ツ	2	400	4					
7	上湯当壱ツ	2	400	4					
8	上台盃壱組	2	400	4					
9	中同壱組	1	800	3					
10	上蒔絵壱椀	1	200	2					
11	中同壱ツ		900	1.5					
12	下同壱ツ		665	1	2			茛	
13	上朱壱椀		665	1	1			地廻り茛	
14	中同壱ツ		600	1					
15	大柄提		130		2			地廻り茛	
16	小同		65		1				
17	蝦夷壱ツ椀弐ツ付		65		1			茛	
18	板折敷		65		1			茛	
19	大酒桶	3	600	6					
20	中同	3		5					
21	小同	2	400	4					
22	大鴨々		130		2			地廻り茛	
23	中同		98		1.5			地廻り茛	
24	小同		65		1			地廻り茛	
25	上小袖紋付	7	800	11					
26	中同	6		10					
27	上古手綿入	3	600	6					
28	中同	3		5					
29	下同	2	400	4					
30	上ときわけ	1	800	3					
31	中同	1	200	2					
32	小同		965	1.5	1			茛	
33	揭布一反	1	800	3					壱尺ニ付四拾五文
34	染一反	1	800	3					
35	白木綿壱反	1	500	2.5					五尺ニ付百六十三文
36	縞木綿壱反	2	400	4					
37	手羽厚子壱枚		600	1					
38	裂織壱枚		600	1					
39	紺五色伝甫廿五繰ニ付		65		1			茛	
40	保呂木（以下虫喰不明）		65		1			茛	
41	永代張鎚壱本		65		1			茛	
42	田代		600	1					
43	間切壱枚		32		0.5			地廻り茛	
44	蝦夷刀	2	400	4					
45	鎗		900	1.5					
46	鎌		195		3			地廻り茛	
47	地廻り茛四把二付		263			3	5	米	
48	糀壱升		150			8		米	
49	鍋壱斗焚	5	400	9					
50	同八升	4	200	7					
51	同七升	3	600	6					
52	同六升	3		5					
53	同五升	2	400	4					
54	同四升	2	100	3.5					
55	同三升	1	800	3					
56	鍋弐升焚	1	200	2					
57	同壱升五合		900	1.5					
58	同壱升		600	1					
59	清酒壱升		130		2			茛	但し弐百四拾三文売ニ而遣し
60	濁酒三升		130		2			茛	
61	諸味壱升		65		1			茛	
	当場所定直段								
62	大黒耳たらい	1	500	2.5					
63	中同	1	200	2					
64	小同		900	1.5					
65	皮縫針三本ニ付		75			1		米	
66	上紙絞り煙草入		450		6			米	
67	中同		413		5	5		米	
68	下同		375		5				
69	上煙管壱本		260		4			地廻り茛	
70	中同		225		3.5			地廻り茛	
71	下同		195		3			地廻り茛	
72	越後酒壱樽ニ付壱斗壱升入之見込	3	159						
73	茂尻合羽壱枚	1	800	3					
74	上茂尻古手壱枚	3		5					
75	中同	2	400	4					
76	下同	(虫喰不明)		3					
77	上足袋壱足		525		7			米	
78	下同		450		6			米	
79	上股引壱足	1	500	2.5					
80	下股引壱足	1	200	2					
81	紺伝甫壱把		65		1			地廻り茛	
82	白伝甫三拾付		65		1			地廻り茛	
83	胴みの壱枚		260		4			地廻り茛	
84	手拭壱本		130		2			地廻り茛	
85	笠壱蓋		65		1			茛	

表3 貸付品の値段と数量

貫	文	品名	数量	全数量
10	800	行器	1つ	1
5	400	壱斗鍋	1枚	5
3	600	上古手	1枚	6
3	600	揚布	2反	1
3	159	越後酒	1樽	2
3		上茂尻古手	1枚	41
3		四斗入玄米	1俵	3
3		茂尻古手	1枚	3
3		中古手	1枚	1
2	400	五升鍋	1枚	9
2	400	縞	1反	3
2	400	中茂尻古手	1枚	1
2	400	下股引	2足	1
2	400	下古手	1枚	1
1	800	茂尻合羽	1枚	37
1	800	揚布	1反	5
1	800	三升鍋	1枚	2
1	500	上股引	1足	5
1	200	下股引	1足	29
1	200	縞	半反	2
1	200	下股引	1足	2
1	200	糀	8升	1
1	200	玄米	1斗6升	1
1	200	玄米	1斗2升	1
1	170	揚布	半反と6尺	6
1	80	揚布	半反と4尺	4
1	80	紅中形	半反と4尺	1
1	900	揚布	半反	30
1	900	染	半反	23
1	900	絞り	半反	12
1	900	紅中形	半反	9
1	900	紅染	半反	6
1	900	浅黄中形	半反	5
1	900	浅黄絞り	半反	1
1	900	茜	半反	1
1	780	三国莨	4玉	1

貫	文	品名	数量	全数量
	675	玄米	9升	1
	600	玄米	8升	4
	600	壱升鍋	1枚	3
	600	田代	1枚	2
	600	糀	4升	2
	525	上足袋	1足	22
	525	紺足袋	1足	2
	525	揚布	5尺	1
	495	紅中形	1丈1尺	1
	495	紅染	1丈1尺	1
	486	清酒	2升	3
	450	上煙草入	1つ	8
	450	揚布	1丈	6
	450	下足袋	1足	3
	450	上煙草	1つ	1
	445	下足袋	1足	1
	425	白米	5升	1
	413	中煙草入	1つ	2
	390	三国莨（煙草）	大2玉	5
	390	ヤマ井印煙草	6玉	1
	375	玄米	5升	1
	360	揚布	3尺	1
	315	紅中形	7尺	1
	315	浅黄中形	7尺	1
	300	糀	2升	1
	270	揚布	6尺	1
	260	上煙管	1本	2
	260	地廻り莨	4把	1
	243	清酒	1升	30
	225	揚布	5尺	32
	225	紅中形	5尺	25
	225	紅染	5尺	2
	225	染	5尺	2
	225	玄米	3升	2
	225	茜	5尺	1
	195	三国莨（煙草）	大1玉	52

貫	文	品名	数量	全数量
	195	下煙管	1本	13
	195	ヤマ井印莨	3玉	2
	195	紺伝甫	3つ（3把）	2
	195	下煙管	1本	1
	188	下帯	1本	1
	180	紅中形	4尺	1
	180	紅染	4尺	1
	163	下帯	1本	31
	150	糀	1升	4
	150	玄米	2升	3
	135	揚布	3尺	3
	135	紺伝甫	2把	1
	130	ヤマ井印莨	2玉	37
	130	紺伝甫	2把	21
	130	手拭	1本	6
	130	地廻り莨	2把	6
	130	三国莨	小1玉	1
	128	玄米	2升5合	1
	87	白伝甫	4つ	1
	85	白米	1升	1
	75	糀	5合	1
	75	玄米	1升	1
	65	地廻り莨	1把	308
	65	ヤマ井印莨	1玉	111
	65	永代張鍾	1本	106
	65	竹皮笠	1蓋	17
	65	白伝甫	3つ	13
	65	紺伝甫	1把	12
	65	笠	1蓋	4
	60	味噌	3匁目	1
	43	白伝甫	2つ	6
	33	腰間切	1枚	30
	33	間切	1枚	5
	22	白伝甫	1つ	5
	5	木綿針	1本	1

表4 渡品と手当品

No.	名前	手当 俵	手当 貫	手当 文	差引高 貫	差引高 文	貸過	渡品 貫	渡品 文	渡品 品名	渡品 数量	手当品 品名	手当品 数量	備考
1	ヲンハヲトエ				6	5		6	28					弐拾三文過遣し切
								3		四斗入玄米	1俵			
								2	400	縞木綿	1反			
									65	永代張	1本			
									260	鴨々	2つ			
									260	片口	2つ			
									43	白伝甫	2つ			
2	ヘシロコツテ					842			900					指引テ五拾八文過遣し切
									900	黒耳盥	1つ			
3	カンキシランケ				1	37								
										玄米	1斗3升8合半			
4	ニシノツテ				3	857								四拾三文過遣し切
								2	400	縞	1反	黒耳たらい	1つ	出精相働候ニ付手当として遣ス
								1	500	黒耳盥	1つ			
5	ニシロ					39	貸過							貸過遣し切
												造り米	1俵	
6	ケマシトンケマ				1	439								
										縞	1丈9尺2寸			
7	ヒルトンケマ ロロンケツ事					303								
										浅黄絞り	6尺7寸半			
8	ヲホリ				13	338	貸過							貸過此分遣し切
												造り米	3俵	
9	トヲセランケ	3	1	800										
										絞り	1反			
10	メラチ				3	348	貸過							貸過此分遣し切
												造り米	1俵	
11	ニセレミセカ	7	4	400	1	800								
									750	白木綿	半反			
								1	50	玄米	1斗4升			

No.	名前	手当 俵	手当 貫	手当 文	差引高 貫	差引高 文	貸過	渡品 貫	渡品 文	渡品 品名	渡品 数量	手当品 品名	手当品 数量	備考
12	ホンランケ					60	貸過							貸過此分遣し切
13	ニシトカリ				3	448	貸過							貸過此分遣し切
												造り米	1俵	
14	アンハアイノシリヘンラリ事				3	669	貸過							貸過此分遣し切
												造り米	1俵	
15	イヽルカリ					513								
										縞	6尺8寸半			
16	カアナイ				3	119								
									400	台盃	1組			
									719	玄米	9升6合			
17	エルンカ				7	518		8	530					
								3		玄米	1俵			
								3	600	蒔絵附耳盥	1つ			
								1	800	絞り	1反			
									130	片口	1つ			
18	ショヒシランケ				5	100								
								3		玄米	1俵			
								1	800	揚布	1反			
									130	永代張鎚	2本			
									33	椀	1つ			
									130	片口	1つ			
									7	綿				
19	チセキシユイ	3	1	800										
										玄米	2斗4升			
20	シウタトンケマ					925	貸過							貸過遣し切
												紅中形	1丈	
21	センクラ				14	951								
								3		玄米	1俵			
								2	400	台盃	1組			
								2	400	湯当	1つ			
								3	600	蒔絵附耳盥	1つ			
								2	400	縞	1反			
									600	田代	1枚			
									195	永代張鎚	3本			
									130	片口	1つ			
									25	皮縫針	1本			
									200	浅黄絞り	4尺4寸			
								1		綿				
22	ムウシノツテ				4	141	貸過							貸過此分遣し切
												釽	1挺	
23	ハヲロケマ					603								
												揚布	1丈3尺4寸	
24	サンニキラ				2	40								
										玄米	2斗7升2合			
25	ヘケンシラリ				2	223	貸過							貸過此分遣し切
												造米	1俵	
26	ヲウリ				1	379	貸過							貸過此分遣し切
												釽	1挺	
27	ウエンヲツカイウントクランケ事				2	127								
										玄米	2斗8升4合			
28	シユマカンテシユ				5	48	貸過							
29	セイシヒリマ	7	4	400	1	200								
										縞木綿	1丈6尺			
30	ノホリランケ				14	870								
								3		四斗入玄米	1俵			
								2	400	台盃	1組			
								1	500	上股引	1足			
								2	400	湯当	1つ			
								1	200	耳たらい	1つ			
									195	永代張	3本			
									260	手拭	2本			
									600	田代	1枚			
									260	白伝甫	12			
								2	400	縞木綿	1反			
									655	紅中形	1丈4尺6寸			
31	カンリトヲケマ				2	352								
								1	800	浅黄絞り	1反	紅中形	5尺	
									228	二ツ組鴨々	1組	皮縫針	10本	
									324	玄米	4升3合			

No.	名前	手当			差引高		貸過	渡品				手当品		備考
		俵	貫	文	貫	文		貫	文	品名	数量	品名	数量	
32	ウレケシランマ				1	662	貸過							貸過此分遣し切
												白伝甫	15	
												椀	2つ	
33	アイノヲツカイ	3	1	800										
										玄米	2斗4升			
34	ケマチヘリ					109	貸過							貸過此分遣し切
35	ハユシトランケ					870	貸過							貸過此分遣し切
												造り米	1俵	
												手拭	1本	
36	ヲタルカアイヌ					643								
										玄米	8升6合			
37	チイチホマ				1	990	貸過							貸過此分遣し切
												造米	1俵	
38	イトワトワ				2	767								
										玄米	3斗6升9合			
39	コンナシケマ				4	57	貸過							貸過此分遣し切
												紅中形	5尺	
40	チカンヌンカラ				1	160	貸過							貸過此分遣し切
												紅中形	5尺	
41	ヌイクシマ					501	貸過							貸過此分遣し切
												造り米	1俵	
42	サンキランマ				13	392								指引テ弐拾八文過遣し切
									3	玄米	1俵			
								1	800	茂尻合羽	1枚			
								2	400	台盃	1組			
									130	片口	1つ			
								2	400	縞	1反			
									130	永代張鎺	2本			
									600		1丁			
									260	手拭	2本			
								1	500	白木綿	1反			
								1	200	下股引	1足			
43	キリホクシランケ				6	188								六拾文過遣し切
									3	四斗入玄米				
								2	400	台盃				
									750	白木綿				
									33	間切				
									65	永代張				
44	マンチカ				6	85								弐文過遣し切
								2	400	台盃	1組			
								2	400	縞	1反			
									600	鉋	1枚			
									600	田代	1枚			
									87	白伝甫	4つ			
45	ケナチ イワトイケマ事				2	57	貸過							貸過此分遣し切
												紅中形	5尺	
46	イトモツテマ				3	210								
								2	400	縞	1反			
									260	手拭	2本			
									195	白伝甫	9つ			
									355	玄米	4升8合			
47	ウヽナホイ				2	47	貸過							貸過此分遣し切
												造り米	1俵	
48	トリマ					3								拾九文過遣し切
									22	白伝甫	1つ	手拭	1本	
												紅中形	5尺	
49	アミキシランケ	5	3		1	70								
										玄米	1斗4升3合			
50	ヲヘランケ				4	300								八文過遣し切
								2	400	縞	1反	鴨々大小	1組	右者出精相働キ候ニ付手宛として遣ス
								1	800	絞り	1反	白伝甫	10	
									65	永代張鎺	1本			
									43	白伝甫	1つ			
51	ヘン子ヤリク				3	830	貸過							貸過此分遣し切
												煙草入	1つ	
												間切	1枚	
52	ソシノツテ				4	19								
								2	400	縞	1反			
								1	500	白木綿	1反			
									119	玄米	1升6合			

No.	名前	手当 俵	手当 貫	手当 文	差引高 貫	差引高 文	貸過	渡品 貫	渡品 文	渡品 品名	渡品 数量	手当品 品名	手当品 数量	備考
53	カンキタヨシマ					388	貸過							貸過此分遣し切
												椀	2つ	
												手拭	1本	
54	ラサヲフニ				3	983								四文過此分遣し切
									3	四斗入玄米	1俵			
									900	掲布	半反			
									65	永代張鎚	1本			
									22	白伝甫	1つ			
55	ルウサンマ				1	982								
								1	800	浅黄絞り	1反	紅中形	1反	
									182	玄米	2升5合			
56	アイアイノ				2	853								
								2	400	台盃	1組	片口	1つ	
									453	玄米	6升1合	手拭	2筋	
57	ウエン子ヲツカイ					337	貸過							
												玄米	8升	貸過此分遣し切
58	コイフケマ				1	379	貸過							
												紅染	5尺	貸過此分遣し切
59	ヲコンノ					452	貸過							
												造り米	1俵	貸過此分遣し切
60	ヲフツセレ				1	880								
										玄米	2斗5升1合			
61	ハウトンマカ				5	829	貸過							貸過此分遣し切
												片口	1つ	
62	コタントカ		5	3		185	貸過							貸過此分遣し切
												間切	1枚	
63	ニセウンランケ		5	3										
										玄米四斗入	1俵			
64	ハトルンマ		3	1		800								
									750	白木綿	半反			
								1	50	玄米	1斗4升			
65	コシハル				9	930	貸過							貸過此分遣し切
												椀	2つ	
66	ヌチヤランマ				1	788	貸過							貸過此分遣し切
												紅中形	5尺	
67	ハセトコマ				1	840	貸過							貸過此分遣し切
												腰間切	1枚	
68	ヨフケタ		5	3	1	550								弐百五拾文過分遣し切
									800	紅中形	1反			
69	ニセラヽ井同居 ハタハタ トセルイマ事					992	貸過							貸過此分遣し切
												手拭	1筋	
												白伝甫	7つ	
												造り米	1俵	

表5 渡品としての漆器入手者

No.	名前	品名	肩書き	年齢	基準高
1	ヲンハヲトエ	鴨々2つ 片口2つ	惣小使	43	80
2	ヘシロコツテ	黒耳盥1つ	ヲンハヲトエ男子	22	20
4	ニシノツテ	黒耳盥1つ	ヲンハヲトエ男子	23	35
16	カアナイ	台盃1組			
17	エルンカ	蒔絵附耳盥1つ 片口1つ	ニセラヽ井弟	35	35
18	ショヒシランケ	椀1つ 片口1つ			
21	センクラ	台盃1組 湯当1つ 蒔絵附耳盥1つ 片口1つ	土産取	35	60
30	ノホリランケ	台盃1組 湯当1つ 耳たらい1つ	乙名	32	75
31	カンリトヲケマ	二ツ組鴨々1組	ノホリランケ妻	28	30
42	サンキランマ	台盃1組 片口1つ	小使	42	
43	キリホクシランケ	台盃1組	土産取	57	60
44	マンチカ	台盃1組	キリホクシランケ悴	27	30
56	アイアイノ	台盃1組	クトヘシカイ悴	33	35

表6 手当品としての漆器入手者

No.	名前	品名	肩書き	年齢	基準高
4	ニシノツテ	黒耳たらい1つ	ヲンハヲトエ男子	23	35
32	ウレケシランマ	椀2つ	ハニシトランケ妻	30	20
50	ヲヘランケ	鴨々大小1組	ウタレ女（アミキシランケ）	28	30
53	カンキタヨシマ	椀2つ	右同断（シンナウツテ女子）	23	20
56	アイアイノ	片口1つ	クトヘシカイ悴	33	35
61	ハウトンマカ	片口1つ	同人悴（ヲフツセレ）	22	20
65	コシハル	椀2つ	サ子タツタリ男子	29	40

近世・近代のサハリン南部の歴史と漆器
〜西海岸ライチシカ：来知志を中心に〜

谷本 晃久

北海道大学文学研究

1. はじめに

　研究分野をまたいだ共同研究は魅力的だ．本書所載の諸論文は，人文科学・自然科学をまたいだ分野からの論考で構成されている．筆者もその共同研究の過程で，さまざまなことを学んできた．研究代表の浅倉有子教授をはじめ，参加の諸先生方に，まずは御礼を申し上げなければならない．

　この共同研究では，サハリン州立郷土博物館所蔵の漆器[1]に関する共同研究を進めている．本稿では，そのバックデータとして，当該漆器の伝存過程に焦点をあて，その歴史的特質に関する若干の情報を整理し，提示することとしたい．

2. サハリンのアイヌ漆器

　議論の前提に，本稿におけるいわゆる"アイヌ漆器"の概念的理解を提示しておく．周知のように伝統的アイヌ社会は，漆器を自製しない．従って，アイヌ社会における漆器はいずれも移入品である[2]．蝦夷地においてそれは，日本市場からもたらされた．サハリンにあってもそれは同様である．サハリンにおける伝統的アイヌ社会は，その南半部に展開したが，幕末の交易帳簿からは，蝦夷地同様に日本漆器がサハリン南部（＝北蝦夷地）のアイヌ社会へ盛んに流入していたことを知ることができる[3]．

　可能性としてはこれに加え，サハリンのアイヌ社会への中国漆器もしくはロシア漆器の移入が排除されないが，それを具体的に示す報告には寡聞にして接することを得ていない．反面，アムールランドに日本漆器が伝世した報告は確認できる[4]．蝦夷地のみならず，サハリン・アムールランドの伝統社会へ，日本漆器が及んでい

たわけである．その背景には，これらの伝統社会を結んだ交易ルート（いわゆる"山丹交易"）を想起すれば十分であろう．

しかしながら現在，こうした"アイヌ漆器"がサハリン南部（旧北蝦夷地地域）に伝世している例は多くはない．その背景には，第2次世界大戦後，サハリン（旧樺太）在住のアイヌ民族の多くが日本へ移住したことが挙げられるだろう．こうした状況のなかで，サハリン州郷土博物館には56コレクション462点のアイヌ資料が所蔵されていることが荻原眞子・古原敏弘らにより報告されている[5]．このうち，「漆器」・「漆塗」・「黒塗」という語で目録記載されているものが51点確認できる（付表参照）．

3. サハリン州郷土博物館No.2270資料群に関する目録（2005年刊）の記述

サハリン州郷土博物館に収蔵される漆器を含むアイヌ資料については，同館に長く勤務されたM.M.プロコフィエフによる目録が刊行されている[6]．その目録は，『アイヌの旧居住地（ライチシ）から，1948年の間にサハリン州立郷土博物館に集められた，南サハリンアイヌの民族誌学上のB.A.ジェレプツォフの所蔵カタログ』と題されている．つまり，サハリン州郷土博物館に現在収蔵されている"アイヌ漆器"のコレクションに，1948年にサハリン島中南部西海岸ライチシ（来知志／ライチシカ：【写真①】参照）でB.A.ジェレプツォフ（1921～1984）により蒐集されたもの[7]のあることが記されていることになる．

目録の解題には，当該コレクション形成過程に関して，その「圧倒的大多数」が1948年10月にライチシで収集された，とする記述がみられる．また，その際にはアイヌの人びとが日本人住民とともに北海道方面へ引き揚げた後の時期にあたっていたとする記述も見える．さらに，ライチシで収集された収蔵品のなかに，墓地において集められたものが多く含まれていたとの記述がある[8]．ただし，漆器については住宅のなかの特別な場所で「円筒形の大きな桶（ポイ・シントコ）の中に極めて大事に保管」されていた，とする記述もある．

一方，ジェレプツォフの当該調査を対象とした研究によると，その足跡はライチシのみならず，サハリン南部各地に及んでいることも知られている[9]．荻原・古原

の調査記録によると，ジェレプツォフ収集資料（No.2270 資料群）のうち漆器とみなされるものが 22 点含まれているが，収集地に関するデータは記されていない（付表参照）．今後，ジェレプツォフの収集にかかる当該コレクションの形成過程については，慎重な検討が必要と考える．

なお，荻原・古原らによると，サハリン州郷土博物館収蔵アイヌ資料のうち，収蔵番号 40-1（漆器：朱漆・三ツ巴）には「ポンシントコ　多蘭泊　西川タミ旧蔵」というバックデータを伴うとされ，当該収蔵品を含む No.40 資料群は樺太庁博物館の収集にかかるとされる [10]．これらを含め，同館収蔵漆器のコレクション形成史を踏まえた悉皆的な検討は，今後の課題として残されている．

4. サハリン島西海岸ライチシカの歴史的特色

プロコフィエフの目録解題によると，22 点の漆器を含むジェレプツォフ資料（No.2270 資料群）の多くが「ライチシ」で収集されたと記されている [11]．よって以下，近世・近代の文献史料から得られる，「ライチシ」のアイヌ社会の特質につき概観してみたい．「ライチシ」は近世には「ライチシカ」，日本領旧樺太庁統治下には「来知志」と称された．結論から先に述べるならば，それは以下のようにまとめられそうだ．

① 近代を通じて，"自然コタン"として継続したこと
② 近代には，1920 年代に「土人漁場」が設定され，人口の増加がみられたこと
③ 幕末には，南部（陸奥国南部領）や日野（近江国蒲生郡日野）産を含む和製漆器が恒常的に流入していた形跡がみられること
④ 近世，殊更 18 世紀末には，清朝からカーシンタの職を得た首長の居住地だったこと

このうち，年代の古い事項から順に，資料を提示しつつ，ややくわしく述べる．まず，④については，間宮林蔵による次のような記録がある．

> 近世，何の比よりか，ナヨロの『ハラタ』楊忠貞を初めとし，満洲の官を拝し，年々デレンに到り，皮を貢するものあり，ライチシカのモニシユコテ，ナヨロのシロトマ，ウショロのセンバクル等は，『カーシンタ』官なり，去文化五辰年（1808）の夏，三所の『カーシンタ』は，島夷拾人許を率ゐて，満洲に趣くの途，ノテトの埼にして，林蔵初見分の時，偶然是に会し，再見分の時，ホロコタンにして又其帰船に逢ひければ，三夷に会して，入貢の事状を問しに，満洲の府に至り，入貢の式旧例のごとく，黒貂皮一枚を献じ，「シヤンケイ（官人の夷称）」を拝しければ…[12]

佐々木史郎[13]や松浦茂[14]の仕事によると，近世のアムールランド・サハリンにおいては，清朝において辺民編成とよばれるとも，指摘されているところである[15]．

つまりライチシカは，少なくとも19世紀初頭までは，伝統的に山丹交易に従事し清朝から官職を得るような首長が存在したことが指摘できるのである．これは，ライチシカにおける民具等の物質文化については，日本市場に加え，中国市場からの請来の可能性を考える必要がある，ということである．

③については，注3に述べたように，ライチシカの北に位置するウショロ（鵜城）の幕末の記録に，多様な和製漆器が流入していたことから，漆器の招来について同様の構図があったことが想定される．

次に①・②に関連して，近代のライチシカの歴史的特質につき，おもに田村将人の仕事[16]により整理しておきたい．周知のように近代のサハリン島（旧樺太）については，下記のように日露間でその領有が二転三転し，その都度アイヌ民族を含む住民の移動が強いられたことが指摘されている．また，ウリチ民族によるサハリン島南端シラヌシへの来航（＝山丹交易）は，B期にあたる1868年に終焉を迎えたことも知られている[17]．

	締結年	条約名	国境規定
A	1855年	日魯通好（日露和親）条約	日露間国境未画定
B	1867年	樺太島仮規則	全島日露雑居地
C	1875年	樺太千島交換条約	全島ロシア領
D	1905年	ポーツマス条約	北緯50度以北ロシア領，以南日本領
E	(1945年)	（第2次世界大戦敗戦）	（全島ソ連〔ロシア〕領）

　田村によると，C期冒頭にサハリン島南縁の亜庭湾岸のアイヌの多くは北海道へ移住したため，「亜庭湾岸には，1904年ピウスツキの統計，またその後の『樺太庁治一班』によっても，樺太アイヌはほとんど居住していなかったと思われる」[18]と指摘されている．一方，ライチシカを含むカラフト島西岸（間宮海峡沿岸）には，北海道へ移住せずにとどまったアイヌ集団が少なくなかったことも示唆されている．C期（露領時代）もライチシカに継続してアイヌ社会が継続したということは，ロシア市場からの物質文化請来の可能性が指摘できるのである．一方，D期に至りC期に北海道へ移住したアイヌがサハリン島へ帰郷した際に，西海岸へ移住したもののあったことも田村は指摘している．

　D期にライチシカは，樺太庁恵須取郡珍内町来知志とされた．1911年の統計によると，「改正地名：来知志／アイヌ地名：ライチスカ／人種：アイヌ／戸数：五／男：一一／女：一四／計：二五[19]」とある．田村によるとD期の西海岸には，5か所の「指定漁場」が設置され，1908年にはそこに多くのアイヌが「収容」されたという．田村はこれを「強制コタン」と評価する[20]．ここでいう5ヶ所の指定漁場とは，北幌泊〔宇遠〕・智来・登富津・粂小舞・多蘭泊であり[21]，来知志（ライチシカ）は含まれていない．先に見た1911年における来知志の人口規模の少なさは，そこが「強制コタン」ではなく，従来の集落規模が継続したことを示唆している．

　この時期の来知志（ライチシカ）の状況については，樺太庁雇員であった葛西猛千代による報告[22]があるので，その一端を紹介しておきたい．

「(1908年の状況)ライチシカ土人は，昨年同湖より胡瓜魚・イトウ・アメ鱒其他の魚類を漁獲・貯蔵し，外に貂皮十九枚平均一枚弐拾円にて売却し，三百八十円を得，以て漸く越年せりと言ふ」(p117)

「『ライチシカ』『ホロチ』『モデクナイポ』の土人は，ナヨリ（泊居管内）・オダース（久春内管内）・エストル（名好管内）土人と同しく，今回彼等に給与する農具及種子は，官に於て給与するに非す，露西亜政府時代の如く，一時の貸付にして後日必す高価の代金を徴収せらるるならん，との誤解を懐き居るを以て，数度出張所より彼等に対し受取方通告せしも，更に聞入なく，却て此通達を五月蠅く感し居るものの如く，毫も農事に従事する模様なし」(pp.115-116)

「ライチシカ土人は嘗て農耕に従事せし事なく，従て播種の方法を知らす．故に余は彼等一同を土人ボンチヨ方に召集し，耕作播種の事に付き，懇篤に注意を与へたり．又，播種の時は，同村駐在伊藤巡査は指導する筈なり」(p116)

「耕地は鵜城出張所より佐藤雇員出張，ライチシカ湖畔に一戸平均六百坪を配当せり」(p116)

すなわち，20世紀初頭に至っても，ライチシカのアイヌ社会は漁業・狩猟を主軸とした生業形態を維持しており，農業の受容を躊躇していた様子がうかがえる．その一方，1908年からは樺太庁当局による農事指導が開始され，農耕を前提とした文化形成（変容）の端緒も伺える．ライチシカにおけるアイヌ社会の20世紀初頭の姿は，こうした特質を孕んで展開したものであったようだ．

ライチシカはその後，1921年にいたり，その社会的環境が変化している．従来の指定漁場5ヶ所が3ヶ所に再編されるに伴い，新たにライチシカに指定漁場が設けられたのである（【写真①】）．このことにつき，田村は次のように述べている[23]．

「1921年（大正10）5月，樺太アイヌの指定漁場も変更となり，（中略）西海岸は麻内，名寄，来知志の3ケ所（中略）に再編成された．1933年（昭和8）には，西海岸の大穂泊に指定漁場が設置されている」(p244)

「西北部では，北幌泊にあった指定漁場が約 30 km 南の来知志に変更されているわけであるが，それでもなお，この地域では強制コタンの設置には至っていない．しかし，来知志に指定漁場が設置された時期から来知志の人口が増加している傾向にあり，周辺の樺太アイヌが自主的に移動したことも考えられる」（p245）

　ここでは，来知志（ライチシカ）に指定漁場が設けられたことに伴い，従来のアイヌ社会が大きく変容した形跡は認められない（＝「強制コタンの設置には至っていない」）ものの，人口の増加傾向が認められることから，「周辺」（＝西海岸）の「樺太アイヌ」の集住もみられた，との観測が示されている．西海岸の樺太アイヌのなかには，北海道移住組＝田村のいう"復帰グループ"が一定程度含まれていたから，ライチシカでジェレプツォフが 1948 年段階で蒐集したアイヌ資料には，指定漁場設置後の新しい移住者の齎した，近代以降に北海道で日本市場から獲得した物質文化が含まれている可能性も考慮に入れる必要がある，ということである．
　以上ライチシカに焦点をあて駆け足で確認してきたが，サハリンの"アイヌ漆器"を考えるには，その歴史的な重層性を踏まえる必要があることが指摘できたように考える．時代としては，近世・近代がその射程におかれる．交易（請来）状況については，日本市場からがその主軸とみなされる一方，中国市場・ロシア市場からの可能性もそれぞれ排除されない．また，その生業については，漁業・狩猟に加え，20 世紀初頭以降は農耕がこれに加わっていた．収蔵品の機能を考える際に，踏まえておくべき側面であろう．

5. ライチシカの持つ戦後史的意義

　最後に，漆器を含むライチシカで収集された収蔵品の持つ同時代的意義について，若干の考えをめぐらせてみたい．
　ライチシカといえば，歴史学や物質文化研究の分野よりも，アイヌ語学の分野で知られた地名といえるのかもしれない．服部四郎編『アイヌ語方言辞典』（岩波書店，1964 年）に収録される樺太方言の大部分は「ライチシカ方言」であり，その話者（イ

ンフォーマント）は常呂町（現：北見市常呂町）在住の藤山ハル氏（1900～1974）と金谷フサ氏（1921～1986）の母娘である．両氏は言語（村崎恭子〔北海道大学〕らとの協業[24]）のみならずトンコリ（五弦琴）の記録（谷本一之〔北海道教育大学〕らとの協業[25]）など文化伝承にも意を注いだ存在としても著名である．以下，両氏の履歴を紹介させて頂きたい[26]．

【藤山ハル（1900～1974）】　アイヌ名エソホランケマハ，通称フシコ．

父は原モトユキ，父の母はライチシカのアイヌ．

母はエソホランマ，ライチシカのアイヌ．

ハル本人は，西海岸北部エストリ（恵須取）で育ち，19歳で山田万次郎（ノオトパアイヌ）と結婚し，ライチシカに新居を構える．山田の両親はライチシカのアイヌ．山田は1941年歿．ハルは1944年までライチシカに居住し，藤山泊太郎（ハクリハテアイヌ）と再婚，西海岸南部のタラントマリに移住し，敗戦後1948年7月30日に引揚船千歳丸で函館に移住．翌年夫死去．1953年に娘のフサを頼り，オホーツク管内常呂町に移住．その後，服部四郎や村崎恭子といった言語学者のインフォーマントとして活躍．トンコリの復元にも尽力．1971年，常呂町文化功労章受章．1974年6月，政府より木杯（朱塗盃）一組台付授与（没後）．

【金谷フサ（1921～1986）】

ハルの長女としてライチシカで生まれ育つ．1938年野田昭治と結婚．

1947年8月28日，引揚船千歳丸で函館に移住（ライチシカよりの"引揚"）．

1952年にオホーツク管内常呂町に移住．1965年金谷栄二郎と再婚．その後，母ハルとともに，ライチシカの言語・文化の伝承活動に従事．トンコリの演奏家としても知られる．1979年，妹の白川八重子らとともにエイボン女性芸術賞受賞．1980年，常呂町教育文化貢献賞受賞．

このように，戦後北海道における樺太アイヌの言語・文化の伝承者として活躍・記録された両氏は，ともにライチシカと縁の深い存在であったことが明らかである．本稿のテーマに関連して言うならば，以上の歴史的情報からは，以下の 2 点を指摘することができそうだ．

① 戦後日本における"樺太アイヌ"の言語・文化伝承者のいわゆる第一人者は，ライチシカの人であること．
② 藤山氏・金谷氏・白川氏らにより記録された伝承と，漆器を含むライチシカで収集された収蔵品とは，同じ土俵で検討する価値が認められること．

すなわち，両氏の残された言語・文化に関する記録のなかで，1948 年にライチシカで収集された収蔵品は機能していたわけであり，そこからは，こうした系譜を引かれる方々との対話を展望しつつの，双方向性を帯びた総合的な検討の途が開かれているとみることができると考える．

6．おわりに

以上，サハリン州郷土博物館所蔵アイヌ漆器を検討する背景情報として，その収集地のひとつと目されるライチシカ（来知志）の歴史的特質の一端を，主題に則すかたちでお示しした．

こうしてみると，コレクションの持つ可能性としての歴史的重層性を踏まえた，物質としての漆器の分析は重要と考える．このことは，物質文化資料の歴史的背景を学際的に考え得る事例としても貴重であろう．今後の共同研究の深化を期待したい．

謝辞

本稿は，2016 年 12 月 21 日に小樽市総合博物館で開催された，科学研究費補助金の助成を受けた本共同研究「アイヌ漆器に関する学際的研究」（基盤研究(B)一般 16H03472，代表：浅倉有子教授）主催の研究報告会での口頭発表をもとに起稿した

ものである．当日の参会者をはじめ，ディスカッションに応じて下さった各位に，深く感謝申し上げます．また，サハリン州郷土博物館：Сахалинский государственный областной краеведческий музей での漆器調査に関しては，同館イリーナ・キム：Ирина Ким 先生をはじめ，浅倉有子・宮腰哲雄・佐々木利和ならびに清水香の諸先生に多大なご教示を賜った．併せて感謝申し上げます．

【写真① 1921年の樺太におけるアイヌ村落：田村将人による】

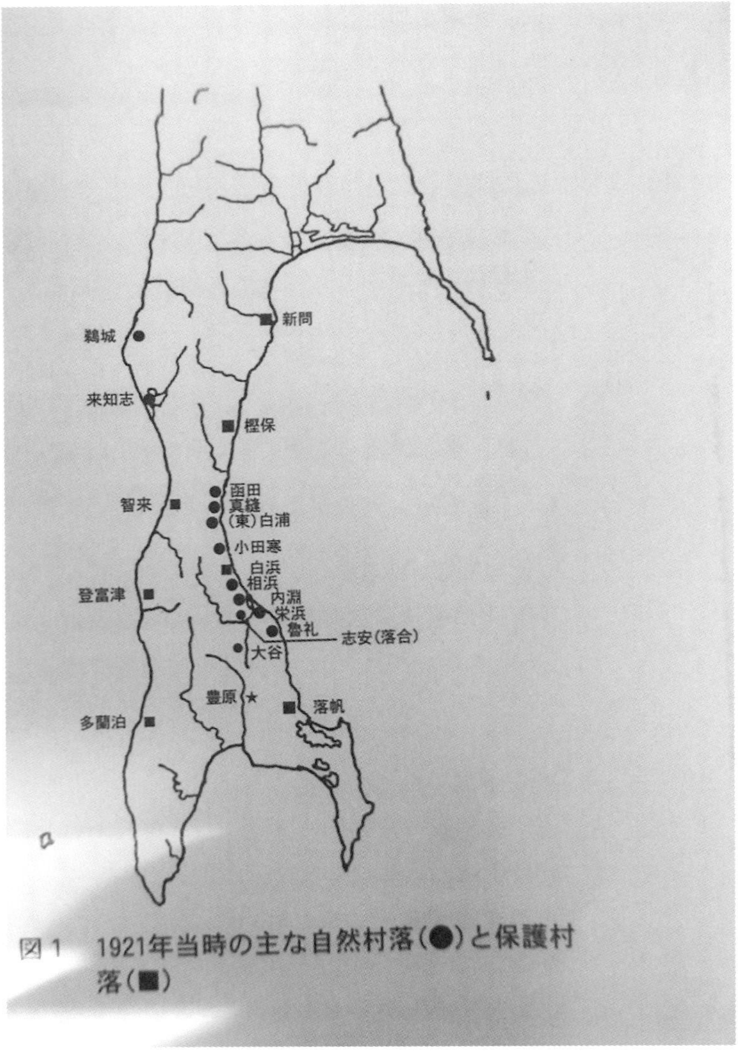

図1 1921年当時の主な自然村落（●）と保護村落（■）

出典：田村, 注16「樺太庁による樺太アイヌの集住化」, 2002年．

【付表　荻原・古原らの調査によるサハリン州郷土博物館所蔵漆器類】

＊寸法記載は省略した．

No.	収蔵番号	名称等	収集者・収集地情報
01	40-1	漆器：朱漆・三ツ巴	樺太庁博物館「ポンシントコ/多蘭泊/西川タミ旧蔵」
02	40-2	漆器・耳盥：黒漆・三ツ巴，唐草，一松・取手破損	樺太庁博物館
03	40-3	漆器・耳盥：黒漆・漆絵・刻印あり	樺太庁博物館
04	40-4	漆器・耳盥：丸三ツ巴唐草文金蒔絵	樺太庁博物館
05	40-5	漆器・鉢：黒漆	樺太庁博物館
06	40-6	漆器・耳盥：耳欠	樺太庁博物館
07	40-7	漆器・片口：外黒内朱	樺太庁博物館
08	40-8	漆器・鉢：黒漆・漆絵・三ツ巴文・注口欠	樺太庁博物館
09	40-9	漆器・大椀：朱漆・側面破損・底部刻紋有	樺太庁博物館
10	40-10	漆器・杯：梨地・漆絵・内朱	樺太庁博物館
11	40-11	漆器・杯：朱漆・巴，流水・側面破損・	樺太庁博物館
12	40-12	漆器・杯：赤漆・漆絵・カタバミ	樺太庁博物館
13	40-13	漆器・天目台：黒漆・巴唐草文	樺太庁博物館
14	40-14	漆器・行器：黒漆・菱十字，金蒔絵	樺太庁博物館
15	40-15	漆器・行器：黒漆・文様なし	樺太庁博物館
16	48-1	イクニシ：黒漆・印，舌なし，シャチ彫込	（樺太庁博物館）「登豊津」
17	48-16	イクニシ：漆塗・裏面印	

No.	収蔵番号	名称等	収集者・収集地情報
18	48-22	イクニシ：漆塗・裏面印有，舌無	
19	48-23	イクニシ：漆塗・裏面印有，舌無 飾りに牡蠣貝	
20	84-6	漆器・杯：朱漆・牡丹唐草文・底部刻印	
21	84-7	漆器・天目台：黒，朱漆・ツタ，海ｳﾛｺ，笹，ｵﾓﾀﾞｶ・底部刻印	
22	85-29	漆器・杯：朱，黒漆塗・巴＋菊花紋	
23	86-3	漆器・杯：朱，黒漆塗・ｸﾏ，三ツ巴他・底部刻印	
24	86-4	漆器・天目台：黒漆塗・桐，ｶﾀﾊﾞﾐ，笹竜胆，破損	
25	86-6-76	漆器・椀	
26	86-8-76	漆器・天目台：梨地・蒔絵，松，牡丹・底部刻印	
27	86-9	漆器・杯：朱，黒漆塗・三ツ巴文	
28	86-10	漆器・天目台：黒漆・翼に朱漆菊水文・底部刻印	
29	86-11	漆器・杯：外黒内朱・藤金蒔絵	
30	2270-5	漆器・皿：外朱内黒・雲形文	ジェレプツォフ（1948年）
31	2270-6	漆器・片口：黒漆・注口欠・補修痕	ジェレプツォフ（1948年）
32	2270-8	漆器・杯：皆朱・巴唐草文・破損大	ジェレプツォフ（1948年）
33	2270-14	漆器・耳付鉢：外黒内朱・片耳破損・底部刻印	ジェレプツォフ（1948年）
34	2270-15	漆器・片口：外黒内朱・注口欠・破損大	ジェレプツォフ（1948年）

No.	収蔵番号	名称等	収集者・収集地情報
35	2270-16	曲物：黒漆	ジェレプツォフ（1948年）
36	2270-18	漆器・鉢：外黒内朱・上部, 把手破損	ジェレプツォフ（1948年）
37	2270-29	漆器・箸：黒漆	ジェレプツォフ（1948年）
38	2270-30	漆器・箸：朱漆	ジェレプツォフ（1948年）
39	2270-31	漆器・片口：黒漆・補修	ジェレプツォフ（1948年）
40	2270-32	漆器・把手付鉢：黒漆・菊唐草文・把手欠	ジェレプツォフ（1948年）
41	2270-47	漆器・膳：外黒内朱・破損	ジェレプツォフ（1948年）
42	2270-48	漆器・膳：外黒内朱・破損	ジェレプツォフ（1948年）
43	2270-59	漆器・黒漆脚付行器：隅切五曜文金蒔絵	ジェレプツォフ（1948年）
44	2270-60	漆器・黒漆脚付行器：重菱・脚部刻印	ジェレプツォフ（1948年）
45	2270-71	漆器・把手付鉢：亀甲, 剣カタバミ, 菊蒔絵	ジェレプツォフ（1948年）
46	2270-75	漆器・杯：朱漆・輪島塗・補修	ジェレプツォフ（1948年） 2270-75a？
47	2270-76	漆器・杯：朱塗・輪島塗・破損	ジェレプツォフ（1948年）
48	2270-77	漆器・杯：外黒内朱・黒漆松鶴亀漆絵	ジェレプツォフ（1948年）
49	2270-78	漆器・杯：外黒内朱・ブドウ唐草紋風	ジェレプツォフ（1948年）
50	2270-79	漆器・杯：外黒内朱・黒漆巴唐草金蒔絵	ジェレプツォフ（1948年）
51	2270-80	漆器・盃の高台部品	ジェレプツォフ（1948年）

出典：荻原・古原編，注 1 後掲『ロシア・アイヌ資料の総合調査研究』．

＊収蔵番号 40 資料群の収集者情報については，古原敏弘氏の御示教による．収蔵番号 2270 資料群の収集者情報については，М.М.プロコフィエフ編，注 6 後掲 Каталог коллекций Б.А. Жеребцова по этнографии айнов Южного Сахалина из селения Староайнское (Райтиси) за 1948 г. в собрании Сахалинского областного краеведческого музея に拠った．

注

1) この資料群に関しての日本側の調査としては，2001 年夏における荻原眞子らによるものがあり，計測値を伴う次のような和文の目録が公刊されている．荻原眞子・古原敏弘編『ロシア・アイヌ資料の総合調査研究：極東博物館のアイヌ資料を中心として』（千葉大学文学部，2002 年）pp.136-139．この目録は，小谷凱宣・荻原眞子編『海外アイヌ・コレクション総目録』（南山大学人類学研究所，2004 年）pp.256-259 に再掲．
2) たとえば，佐々木利和『アイヌ文化誌ノート』（吉川弘文館，2001 年）p143．
3) 鵜城御用所「北蝦夷地規則」1857 年（北海道立文書館所蔵箱館奉行所文書〔国重文〕，簿書 10686）所収「土人ゟ買上并売渡品直段取調書」．旧樺太庁恵須取支庁鵜城村（樺太中部西海岸）にあたる．これによると，行器・極上行器・食籠・耳盥（大中）・台盃・朱一つ椀（上中下）・蒔絵付椀（大中小）・湯当（上中下）・南部高椀・馬柄杓（上下）・日野椀・柄杓（大小）・板折敷（「漆無御座候」）・鴨々（大中小）が交易品目に挙げられている．この時期にサハリン中部西海岸に，上記のような漆器が恒常的に日本市場から流入していたことが明らかである．後述するライチシカ（来知志）は，鵜城よりやや南の西海岸に位置する（【写真①】参照）．
4) 中村齋「アムール河下流域のアイヌ系ウリチの存在について」（『北海道立北方民族博物館研究紀要』1, 1992 年），大塚和義編『北太平洋の先住民交易と工芸』（清文堂，2003 年）ほか．
5) 荻原・古原編，註 1 前掲『ロシア・アイヌ資料の総合調査研究』, pp.130-140．
6) Каталог коллекций Б.А. Жеребцова по этнографии айнов Южного Сахалина из селения Староайнское (Райтиси) за 1948 г. в собрании Сахалинского областного краеведческого музея/ М.М. Прокофьев/Южно-Сахалинск：Сахалинское книжное издательство/2005．渡辺圭氏（島根県立大学北東アジア地域研究センター）による邦訳文を参考とさせていただいた．
7) このことにつき，荻原・古原編，註 1 前掲『ロシア・アイヌ資料の総合調査研究』は，「本館のもう一つの特徴をなしているのは B.A.ジェレプツォフ（1921-1984）が 1948 年に集めたものであるが，（中略）その様子はジェレプツォフと行動を共にした写真家 I.S クバチが撮影した数多くの写真に残されており，これは当地におけるアイヌの最後の記録として非常に貴重である」と指摘している（p19）．
8) このことに関しては，時代的な制約はあるものの，埋葬・祭祀者（集団）の合意を得ていない可能性を残す点で，倫理的問題点の伏在した収集であった可能性を踏まえた検討が必要であると考える．

9) Материальная и духовная культура сахалинских айнов / Б.А. Жеребцов/Южно-Сахалинск : ГБУК "Сахалинский областной краеведческий музей"/2012.
10) 荻原・古原編，注 1 前掲『ロシア・アイヌ資料の総合調査研究』，p130．収集主体については古原敏弘氏の御示教による．
11) サハリン州郷土博物館収蔵アイヌ資料のうちNo.2270 資料群を素材とした研究としては，イナウ（2270-17 ならびに 2270-62）に関する北原次郎太『アイヌの祭具　イナウの研究』（北海道大学出版会，2014 年）が挙げられる（pp.90-91, p208）．北原氏は，写真資料との照合からこれらを「来知志」所産であると論じておられるが，これにより当該資料は墓地から収集されたものではないこともまた明らかにされている．No.2270資料群については，こうした慎重な資料素材化の実証的手続きが必要と考えられる．
12) 間宮林蔵「北蝦夷図説」1855 年版（大友喜作編『北門叢書』第 5, 北光書房，1944 年所収）．同「北夷分界余話」1811 年成立（洞富雄・谷澤尚一編『東韃地方紀行他』平凡社東洋文庫，1988 年）にも同内容の記述がある（pp.104-105）．
13) 佐々木史郎「アムール川下流域諸民族の社会・文化における清朝支配の影響について」（『国立民族学博物館研究報告』14-3, 1989 年），同『北方から来た交易民』（日本放送協会出版，1996 年）ほか．
14) 松浦茂『清朝のアムール政策と少数民族』（京都大学学術出版会，2006 年）．
15) 佐々木，注 13 前掲『北方から来た交易民』，拙稿「近世の蝦夷」（岩波講座『日本歴史』第 13 巻近世 4, 岩波書店，2015 年）ほか．
16) 田村将人「樺太庁による樺太アイヌの集住化」（『千葉大学ユーラシア言語文化論集』5, 2002 年）．
17) 東富内御用所「慶応四戊辰年正月　御用留」（北海道立文書館所蔵箱館奉行所文書，簿書 109）．
18) 田村，注 16 前掲「樺太庁による樺太アイヌの集住化」，p232.
19) 「自明治四十一年〔1908〕八月至明治四十四年八月樺太全嶋各村土人の状況」（葛西猛千代『樺太土人研究資料』私家版，1928 年所収）．
20) 田村，注 16 前掲「樺太庁による樺太アイヌの集住化」，p243.
21) 田村，注 16 前掲「樺太庁による樺太アイヌの集住化」，pp.236-237.
22) 葛西，注 19 前掲『樺太土人研究資料』．
23) 田村，注 16 前掲「樺太庁による樺太アイヌの集住化」．
24) 村崎恭子『カラフトアイヌ語』（国書刊行会，1976-1979 年），丹菊逸治編『樺太アイヌ語例文集／藤山ハル口述；村崎恭子採録』（北海道大学アイヌ・先住民研究センター，2013-2016 年）ほか．
25) 谷本一之「アイヌの五弦琴」（北海道大学『北方文化研究報告』13, 1958 年），アイヌ文化保存対策協議会編『アイヌ民族誌』（第一法規出版，1970 年），金谷栄二郎・宇田川洋『樺太アイヌのトンコリ』（常呂町郷土研究同好会，1986 年）ほか．
26) 以下，両氏の履歴については服部四郎編『アイヌ語方言辞典』（岩波書店，1964 年），北見市常呂図書館編『樺太アイヌの文化伝承者：藤山ハルさん，金谷フサさん，金谷栄二郎さんのあゆみと功績を知るための年表』（同館，2009 年）に拠った．

サハリン・アイヌの漆器の特徴と科学分析

宮腰哲雄，出居宗一郎，本多貴之
明治大学大学院理工学研究科応用化学専攻
浅倉有子
上越教育大学大学院学校教育研究科

1. はじめに

　アイヌの社会では,漆器は伝統的に人と神を繋ぐ重要な儀式や祭礼,ハレの日の儀礼具,宝物,威信具あるいは飲食器などの生活用品として重視され重宝された.また、サハリンのアイヌも漆器は儀式や祭礼の重要な祭具であり、権威や威信財であった。しかし伝統的アイヌ社会では漆器の生産は行なわれなかったのでいずれも交易を通じて搬入された.江戸時代前期のころのアイヌの社会には高台寺蒔絵などの優品の漆器や堅牢で実用性に優れた根来様式の漆器があり,また琉球の沈金技法や加飾を施した漆器も確認されている.これらの漆器の移入は山丹交易を含むアイヌ社会の活発な交易や交流が関係し伝世した.その後,江戸時代中期以降には松前藩などの和人社会の介入が顕著になり,浄法寺塗などの一般的な什器や生活用具が多くなった.
この様にアイヌ社会の漆器は時代の情勢や地域性が複雑に絡み合い変化した漆器利用の文化と歴史があった.サハリン・アイヌもまた漆器を愛し大切に扱っていた.サハリンのアイヌ社会と漆利用の文化を理解するためにも漆器の科学分析から得られる情報は興味深いと考えている.今回サハリン州郷土博物館の協力を得て，同館所蔵のアイヌの漆器3点の剥落片を恵与していただき，それらに使われた漆の種類、塗膜構造や，それらの産地を解明するために種々の科学分析法で漆器片3点を分析したので，その分析結果を報告する.

2. アイヌの漆器の特徴と文化

　近世後期にサハリンは北蝦夷地とよばれていた。江戸幕府は、ロシアの南下政策と、その過程で惹起した文化3年(1806)のサハリンと、翌年のエトロフ島におけるレザノフ配下による会所等の焼討事件の後,同6年にサハリンを北蝦夷地と呼称を定め,会津藩に警衛を命じた。その後もサハリンは，ロシアと日本との間で翻弄され続け，安政元年12月（西暦では1855年）の日露

和親条約により，日露の共有地（雑居地）とされ，明治維新後の1875年の千島・樺太交換条約により全島ロシア領に，さらに日露戦争後のポーツマス条約によって北緯50度以南が日本領となった．サハリン・アイヌが文献に現れるのは13世紀で，アムール河口付近に居住するギリヤーク民族がサハリン・アイヌの攻撃を受け，彼らの討伐を元王朝に願い出た時である[1]．江戸時代以降もサハリン・アイヌは，アムール河流域の民族と交易を行い，北ルートの交易路を維持していた．千島・樺太交換条約締結後に，開拓使長官・黒田清隆によって，サハリン・アイヌ800名以上が強制的に北海道に移住させられ，伝染病の流行によって多くの犠牲者を出した[2]．1905年のポーツマス条約締結によって，強制的に移住させられていたサハリン・アイヌの多くは，再びサハリンへと向かったのである．著者の一人である宮腰らが分析された漆器類はかかる背景を有したものである．

3. サハリン・アイヌの漆器の科学分析

歴史的なサハリン・アイヌの漆器がどのような漆を用い，漆とともにどのような材料を使い，どのような塗装技術で，どんな塗装が行われたかを分析し調べることで，漆器の特徴，さらにはその漆器がどこで作られたかを知るためにいろいろな科学分析を組み合わせて漆器の材料情報を収集した．一つの分析法で分析対象の漆器の材料情報をすべて得ることはできない．そのため分析対象の漆器片の試料量に応じて種々の科学分析法を応用し各種分析データを得ることになる[3,4]．その結果を基にサハリン・アイヌの漆器の特徴と産地に関わる情報を得たので報告する[5]．

4. 試料の概要

分析に用いた漆器はハリン州郷土博物館所蔵の3点の漆器の剥落片を同館から恵与していただき，それらを複数の科学分析で分析評価した．科学分析に供した漆器3点の写真と漆器の法量などの情報を表1～3にまとめた．

表1 サハリン・アイヌの漆器片の試料番号と博物館の所蔵番号，漆器の種類及び外観

サンプル番号	博物館所蔵番号	漆器の種類	外観・特徴
NO. 1	NO. 40-5	大型丸鉢	総黒色

| NO. 2 | NO. 40-15 | 行器（ホカイ） | 外黒色 |
| NO. 3 | NO. 231 (NO. 0040-002) | 大型椀 | 総黒色 |

NO.1 大型丸鉢　　　NO.2 行器　　　NO.3 大型椀

写真1 科学分析に用いたサハリン・アイヌの漆器3点

　サハリン州郷土博物館から恵与された分析用塗膜片のもとの漆器 NO. 1 大型鉢は所蔵番号 NO.40-5 で，行器 NO.2 は所蔵番号 NO.40-15 である．荻原眞子・吉原敏弘の調査により「NO. 40 シリーズ」の漆器は旧樺太庁博物館で収集した資料であることがわかった[6]．これによりサハリン州郷土博物館には旧樺太庁博物館の漆器が含まれていることがわかった．また，分析用サンプル NO.3 の漆器は大型椀 NO.231 であるが，これにはもう一つの所蔵番号 NO. 0040-002 があり，「NO.0040 シリーズ」の漆器の一つであることがわかった．この「NO.0040 シリーズ」の漆器も旧樺太庁博物館で収集した資料であることがわかった[6]．

表2 科学分析に用いたサハリン・アイヌの漆器 NO.2 行器の法量

	NO. 2 行器
全高 cm	35
蓋の直径 cm	32.5
身の高さ cm	25.5
脚の高さ cm	9.8
脚の前 cm	4.2
脚の横 cm	4.8

表3 科学分析に用いたサハリン・アイヌの漆器 NO.1 大型丸鉢と NO.3 大型椀の法量

	NO.1 大型丸鉢	NO.3 大型椀
内径 cm	30	23.6
外径 cm	33.5	-
深さ cm	12	10
高台の高さ cm	1.6	4.2
高台の深さ cm	1	-
高台の外径 cm	23.5	13.5
高台の内径 cm	21	-
高台の深さ cm	-	3.6

5. 分析方法

5.1 サハリン・アイヌの漆器の塗膜片のクロスセクション分析

　漆の塗装構造を観察するために，塗膜の一部を用いてエポキシ樹脂で固め，その断面を削り出してプレパラートを制作する．その薄片を顕微鏡下で透過光，反射光及び偏光で観察することで塗膜断面から漆の塗り重ねや混和物等を観察する分析法である．

　試料はエポキシ樹脂 53 型 (株式会社　三啓社製) を用いて樹脂包埋を行った．その後試料面が出るように切断し，スライドガラスに接着し，自動研磨機で研磨を行い，試料プレパラートを作製した．これを光学顕微鏡 (ニコン社製　ECLIPSE LV100POL) を用いて観察を行った．また，作製したプレパラートを用いて，蛍光 X 線分析装置 ED-XRF 装置 (堀場製作所社製) にて試料中に含まれる元素を分析した．さらに，FT/IR 装置 (Thermo Fisher SCIENTIFIC 社製　Nicolet iN10) を用いて，ATR 法により試料断面の FT/IR スペクトルを測定した．

5.2 サハリン・アイヌの漆器の塗膜片の熱分解-ガスクロマトグラフ／質量分析

　漆膜は非常に硬くいかなる溶媒にも溶けないことから通常の分析は難しい．そのため漆膜の分析法は限られている．これまでは外観観察や赤外線（IR）スペクトルによる分析が主流であったが，正確な判別は難しいものがある．漆の判定を正確におこなうためには熱分解によるウルシオールの検出がもっとも判定精度が高い．

熱分解装置はフロンティア・ラボ社製ダブルショットパイロライザー JP-2020iD，ガスクロマトグラフは Agilent 社製ガスクロマトグラム HP6890，質量分析装置は Agilent 社製 HP5975A，キャピラリー分離カラムは Ultra Alloy-PY(HT/MS)，(30m，直径 0.25mm，膜厚 0.25mm)を用いて分析を行った．熱分解温度は 500℃，イオン化電圧は 70eV，ガスクロマトグラム温度は 40℃(2 分保持)-12℃/分昇温-320℃(10 分保持),インジェクション温度は280℃,インターフェイス温度は280℃,質量分析計内温度は 180℃，キャピラリーガスは He，カラム温度は 40-320℃(rate 12℃／min)，カラム流量：ヘリウム 1.0mL/分の条件で分析を行った．

5.3 サハリン・アイヌの漆器の塗膜片の蛍光 X 線分析

　分析用試料に X 線を照射すると試料中の電子が高いエネルギー状態になり，これらの電子が元の状態に戻る際に蛍光を発生させる．この蛍光のエネルギーが元素ごとに異なるため，元素の種類を判別できる．この分析はクロスセクション後の試料に対してもおこなうことが可能であり，各塗装層における金属元素・顔料の利用や分布などを識別することができる．この分析には堀場製作所製蛍光 X 線分析装置 XGT-5200 を用いた．

5.4 サハリン・アイヌの漆器の塗膜片の放射性炭素 14 年代測定

　放射性炭素年代は加速器質量分析法（パレオ・ラボ、コンパクト AMS（Accelerator Mass Spectrometry）法，アメリカ NEC 製 1.5DH）で測定した．得られた ^{14}C 濃度は同位体分別効果の補正を行った後，^{14}C 時代、暦年代を算出した．試料の前処理は超音波洗浄，酸，アルカリ，酸洗浄（塩酸：1.2N，水酸化ナトリウム：1.0N，塩酸：1.2N）を順次行い測定した．

6. 分析結果と考察

6.1 塗膜の熱分解-ガスクロマトグラフィー（GC）／質量分析（MS）

　サンプル NO.1 大型鉢の剥落塗膜片を熱分解-GC／MS を用いて分析し，その TIC（全イオンクロマトグラム）からアルキルフェノール（m/z 108）を抽出したところ，ウルシオール重合物が熱分解した 3-ペンタデシルフェノール（C15）と 3-ヘプチルフェノール（C7）が確認された（図1）．このことから大型鉢の塗装に使われた漆はウルシの木 *Toxicodendron vernicifluum* の漆液であることがわかった．

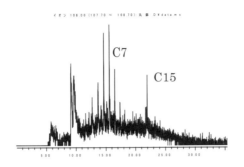

図1 サンプル NO.1 大型鉢の剥落片の熱分解-GC／MS 分析結果：MS クロマトグラム m/z108

　m/z 60 のカルボン酸に関わる MS クロマトイオングラムを抽出するとパルミチン酸（C16）とステアリン酸（C18）などの脂肪酸類が認められた（図2）．このことから漆に乾性油を混ぜて使われていたことが示唆された．漆の塗装時高温多湿下で漆を乾燥硬化させると漆は早く乾燥するが塗膜の色は濃くなり，また皺が生じ易い．そこで漆に乾性油を加えて乾燥をコントロールし，また漆膜の艶をよくするために油を加えることもあり，当時どのような目的で漆に油を加えたか興味がある．

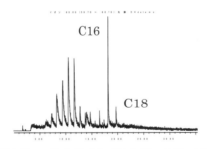

図2 サンプル NO.1 大型丸鉢 の熱分解-GC／MS 分析の結果：MS クロマトグラム m/z 60

　MS クロマトグラム m/z 202 の抽出によりリテン retene（分子式 $C_{18}H_{18}$, 分子量234），ピレン pyrene（分子式 $C_{16}H_{10}$, 分子量 202）及びフルオランテン fluoranthene（分子式 $C_{16}H_{10}$, 分子量 202）が検出された（図3）．これらの化合物は煤や炭粉などのカーボン中から認められることから漆器の下地層に煤や炭粉などのカーボンが使われ，また黒色の漆を得るために使われたと考えている．

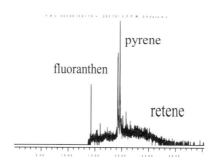

図3 サンプル NO.1 大型丸鉢 の熱分解-GC／MS 分析の結果：MS クロマトグラム m/z 202

　更にサンプル NO.2 行器及びサンプル NO.3 大型椀の塗膜片を同様に熱分解-GC／MS 分析したところ MS クロマトグラム m/z 108 から 3-ペンタデシルフェノール（C15）と 3-ヘプチルフェノール（C7）が確認された．このことからそれらの漆器はいずれもウルシの木 *Toxicodendron vernicifluum* の漆液を用いたことがわかった．またいずれのサンプルの熱分解-GC／MS 分析の MS クロマトグラム m/z 60 からパルミチン酸（C16）やステアリン酸（C18）などの脂肪酸類が認められた．さらに MS クロマトグラム m／z 202 からリテン retene，ピレン pyrene 及びフルオランテン fluoranthene が検出されことからこれらの漆器の塗膜には炭粉や煤などのカーボンが含まれ，それが黒色漆器制作や下地形成のために使われていたことが分かった．

6.2 サハリン・アイヌの漆器の木胎に使われた樹種

　歴史的に古い漆器の木胎は，地元の木を使い漆器が作られていたと考えられる．例えば京都に近い地域ではヒノキやアスナロが使われ，輪島ではアテ（ヒノキアスナロ）が，琉球ではイヌマキが使われていた．このように漆器作りの木胎の樹種は，漆器が作られる産地により樹種と，木が選ばれ使われてきた．江戸時代後期ころの浄法寺地区では椀や皿等の漆器の木胎の樹種は主にブナ属やモクレン属の木が使われていたといわれている．そこで，先ずサハリン・アイヌの漆器にどのような木が使われていたかを調べた．漆器の木胎の樹種を決めるには，木の横断面（木口，C），接線断面（板目，T）および放射断面（柾目，R）の3断面の木材組織の特徴から調べられている（図4）．

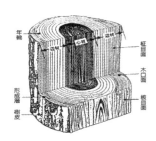

図4 樹種同定用木片の3断面（横断面C，接線断面T，放射断面R）

以上のことからサハリン・アイヌの漆器の木胎の3断面の木材組織の横断面（木口, C），接線断面（板目, T）および放射断面（柾目, R）から樹種を検討した．その結果，サンプル NO.2 行器の木胎の放射断面（柾目）は横断面（木口）のスケールが 20 ミクロンで，放射断面にスリットをもつ丸い穴があることや接線断面（板目）T 及び放射断面 R の断面構造から常緑針葉樹であるヒノキ科ヒノキ属 *Chamaecyparis obtusa (Siebold et Zucc.) Endl.* と判断した（写真2）．

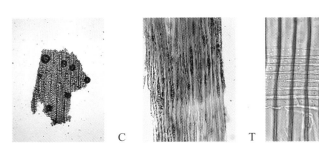

写真2 サンプル NO.2 行器の木胎の樹種「ヒノキ」

サンプル NO.1 大型鉢の樹種は十分な試料量が得られなく判定が難しく樹種同定はできなかった．しかしその横断面 C から針葉樹であることが分かり，ヒノキに似ていることが分かった．

サンプル NO.3 大型椀の木胎の横断面 C，接線断面 T 及び放射断面 R の構造から樹種は常緑針葉樹のブナ科クリ属 *Castanea crenata* であった（写真3）．

 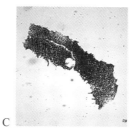 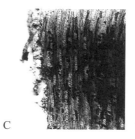

写真3 サンプル NO.4 大型椀の木胎の樹種「クリ」

6.3 漆膜の放射性炭素14年代測定

サンプル NO.2 行器の漆膜の放射性炭素14年代測定は，塗膜を有機溶媒，酸，更にアルカリで前処理した後，加速器質量分析計（パレオ・ラボ，コンパクト AMS：NEC 製 1.5SDH）を用いて放射性炭素14を測定した．得られた ^{14}C 濃度について同位体分別効果の補正を行った後，^{14}C 年代，暦年代を算出した．暦年較正は大気中の ^{14}C 濃度が一定で半減期が 5568 年として算出された ^{14}C 年代に対し，過去の宇宙線強度や地球磁場の変動による大気中の ^{14}C 濃度の変動及び半減期の違い（^{14}C の半減期 5730±40 年）を較正して，より実際の年代値に近いものを算出する．

^{14}C 年代の暦年較正は OxCal4.3（較正曲線データ：IntCal13，暦年較正結果が 1950 年以降にのびる試料については Post-bomb atmospheric NH2）を使用した．

なお，1σ 暦年代範囲は OxCal の確率法を使用して算出し ^{14}C 年代誤差に相当する 68.2% の信頼限界で暦年代範囲を算出し，同様に 2σ 暦年代範囲は 95.4% の信頼限界で暦年代範囲を得る．

サンプル NO.2 行器の漆膜片の放射性炭素14年代測定の結果を表4に示した．これらの漆器の漆膜の暦年代はおおよそ江戸時代中期から後期のものであることが分かった．

なお江戸時代は 1603 年～1867 年（17～19 世紀半ば）で，明治時代は 1868 年～1967 年である．

表4 サンプル NO.2 行器の年代測定の結果

サンプル NO.2 行器の ^{14}C 年代を暦年に較正した年代範囲

1σ 暦年代範囲	2σ 暦年代範囲
Post-bomb　NH2 2013.	Post-bomb　NH2 2013.
1694-1710　cal AD (11.7%)	1686-1731 (27.3%)
1813-1828　cal AD (10.7%)	1808-1895 (56.0%)

1842-1853 cal AD（8.1%）　　1904-1927（12.0%）

1866-1890 cal AD（16.6%）

　サンプル NO.1 大型丸鉢及びサンプル NO.3 大型椀の漆膜の放射性炭素 14 年代測定を暦年較正した年代範囲，特に 2σ 暦年代範囲を表 5 に示した．いずれのも江戸時代後期ころの漆器であることが分かった．

表 5 サハリン・アイヌの漆器類を制作した暦年代に較正した年代範囲

試料 NO.	漆器	放射性炭素 14 年代を暦年代に較正した年代範囲
		2σ 暦年代範囲 Post-bomb NH2 2013.
NO.1	大型丸鉢	1690-1729 cal AD (27.0%), 1810-1896 cal AD (56.2%), 1903-1925 cal AD (12.2%)
NO.3	大型椀	1667-1697 cal AD (15.6%), 1725-1783 cal AD (41.2%), 1796-1815 cal AD (10.9%)

　いずれにしても，これらの年代測定をした漆器類は，19 世紀以前のもの，江戸時代末期ころからサハリンが日本領になったころの漆器（江戸時代は 1603 年～1867 年）で，大変貴重な漆器類であることが分かった．

6.4 塗膜のクロスセクションと顕微 IR スペクトル

　サハリン・アイヌの漆器から得たサンプル NO.1，NO.2 及び NO.3 の剥落片を用いて薄膜を調製し，それを透過光，反射光及び偏光の下で観察し，それぞれの塗装層，塗装に使われた材料を推測し，必要に応じて蛍光 X 線分析で元素マッピングと顕微 IR スペクトルを測定した．

　サンプル NO.1 大型丸鉢の漆膜のクロスセクションの図 1 に示した．その各層を顕微 IR スペクトルで測定したところ下地層に漆が含まれていることを確認し，蛍光 X 線分析とそのマッピング分析，顕微 IR スペクトル測定から鉱物含有の漆下地層（~160μm），油煙層，漆層（50μm）の 3 層から成る塗装構造であることを確認した（図 5）．

図5 サンプルNO.1大型丸鉢の塗膜のクロスセクション（透過光：中央）（偏光：右）と塗装構造イメージ図（左）

サンプルNO.2片口の漆膜のクロスセクションを作成し，それを観察し，それぞれの塗装層を顕微IRスペクトルで測定した．また蛍光X線分析とそのマッピング分析からサンプルNO.2行器は炭粉-柿渋下地（150μm），油煙層，漆層（30μm）を1層塗装してあることが分かった（図6）．

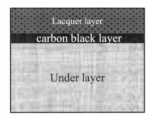 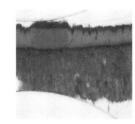 

図6 サンプルNO.2行器の塗膜のクロスセクション（透過光：中央）（偏光：右）と塗装構造イメージ図（左）

サンプルNO.3大型椀の塗膜のクロスセクションの観察から下地層（100μm）に炭粉の存在と漆層1層（40～80μm）塗装したことが分かった（図6）．

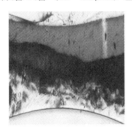  

図7 サンプルNO.3大型椀の塗膜のクロスセクション（透過光：左，反射光：中央）と塗装構造イメージ図（右）

下地に柿渋を使ったか漆を利用したかは塗膜のクロスセクションの下地層を顕微 IR（赤外線）スペクトルを測定すると，その相違を明確に識別できる．柿渋の顕微 IR スペクトルは図7の左に，漆の顕微 IR スペクトルは図7の右に示した．それぞれのスペクトルの指紋領域が大きく異なることから明確に区別できる．

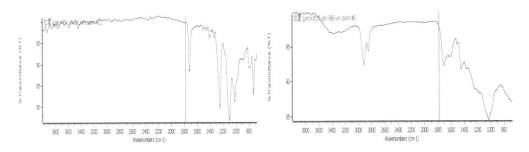

図8 標準の柿渋（左）と標準の漆（右）の顕微 IR スペクトル

　この結果を基に，サンプル NO.1，NO.2 及び NO.3 のクロスセクションの下地層を顕微 IR スペクトルを測定したところ，サンプル NO.1 大型丸鉢，サンプル NO.2 行器及びサンプル NO.3 大型椀の下地層にはそれぞれ漆が使われ，渋下地でないことが分かった．それらの顕微 IR スペクトルを測定した結果を図9に示した．

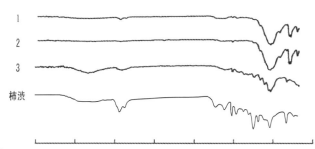

図9 サンプル NO.1，NO.2 及び NO.3 の下地層の顕微 IR スペクトルを測定した結果

以上のようにサンプル NO.1, NO.2 及び NO.3 に使われた樹種, それらの下地構造, 塗膜の色及び塗装構造の分析結果を表6にまとめた.

表6 漆器の下地構造と塗装構造

NO.	樹種	下地構造	塗膜の色	塗装構造
1	針葉樹	鉱物-漆下地	黒色塗膜	下地層＋カーボン層＋漆層
2	ヒノキ	鉱物-漆下地	黒色塗膜	下地層＋カーボン層＋漆層
3	クリ	鉱物-漆下地	黒色塗膜	下地層＋カーボン層＋漆層

著者らは前報で琉球漆器や歴史的な中国漆器を科学分析した結果を報告したが, 上記の分析結果（表6）に示した木地の樹種について, 特に NO.2 の漆器の木胎はヒノキで, それは日本特有の樹木であり, 素地にヒノキを使い, 下地材料や塗装構造は典型な日本の漆器にみられる材料の組み合わせと漆工技術で作られていることがわかった[8)-15)].

サハリン州郷土博物館から恵与していただいた漆器片 NO.1〜3 のもとの漆器は, 旧樺太庁博物館で収集した漆器であったが, 科学分析の結果から 3 点の漆器はいずれも中国製でなく日本製であることが分かった.

6.5 サハリン・アイヌの漆器3点の加飾と文様

漆器が漆絵で加飾されるようになったのは中世以降からといわれていて漆器の内外面に赤色などの彩漆で絵画的に, あるいは幾何学模様が描かれることで漆器に華やかさ加わり, 食膳, 晴れの日, 宴席の楽しさが増したことだろう. そのようなことから, アイヌの漆器にも加飾が施された漆器が多々ある. もちろん無紋の漆器もあるあるが, サンプル NO.2 行器の蓋に武田菱が, サンプル NO.3 大型椀には唐草や巴紋が描かれていた（写真4）.

  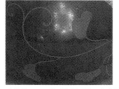

NO.2 金色の武田紋　　NO.3 赤色の三巴紋（左）と唐草模様（右）

写真4 サハリン・アイヌの漆器の加飾・模様

これらの加飾や文様を描えた彩漆の顔料を蛍光X線分析で分析したところ，サンプルNO.2 行器の武田菱の金色は金箔が張られていて，サンプルNO.3 大型椀の赤色の三巴紋と唐草模様もそれぞれベンガラ漆が使われていた．

　以上のように研究対象にしたサハリン州郷土博物館所蔵の漆器 3 点のアイヌの漆器には武田菱，三巴紋あるいは唐草模様等日本の伝統的な文様や幾何学模様が施されていて，それにより漆器に華やかさが加わり，アイヌの祭事，儀式，季節の行事の食膳，晴れの日あるいは宴席が華やかで楽しさが増したことだろうと考えている．

　またこれらの漆器の形や意匠・加飾及び塗膜の科学分析の結果・評価から，これらの漆器が特にアイヌの人々向けに作られたものでなく，当時世間に一般的に出回っていた良品な漆器に属するものがアイヌの交易でサハリンに渡ったとみている．

7. 分析結果のまとめ

　本研究は，サハリン州郷土博物館所蔵の漆器3点の剥落片を同館から恵与していただき，それらを種々の科学分析で分析評価した．その分析対象の漆器は，サンプル NO.1 大型丸鉢，サンプル NO.2 行器及びサンプル NO.3 大型椀である．

　行器は物を収納する物入れであり，また物を運ぶ移動用容器でもあった．この特殊な漆器は室町塗葛籠（つづら）とも言われ，文献によると古い昔は主に京都近郊の山城で作られていたと書物「毛吹草」に記載されている[8]．京都近郊の古い漆器の木胎にはヒノキ製が多いことから，これらの行器の木胎は共にヒノキが使われていたことから，これらの漆器は京都近郊で作られたと考えている．サンプル NO.1 大型丸鉢から十分な木部の試料が得られなかったので樹種同定はできなかったが針葉樹であり，その横断面（木口C）はヒノキに似た構造であった．その塗装構造は漆下地で，油煙や炭粉等のカーボンブラックが使われた漆下地で，その上に漆で上塗りしてあり，これらの漆器も京都近郊の山城で作られたのではないかと考えている[8)-10)]．

　合鹿椀など大型の漆器椀の製作が盛んな輪島地域には，漆器の木地にアテ（ヒノキアスナロ），ケヤキ，ナシあるいはシデが使われ，柿渋下地で，総黒で，カラムシ（苧麻）などの布着せが施されているものと地の粉（珪藻土）と漆下地の漆器があるといわれている[8)]．サンプル NO.3 の総黒の大型椀はクリ属の木胎を使い，カラクサを用いた布着せが施され，鉱物を含む炭粉−

漆下地の上に漆が1層塗られた塗装構造であった．鉱物は蛍光X線分析の結果から地の粉ではなく，砥の粉のようで，カラクサによる布着せがあった．このようなことから輪島地域の漆器でなく，カラクサが栽培され利用されている会津地域での製作も考えられるが，江戸時代後半の会津地域の漆器の塗装構造や塗装材料に関わる材料情報がまだ十分にまとまっていないため今後の検討課題である[8)-12)]．

8. まとめ

歴史的に古いアイヌの漆器がどのような漆を用い，漆とともにどのような材料を使い，どのような塗装技術で，どんな塗装が行われたかを種々の科学分析で調べ，漆器の特徴，さらには漆器がどこで作られたかを知るためにいろいろ科学分析を組み合わせて漆器の材料情報を収集した．その結果，分析対象の漆器は，放射性炭素14年代測定法からいずれも江戸時代後期ころの漆器であることかわかった．それらの分析結果からサンプルNO.2の行器は，それに使われた樹種はヒノキで，炭粉-漆下地で，漆が1層塗られていることなどから，それらは京都近郊の山城地域で作られたと推定した．

江戸時代の漆の産地は全国的に多く，その内山丹貿易や北前貿易でアイヌと交易し，アイヌ産物と漆産地との交易で多くの漆器が海を渡り，北海道やサハリンに渡ったと考えられる．しかしその漆器を送り出した漆器産地の情報，またその産地の特徴：漆器作りの材料情報，技術，資料はまだ少ない．この度は浄法寺地域の漆器制作の情報，材料情報をいろいろな科学分析で検討して解明の手がかりを得た．しかし全国の各漆産地の特徴，技術などが明確にならないとアイヌの漆器を制作した産地同定は難しい．今後は，アイヌの漆器を制作した地域の漆器作りの情報，技術などを収集し，この興味深い課題を解明したいと考えている．

本研究に用いたサハリン・アイヌの漆器は，サハリン州郷土博物館所蔵の漆器の一部3点を各種の科学分析で詳細に検討した．この漆器の中の「NO. 40シリーズ」の漆器2点（NO.1とNO. 2）と「NO.0040シリーズ」の漆器1点（NO.3）は旧樺太庁博物館で収集された資料であることがわかった．

それに関わるアイヌの漆器の一部を科学分析で得られる情報として江戸時代後期ころのもので，それらはいずれも日本製で，その中には京都・山城製と考えられ漆器があった．漆器に使わ

れた漆やそれに関わる材料が中国製と思われる漆の材料情報は得られなかったが，日本とサハリンは物々交換・交易で繋がっていたことが分かった[10)-12)].

サハリン州郷土博物館にはまだ多くのサハリン・アイヌに関わる漆器や歴史的な資料が多く所蔵されているが旧樺太庁博物館の漆器も含まれていたことから，同館の所属漆器の来歴について詳しく検討することが必要であると考えている．本研究は，まだそのスタートの段階で，このコレクションを種々検討し精査することで，サハリン・アイヌに関わる文化的情報と民族学的価値がいろいろ得られると考えている．今後日本とロシアが共同研究することで，この分野が大いに発展することを願っている．

謝辞

研究用サハリン・アイヌの漆器の剥落片はロシア・サハリン州郷土博物館 (The Sakhalin Regional Museum of Local Lore, Institute of Heritage Bronislaw Pilsudski, Sakharin, The Russian Federation) から恵与していただき，同館の Ирина Ким イリーナ・キム研究員に多大なご教示とご支援を賜りました．ここに記して厚く御礼を申し上げます．サハリン・アイヌの漆器の素地・木胎の樹種同定は明治大学黒曜石センター客員教授能城修一博士にお願いしました．ここに記して厚く御礼を申し上げます．また本研究は北海道大学谷本晃久教授，佐々木利和教授に多大なご指導とご教示を賜りました．ここに記して深く感謝を申し上げます．

本研究は文部科学省科学研究費・基盤研究 (B) Grant Numbers 16H 03472 (研究代表者 浅倉有子) による学際研究の一環として行なわれた．ここに記して厚く御礼を申し上げます．

参考文献

1) 中村和之「『北からの蒙古襲来』をめぐる諸問題」（菊池俊彦編『北東アジアの歴史と文化』（北海道大学出版会、2010 年）他.
2) 樺太アイヌ研究会編『対雁の碑―樺太アイヌ強制移住の歴史』（北海道出版企画センター、1992 年）他.
3) 前報 浅倉有子，本多貴之，宮腰哲雄、研究路運分「歴史的な浄法寺塗の塗膜分析と特徴」、アイヌの漆器の学際研究論文集，2018 年 12 月発刊（予定）.
4) 前報 出居宗一郎，本多貴之，宮腰哲雄，藪中剛司，「新ひだか町博物館所蔵のアイヌ漆器の特徴と科学分析」，アイヌの漆器の学際研究論文集，2018 年 12 月発刊（予定）.
5) 谷本晃久，近世・近代のサハリン南部の歴史と漆器 〜西海岸ライチシカ：来知志を中心に〜、アイヌの漆器の学際研究論文集，2018 年 12 月発刊（予定）.
6) 荻原眞子，吉原敏弘「ロシア・アイヌ資料の総合調査研究：極東博物館のアイヌ資料を中心として」、千葉大学文学部、2002 年.

7) アイヌ民族に伝わる漆器の調査研究 −アイヌ民具としての漆器類の基礎的データの収集と分析−神奈川大学日本常民文化研究所調査報告 第22集、古原敏弘編者、神奈川大学日本常民文化研究所発行 (2014).
8) 四柳嘉章，漆の文化史，岩波新書（2009）.
9) 北野信彦，アイヌ社会と漆，200-201，URUSHI -人と漆の12000年史− 国立歴史民俗博物館2017年.
10) 四柳嘉章，輪島塗産地の形成と発展，345-363，物と人間の文化史131-II, 漆II, 法政大学出版局, 2006年.
11) 北野信彦，北海道の中世・近世出土漆器からみた北方交易に実態解明に関する基礎調査，150-160，中近世北方交易と蝦夷地の内国化に関する研究−平成22〜25年度科学研究費基盤研究A（課題番号22242024）研究成果報告書，2014年2月．研究代表者関根達人（弘前大学人文学部）.
12) 北野信彦，中・近世アイヌ史の解明に対する漆器分析の可能性，186-194，新しいアイヌ史の構築：先史編・古代編・中世編：「新しいアイヌ史の構築」プロジェクト報告書2012.
13) 室瀬和美，受け継がれる日本の美，漆の文化，角川選書，2002年8月10日.
14) 山府木碧，本多貴之，宮里正子，岡本亜紀，下山進，下山裕子，宮腰哲雄，歴史的な漆工品の科学分析−浦添市美術館所蔵の「朱漆楼閣山水箔絵盆」について−,「よのつぢ 浦添市文化部紀要」第11号, 39-48（（2015）.
15) Meesook Sung, Jaekook Jung, Rong Lu, Tetsuo Miyakoshi, Journal of Cultural Heritage, 21 (2016), 889~893.

Ⅲ 蝦夷地と漆器

擦文・アイヌ文化における漆椀の実年代－総合的な分析による交流史の復元－

清水 香

新潟大学人文学部

米田 穣, 尾嵜 大真, 大森 貴之

東京大学総合研究博物館 放射性炭素年代測定室

本多 貴之, 増田 隆之介

明治大学大学院 理工学研究科応用化学専攻

1. はじめに

　木製品・漆製品の編年と製作地については，これまで先史時代における周辺植生の利用や，新素材の獲得，工具の開発，技術革新などによって大量生産されるようになった製品，主に消費地遺跡から出土した，共伴する陶磁器や火山性堆積物といった年代を持つ資料において，構造や樹種などを基準とした分類，近年では全国的なデータベースを用いた研究の展開がある（山田1993, 伊東・山田 2012 など）．しかしながら，これらは製作地が判明していないものが大部分を占めるという現状があり．特に漆塗容器については，工具の変遷や素材の入手，製作地における生産，販売・流通の地域性，職人や技術の移動などといった，漆器製作に伴う様々な事柄を視野に入れて解明すべき課題となっている．そのため，出土遺物の考古学・文化財科学による分析を軸として，関連のある伝世品や，当時の文献・絵画史料などを含む総合的な分析を実施することで，実証的な分析に基づく，複合的な解釈が可能となる．

　中・近世では主に食膳具として廃棄土坑などから大量に出土する漆椀は，特徴的な塗りや文様を有する資料を対象とした文献・絵画史料による研究，形状および樹種の分布，塗膜構造（クロスセクション分析），塗膜に含まれる顔料や染料，加飾，下地などの材料分析（エネルギー分散型蛍光 X 線分光分析，熱分解ガスクロマトグラフ質量分析，赤外分光分析など），木地による年輪年代測定，塗膜による放射性炭素年代測定など，複数の指標となる分析が行われている．先述したように，漆椀は木地・下地・塗膜・加飾という要素を持っており，いずれも当時の地域性や社会状況を反映していることが推測される．ただし，製品が持つ情報が多岐にわたり，しかも図

化・数値化において一定の基準がないということが，研究の停滞を招いた一つの要因ではあった．しかし今後，学問分野の融合が進むことで，新たな展開が期待される．

2. アイヌ文化における漆器

　秦檍丸（村上島之丞）による絵巻「蝦夷島奇観」（寛政 12［1800］年成立）には，当時のアイヌ民族の風俗が詳細に描かれている（秦 1982）．家の中をみると，自家製品と思われる海獣の皮や灯明台，杓子，棒状用具とともに，囲炉裏の炉鉤には本州からの移入品と思われる鉄鍋，壁には太刀がかかり，一角には武家屋敷でみられるような行器，角盥，手箱，天目台，漆椀などの漆器が並べられている（カラー図 1-1）．

　これらは，松前藩や和人の商人との交易や「場所」における労働の対価として入手した「和産物」であり，アイヌ民族にとっては，食膳具や日常の儀礼，祭り（送り）や副葬品として，また威信財となった漆器類である．『蝦夷島奇観』の「古椀（フシコイタンキ）」では，漆椀が酒杯であり，古い物が重んじられ，新しい物が「賤しい」と記されており（カラー図 1-2），19 世紀におけるアイヌ民族の漆椀に対する価値観として注目される．

　漆製品の出土状況について（図 1），擦文文化期には副葬品の太刀（鞘）を中心とした武具のほか，竪穴住居跡や低湿地の河道跡などで椀が出土しており，中世アイヌ文化期には，道南の館跡や交易港付近で，主に副葬品として太刀（鞘），椀，膳などが確認されている．近世アイヌ文化期になると，噴火湾沿岸や石狩低地帯の河川流域や沿岸部を中心として，礼文島など島嶼にも分布が拡大，北海道全域に漆製品が普及している状況が認められる（清水 2015b）．

　中世アイヌ文化期における漆椀の副葬事例として，厚真町オニキシベ 2 遺跡（厚真町教育委員会 2011）のアイヌ墓（1 号墓壙：女性）の資料がある．足元付近から出土したのは，向かい鶴丸のスタンプ文様を持つ漆塗膜であり（図 2），類例として鎌倉市佐助ヶ谷遺跡（佐助ヶ谷遺跡調査団 1993）の資料（13 世紀中葉～14 世紀初頭）がある．この墓壙には，鉄斧や，刀子，鍔状銅製品などのほか，サハリン経由で移入したと考えられるメノウ製やガラス製の玉類，古銭（至道元寶：初鋳年 995 年，景定元寶：初鋳年 1260 年など）が副葬されている．さらに，漆塗膜の年代測定結果は，類例と判断される佐助ヶ谷遺跡の出土漆椀の年代と一致していることから（厚真町教育委員会 2011），当時の厚真では大陸や本州から持ち込まれた，または素材として二次加工された移入品が，副葬品としてアイヌ民族に選択されたことがわかる．同じく厚真町上幌内 2 遺跡

（厚真町教育委員会 2017）の GP-01 墓壙（仰臥伸展葬：熟年男性）では，日本刀，蝦夷太刀，刀子，骨鏃・中柄，漆椀，漆丸盆などが出土，放射性炭素年代測定では 13 世紀末〜14 世紀初頭という結果が出ている．なお，余市町大川遺跡迂回路地点（余市町教育委員会 2001）の方形敷石墓壙（P-41）では，14・15 世紀代の青磁碗，太刀，刀子骨鏃，鉄鏃，櫛，漆椀（4 点），このほか，和鏡や鉄製品に伴い，先に述べた中世に特徴的であるスタンプ文が施された漆椀が出土した墓壙が確認されている（余市町教育委員会 2001）．また，中世から近世初頭と推測される長方形の墓壙 GP-608（伸展葬：成人男性）では，刀子，古銭（開元通寳：初鋳年 621 年，洪武通寳：初鋳年 1368 年）ガラス玉，漆椀の副葬が認められる（乾 2002）．

アイヌ墓の近世的な副葬品としては，生業に関する道具，太刀，刀子，鉄鍋，煙管，漆塗りの膳，椀などがあげられる．余市町入舟遺跡（余市町教育委員会 1999）隅丸長方形の墓壙 GP-8（伸展葬：成人女性）では，刀子，耳飾り，煙管，火打金，火打石，ガラス玉，針に伴って漆塗り容器（八角形行器）に漆椀 3 点が収納された状態で出土している．そのうち 1 点は金蒔絵が施された汁椀で，高台内にはアイヌの「シロシ（家印・所有印）」と判断される線刻が施されている（カラー図 2-3，図 3）．また，隅丸長方形の墓壙 GP-21（伸展葬：成人，性別不明）では，太刀，矢筒，煙管，漆塗り膳に伴い，江戸時代前期に製作された京都産の漆器「高台寺蒔絵」との関連性が指摘される，秋草の意匠を持つ飯椀が出土，高台内には GP-8 の蒔絵椀と同様，シロシが刻まれている（カラー図 2-4，図 4）．このほか，大川遺跡（迂回路地点）墓壙 P-12（伸展葬：年齢，性別不明）では寛永通寳，小札，耳飾り，漆塗り膳に伴い，琉球漆器に特徴的である沈金技法の漆椀が確認されている（余市町教育委員会 2001）．千歳市末広遺跡からは，1739 年以前（樽前 a 火山灰［1739 年降下］）のアイヌ墓の副葬品として，管見の限りでは類例がない，黒または茶色の塗りで，内面中央に魚，周囲に水草を金色で表現した漆椀などが出土している（カラー図 2-5・2-6）．

アイヌ文化において食膳具や献酒儀礼，副葬品として選択された漆椀の移入時期を明確にすることは，擦文からアイヌ文化への移行，祭祀・儀礼具としての位置づけや精神文化の変容，とりわけアイヌ文化における「伝世」という課題と関連する問題でもある．しかし，アイヌ墓の年代は，火山性堆積物（火山灰）の降灰以前・以降といった位置づけ，出土遺物では，編年を持つ陶磁器類の出土が極めて少ないといったことから，墓壙の形状，金属製品を含む遺物の組成などによって判断されている事例が多数を占めている．しかも，アイヌ墓に副葬された漆椀は，そのほとんどが塗膜の状態となっており，樹種や形状を復元できる資料はほとんどない．

こうしたなかで，北海道全域のアイヌ墓を対象として，漆塗膜による放射性炭素年代測定（約100〜200年幅）を実施していくことで，年代幅を特定できていない遺構や遺物の，新たな指標に基づく研究の進展が期待できる．

3. 擦文文化期の移入品

擦文文化期の移入品について，北海道では製作されていないと考えられる漆製品，および出土遺跡の周辺では自然植生にはないと判断される樹種を確認した（表1）．余市町，恵庭市，江別市などの墓では太刀や刀子の鞘，石狩低地帯の低湿地遺跡を中心として，曲物の部材，漆器類が出土している（清水2015a）．なお，千歳市ユカンボシC15遺跡では，擦文文化期のⅠB4層に上層からの混入が指摘され（三浦2003），今後，年代測定など再調査を必要とする．

このうち，竪穴住居跡で擦文土器と共伴して出土する漆椀としては，千歳市K36遺跡タカノ地点，イヨマイ7遺跡，釧路市緑ケ丘STV遺跡があり，いずれも擦文文化後期・晩期と推測されている．本州から移入したと考えられる漆椀について，擦文土器や須恵器といった土器の「うつわ」が，移入品である鉄鍋や木器・漆器と交代する「アイヌ文化期」の年代的位置づけとして，擦文文化期の竪穴住居跡床面から出土した，漆塗膜の放射性炭素年代測定を実施した．

4. 擦文文化期の分析事例　札幌市K36遺跡タカノ地点（札幌市教育委員会1997）

第1号竪穴住居跡（隅丸方形・かまど付帯）は（図5），覆土から甕，坏，高坏といった擦文土器（擦文後・晩期：11〜13世紀）（図6・7-1〜27），大型の角礫（図7-28），床面直上の層からは，錫製環状装飾品（図7-29），内外黒塗りで内外面に赤色文様が施される漆椀が1点（図7-30），同じく黒塗りで赤色文様のある漆塗膜が1点（図7-31）出土している．

なお，漆椀・漆塗膜の炭粉（渋）下地，ベンガラ漆を用いた文様表現などから，13世紀あるいはそれ以降のものという可能性が指摘されている（永嶋1997）．漆塗膜（図7-31）による放射性炭素年代測定では，12世紀中葉から13世紀中葉という結果が得られた（表2）．漆椀が製作・使用された時間幅を考慮すると，かまどから採取した炭化材の年代（表3）と矛盾しない測定結果である．

5. 漆椀の移入時期について

今回の分析によって，年代測定を実施した漆椀（挽物）からみる移入時期として，現時点では札幌市K36遺跡タカノ地点の12世紀中葉から13世紀中葉という年代を示すことができる．

なお，釧路市緑ケ丘STV遺跡（沢［大沼］1972）8号竪穴住居（方形：かまど付帯）（図8）の床面からは，擦文土器の甕，坏および刀（小片），銅製金具，シカの骨などに伴って，黒塗りに赤色文様が施される漆椀類が出土している（図9-12・13）．今後，こういった漆製品の分析を進めることが，移入時期の特定や移入ルートの解明を目指す研究にとって重要となってくる．それに留まらず，擦文文化期前半から副葬品として認められる漆塗りの太刀・刀子（鞘）と，近世のアイヌ墓から出土するアイヌ文様を持つ漆塗りの太刀（鞘）（カラー図3-1・3-2）の製作と移入，加えて「うつわ」として，擦文土器，須恵器といった土器との補完関係，日本海沿岸の底面刻印坏と漆椀の高台内線刻の連続性（瀬川2005）などといった，関連性の高い課題については，さらに遡って追究していく必要がある．

6. アイヌ文化期の分析事例　　千歳市末広遺跡（千歳市教育委員会 1982）

長方形の墓壙IP-2（仰臥伸展葬：若年，性別不明）は，樽前a火山灰下（1739年降下），ⅠB層上面（1739年以前）で検出されたアイヌ墓である（図10）．副葬品として墓壙外から片口吊耳鉄鍋，墓壙内から刀子，銀環，ガラス小玉（272点），朱漆の皿形漆器，黒漆の天目台，漆椀類（数点：塗膜）が出土している．漆椀類には，内外黒色で内面に色漆で魚と水草の輪郭を描き，内側に金色の加飾を持つ椀（皿）があり，これは管見によれば類例のない資料である（カラー図2-5・2-6，図11-1）．また，長方形のアイヌ墓IP-14（仰臥伸展葬：成年男性）は（図12），墓壙外から鉄製槍先，墓壙内から太刀，刀子，骨製中柄，骨鏃，銀製耳飾り，銅製金具に伴って，漆塗り膳，漆椀が出土している（カラー図2-7，図13）．なお，これらの墓壙は，墓制および副葬品によって，17世紀前半から18世紀初頭という年代が想定されている（田村・小野2002）．

共伴する漆塗膜による年代測定を実施した結果，15世紀後半から17世紀前半という結果が得られた（表4）．なお，末広遺跡で確認されたⅠB層上面の墓壙（26基）についても，同様の年代と判断され，15世紀後半から17世紀前半にはすでに多くの漆器がこの地域に持ち込まれていることがわかる．

擦文文化期の札幌市K36遺跡タカノ地点 第1号竪穴住居跡および千歳市末広遺跡のアイヌ墓IP-2, IP-14から出土した漆椀について，塗膜分析（熱分解ガスクロマトグラフ質量分析，エネルギー分散型蛍光X線分光分析，クロスセクション分析）を行った（表5, カラー図4, 図11・14）．

　塗膜分析の結果，漆はいずれも日本・中国・韓国産漆の主成分であるウルシオール，下地には炭・鉱物を使用，K36遺跡タカノ地点では赤色層はベンガラ，末広遺跡では辰砂（水銀朱）のみが検出されており，どちらも複数の塗りを持つ資料の比率が高い（図15）．江戸遺跡から出土した漆椀は，炭下地にベンガラ，1・2層塗りという資料が主体であり，江戸からみると，末広遺跡から出土した漆椀類の塗膜構造は，類例のない加飾を含めて，特異なものといえる．このような資料群について，分析結果を用いて，関係性の強いものと結び付けていくことで，時間的，空間的な位置づけができる．こうしてはじめて，技術や流通の解明へとつながる成果となる．これは今後の課題であり，展望としてあげられよう．

7. 17世紀前半の東北系箔椀について

　文様の意匠が類似する東北系箔椀には，桃山時代に認められる「秀衡椀」，南部藩によって生産を管理された「南部箔椀」，南部箔椀を参考として製作されたという記録が残る会津の「薄椀（箔椀）」，李朝実録によれば室町時代に大内氏によって朝鮮や中国に輸出されたという，山口の毛利家に伝わる「大内椀」がある．これらは大内椀（内外赤色，外面文様黒色）を除いて，内面赤色，外面黒色で胴部上半に赤色で雲形を描き，その上に四割菱文・菱形・短冊形の箔を配置，雲形の間には色漆を用いて枝菊や笹・竹などの漆絵が施される椀である．このような加飾特徴を持つ椀の生産地や変遷は，現在においても明確ではない．なお，これら東北系箔椀は『蝦夷島奇観』に「古椀（フシコイタンキ）」として描かれており（カラー図1-2），アイヌ藝術（金田一・杉山1942），博物館収蔵資料ではアイヌ民具として認められる（古原2014）．

　東北系箔椀は，主に17世紀前半の江戸の武家屋敷跡ならびに蝦夷地のアイヌ墓から出土している（図16）．しかし，産地と推測される東北地方では，若松城下城東町遺跡（16世紀末〜17世紀前半），類似資料として仙台城三ノ丸跡（17世紀初頭）が確認されるのみであり，東北地方以外では京都府御土居跡，小田原城三の丸跡，石川県八間道遺跡，福井城跡，類似資料として松本城三の丸跡，福井城跡（蓋物）の出土事例など，各地に点在している状況にあることがわかる．

特徴的な文様について，外面赤色の雲形には黄色の斜線が入り，雲間の文様は黄色主体で，補助的に赤・緑を使用，枝菊が多数で，蓬莱文や植物などが描かれるものが，会津若松市城東町遺跡（16世紀末〜17世紀前半）をはじめとして，江戸遺跡や小田原城，御土居跡などから出土している．これは江戸遺跡を中心とした主要な資料群となる（カラー図5）．

ところが，アイヌ墓の副葬品で先ほど述べた資料と同様のものは，現在のところ礼文町香深井5遺跡1号墓壙のみであり，大半の資料は赤色の雲形に黄色の斜線がみられない．なお，雲間の文様は，枝菊，竹や藤，宝袋などであり，これらも本州の資料では黄色で描かれる文様部分に赤色のみが使用されている．また，四割菱が二重線となるもの（二風谷遺跡），口縁に帯状，その下に菱形，丸文の両側には交差二重線と菱形の切箔を配置した類似資料（札苅遺跡：カラー図3-8）などが出土している（清水・本多2016）．

江戸遺跡を中心として確認されている文様構成と，アイヌ墓から出土している同様の文様で黄色を使用しない資料群を比較するために，伊達市有珠4遺跡のアイヌ墓（GP002：1640年［ko-d］〜1663年［Us-b］，GP12・13・16・17：1640年［ko-d］以前），および福井県福井城跡から出土した東北系箔椀の塗膜分析を行った（表6，カラー図4）．その結果，有珠4遺跡では漆はウルシオール，下地は主に炭下地，外面は透漆を1・2層，文様はベンガラと辰砂（水銀朱）という結果であった（図17・18）．なお，千歳市末広遺跡の墓壙IP-14から出土した箔椀（№16）も同様に（カラー図2-7），炭下地で文様に辰砂（水銀朱）を使用している．また，福井県福井城跡では下地は炭下地，内面の塗りはベンガラで1層塗りである．なお，江戸遺跡の出土資料では，炭下地に内面塗り，文様いずれもベンガラであるという分析結果が示されている（北野2005a）．今後，アイヌ墓出土資料，類似資料，民具などを含めた分析を基とした詳細な比較・分類を進めることにより，製作地につながる情報となる可能性がある．

8. まとめにかえて

今回，漆塗膜を用いた放射性炭素年代測定によって，擦文文化期における漆椀の移入時期として，12世紀中葉から13世紀中葉という年代が一つの指標となった．また，17世紀前半の東北系箔椀は，江戸遺跡や小田原，京都，会津などの資料にみられる典型的な文様のほか，類似資料が存在していることから各地で製作された可能性がある．今後，文様や分類や理化学分析によ

る比較のほか，文献史料，伝世品を含めた検討を行い，関係性の強い資料群を結び付けていくことができれば，漆椀の技術変遷や流通の解明，製作地の特定につながる成果となるだろう．

南部箔椀について，文献史料の『雑書』の寛永21（1644）年の記録では，「箔椀」は盛岡藩にとって高級製品であり，「御留物」として他領への移出が禁止されていたこと，他領では高い評価があり，ひそかに移出されていたこと，などが記録されている（細井 1997）．また，琉球漆器（17世紀）とされる「葡萄栗鼠漆絵面盆」（東京国立博物館所蔵）にも，同じ意匠が使用されており（岡田ほか1991），こういった同様の意匠を持った資料の製作地および流通の解明によって，アイヌ文化と漆器の関係性をさらに追究することができる．

漆椀は日本文化では主に食膳具，副葬品として，アイヌ文化では加えて酒器，儀礼具などとして使用されている．なお，擦文からアイヌ文化期への移行時期における漆器の移入状況は，本州における漆器生産や北海道への物流，政治的な関係性（松前藩等）をはじめとして，食文化の変遷や儀礼の成立，社会階層との関係，社会の動向と連動していることは想像に難くない．

漆椀の技術変遷や製作地，流通を解明するために，出土資料・民具資料の考古学的分析・理化学分析に加えて，樹種・塗膜構造，加飾による分類，文献・絵画資料を含む，総合的な研究が必要である．その結果，広域を対象とした研究が可能となれば，国内外の出土遺物および収蔵資料の調査へ拡大し，研究が大きく進展することは間違いない．また，近年活発となっている3D技術を応用した形状や文様の比較は，同一工人の特定といったミクロな視点からの研究にも発展し，さらには当時の食膳具として陶磁器研究と連携することも視野に入れるべき課題となる．

今後は，年代の指標を持った木製品・漆製品の詳細な分析と併せ，学融合的なデータベースを構築することによって，研究の新たな展開を期待したい．

謝辞

札幌市K36遺跡タカノ地点，千歳市末広遺跡の漆塗膜を提供してくださった札幌市埋蔵文化財センター 藤井誠二様，秋山洋司様，千歳市埋蔵文化財センター 豊田宏良様，共同研究として放射性炭素年代測定，漆塗膜の理化学分析を実施していただきました東京大学総合研究博物館放射性炭素年代測定室 米田 穣先生，尾嵜大真様，大森貴之様，明治大学理工学部 本多貴之先生，増田隆之介様，以上の方々には，本研究の趣旨を理解してご協力いただき，また，ご指導いただきましたこと，大変感謝しております．記して御礼申し上げます 本研究は，浅倉有子先生

（上越教育大学）を代表とする科学研究費基盤研究 (C)「アイヌ漆器に関する歴史的研究―文献史学と考古学，民俗学・文化人類学の連携」（平成 25-27 年度），科学研究費基盤研究(B)「アイヌ漆器に関する学際的研究」（平成 28-30 年度），平成 28 年度第 23 回京都市山本文二郎 漆科学研究助成事業の成果であり，関係する方々に対して心より感謝申し上げます．

　図版のうち，遺構の平面・断面図，遺物の実測図は発掘調査報告書から転載，改変しております．なお，本文の文責は全て著者によるものです．

参考文献

- アイヌ文化保存対策協議会 1969『アイヌ民族誌』第一法規出版
- 厚真町教育委員会 2011『厚真町　オニキシベ 2 遺跡』
- 厚真町教育委員会 2017『厚真町　上幌内 2 遺跡』
- 荒川浩和 1975『漆椀百選　総説編』光琳社
- 伊東隆夫・山田昌久（編）2012『木の考古学　出土木製品用材データベース』海青社
- 乾　芳宏 2002「海の民としてのアイヌ社会の漆器考古学－余市町大川・入舟遺跡を中心として－」『月刊考古学ジャーナル』No.489，ニュー・サイエンス社
- 宇田川 洋 2007『アイヌ葬送墓集成図』北海道出版企画センター
- 恵庭市教育委員会 1990『北海道恵庭市柏木川 11 遺跡』
- 恵庭市教育委員会 2003『カリンバ 3 遺跡（1）』
- 岡田譲，松田権六，荒川浩和（編）1991『日本の漆芸』5，中央公論社
- 萱野　茂 1978『アイヌの民具』すずさわ書店
- 北野信彦 2005a『近世出土漆器の研究』吉川弘文館
- 北野信彦 2005b『近世漆器の産業技術と構造』株式会社雄山閣
- 金田一京助・杉山寿栄男 1942『アイヌ藝術・木工篇』第一青年社
- 古原敏弘（編）2014『神奈川大学日本常民文化研究所 2010 年度常民文化奨励研究アイヌ民族に伝わる漆器の調査研究－アイヌ民具としての漆器類の基礎的データの収集と分析－』神奈川大学日本常民文化研究所）
- 札幌市教育委員会 1997『K36 遺跡タカノ地点』
- 札幌市教育委員会 2001『K39 遺跡　第 6 次調査』
- 札幌市教育委員会 2008『K528 遺跡』
- 佐助ヶ谷遺跡発掘調査団 1993『佐助ヶ谷遺跡発掘調査報告書　第 1 分冊』
- 沢　四郎（編）1972「釧路市緑ケ岡 STV 遺跡発掘調査報告書－第一次調査・第二次調査－」『釧路市立郷土博物館紀要』第 1 輯，釧路市郷土博物館
- 漆工史学会 2012『漆工辞典』角川学芸出版
- 清水　香 2015a「擦文・アイヌ文化期の出土木製品における移入品について」『北海道考古学』51，北海道考古学会
- 清水　香 2015b「アイヌ文化期における漆塗椀の基礎的研究」『物質文化』(95) 物質文化研究会
- 清水　香・本多貴之 2016「アイヌ墓に副葬された東北系箔椀－考古学・文献資料・塗膜分析による基礎的研究－」『日本考古学協会第 82 回総会研究発表』日本考古学協会
- 清水　香 2017a「アイヌ文化における献酒儀礼の考古学的研究－出土木製品からみる和産物の移入とその影響－」博士論文，國學院大學大学院

- 清水 香 2017b「江戸遺跡から出土した緑色系漆椀の基礎研究」『東京大学構内遺跡調査研究年報 10 2013・2014年度』東京大学埋蔵文化財調査室
- 清水 香 2018「漆椀の総合的研究の実践－地域研究としての挑戦－」『江戸遺跡研究』第5号，江戸遺跡研究会
- 鈴木琢也 2010「古代北海道と東北地方の物流」『北方世界の考古学』すいれん舎
- 瀬川拓郎 2005「第1章第2節共生システムとしての海峡世界」『アイヌ・エコシステムの考古学』北海道出版企画センター
- 田村俊之・小野哲也 2002「陸の民としてのアイヌ社会の漆器考古学 千歳市末広遺跡を中心に－」『月刊考古学ジャーナル』No.489，ニュー・サイエンス社
- 千歳市教育委員会 1982『末広遺跡における考古学的調査（下）』
- 永嶋正春 1997「第5章第4節 K36遺跡タカノ地点第1号竪穴住居跡床面出土の漆塗椀2点について」『K36遺跡タカノ地点』札幌市教育委員会
- 秦 檍麿（著）佐々木利和・谷澤尚一（研究解説）1982『蝦夷島奇観 全』雄峰社
- 福井県埋蔵文化財調査センター 2004『福井城跡』
- 文京区遺跡調査会 2000『春日町遺跡第Ⅲ・Ⅳ地点』
- 細井 計（監修）浄法寺町史編纂委員会（編）1997『浄法寺町史（上巻）』浄法寺町
- 北海道教育庁生涯学習部文化課 2002『2001年度（平成13年度）市町村における発掘調査の概要』
- 北海道考古学会 2009『2009年 北海道考古学会研究大会「擦文文化における地域間交渉・交易」資料集』
- 北海道埋蔵文化財センター 2000『千歳市ユカンボシC15(3)』
- 北海道埋蔵文化財センター 2001a『千歳市ユカンボシC15(4)』
- 北海道埋蔵文化財センター 2001b『千歳市ウサクマイN遺跡』
- 北海道埋蔵文化財センター 2003『千歳市ユカンボシC15(6)』
- 三浦正人 2003「Ⅳ 木製品の種別報告」『千歳市ユカンボシC15（6）』北海道埋蔵文化財センター
- 山田昌久 1993「日本列島における木質遺物出土遺跡文献集成－用材から見た人間・植物関係史－」『植生史研究』特別第1号，植生史学会
- 余市町教育委員会 1971『天内山 - 続縄文・擦文・アイヌ文化の遺跡－』
- 余市町教育委員会 1999『入舟遺跡における考古学的調査』
- 余市町教育委員会 2001『大川遺跡発掘調査報告書（1999年度）』
- 四柳嘉章 2006『ものと人間の文化史131－Ⅱ 漆Ⅱ』法政大学出版局
- 四柳嘉章 2009『漆の文化史』岩波新書

  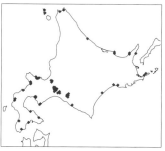

● 擦文文化期　　　▲ 中世アイヌ文化期　　　◆ 近世アイヌ文化期（近世下限含む）

図1　漆製品出土遺跡分布図（清水 2018 図5 を改変）

図2　厚真町オニキシベ2遺跡 1号墓壙出土漆塗膜

図3　余市町入舟遺跡
　　（GP-8 墓壙）出土漆椀（汁椀）

図4　余市町入舟遺跡
　　（GP-21 墓壙）出土漆椀（飯椀）

表1 擦文文化期木製品 移入製品一覧

地域	市町村名	遺跡名	出土層位・地点	種別	樹種名	時期区分
後志	余市町	天内山遺跡	第5号墳	刀子柄	ナラ属(推定)	擦文文化期
後志	余市町	天内山遺跡	第9号墳	鎌柄	スギ(推定)	擦文文化期
後志	余市町	天内山遺跡	第10号墳	大刀鞘(漆塗)		擦文文化期
後志	余市町	大川遺跡		炭化材(2点)	スギ	擦文文化期
石狩	恵庭市	カリンバ3遺跡	2号住居跡	横櫛(炭化:本州製品と類似)		擦文前期
石狩	恵庭市	カリンバ3遺跡	4号住居跡	横櫛(炭化:本州製品と類似)		擦文前期
石狩	恵庭市	柏木東遺跡(茂漁古墳群)	第2号墳	刀柄・鞘(漆塗)		擦文文化期
石狩	恵庭市	柏木東遺跡(茂漁古墳群)	第7号墳	刀子鞘?(漆塗)		擦文文化期
石狩	恵庭市	柏木東遺跡(茂漁古墳群)	第8号墳	刀子柄(漆塗)		擦文文化期
石狩	恵庭市	柏木東遺跡(茂漁古墳群)	第11号墳	蕨手刀鞘(漆塗)		擦文文化期
石狩	江別市	江別古墳群	第1号墳	刀鞘(漆塗)		擦文文化期
石狩	江別市	町村農場遺跡	江別X-Ⅰ号	刀2点(漆塗)		擦文文化期
石狩	札幌市	K528遺跡	第6文化層 埋没河川4BR01	曲物側板	スギ	擦文前期
石狩	札幌市	K528遺跡	第2文化層 埋没河川2BR01	板材	アスナロ属	擦文後期
石狩	札幌市	K36遺跡 タカノ地点	第1号竪穴住居跡(床面)	漆椀(塗膜)		擦文後期・晩期
石狩	札幌市	K36遺跡 タカノ地点	第1号竪穴住居跡(床面)	漆塗膜		擦文後期・晩期
石狩	千歳市	K39遺跡 第6次調査	5a層	曲物側板?5点	ヒノキ属	擦文後期後半
石狩	千歳市	K39遺跡 第6次調査	5層	曲物側板?	スギ	擦文後期後半
石狩	千歳市	K39遺跡 第6次調査	5層	曲物側板	スギ	擦文後期後半
石狩	千歳市	K39遺跡 第6次調査	5a層	曲物側板	ヒノキ属	擦文後期後半
石狩	千歳市	K39遺跡 第6次調査	5層	曲物底板	ヒノキ属	擦文後期後半
石狩	千歳市	K39遺跡 第6次調査	5a層	曲物底板	モミ属	擦文後期後半
石狩	千歳市	K39遺跡 第6次調査	6g層	曲物側板片	アスナロ属	擦文前期末から中期初頭
石狩	千歳市	K39遺跡 第6次調査	6g層	曲物側板片	スギ	擦文前期末から中期初頭
石狩	千歳市	K39遺跡 第6次調査	6g層	曲物底板	アスナロ属	擦文前期末から中期初頭
石狩	千歳市	K39遺跡 第6次調査	7a層	曲物側板	ヒノキ属	擦文後期後半
石狩	千歳市	K39遺跡 第6次調査	31-07区	漆器片	タブノキ	擦文後期
石狩	千歳市	ユカンボシC15遺跡	ⅠB5層	箸	アスナロ属	続縄文~擦文文化期
石狩	千歳市	ユカンボシC15遺跡	ⅠB5層	柾目板14点	アスナロ属	続縄文~擦文文化期
石狩	千歳市	ユカンボシC15遺跡	ⅠB5層	板	アスナロ属	続縄文~擦文文化期
石狩	千歳市	ユカンボシC15遺跡	ⅠB4層	浮木	アスナロ属	擦文文化期
石狩	千歳市	ユカンボシC15遺跡	ⅠB4層	漆椀	トチノキ	擦文文化期
石狩	千歳市	ユカンボシC15遺跡	ⅠB4層	漆椀	ハリギリ	擦文文化期
石狩	千歳市	ユカンボシC15遺跡	ⅠB4層	漆椀2点	カツラ属	擦文文化期
石狩	千歳市	ユカンボシC15遺跡	ⅠB4層	杓子形・箆状品3点	アスナロ属	擦文文化期
石狩	千歳市	ユカンボシC15遺跡	ⅠB4層	杓子形・箆状品2点	スギ	擦文文化期
石狩	千歳市	ユカンボシC15遺跡	ⅠB4層	杓子形・箆状品	アスナロ属	擦文文化期
石狩	千歳市	ユカンボシC15遺跡	ⅠB4層	しゃもじ(箆杓子)	スギ	擦文文化期
石狩	千歳市	ユカンボシC15遺跡	ⅠB4層	箸	アスナロ属	擦文文化期
石狩	千歳市	ユカンボシC15遺跡	ⅠB4層	串	アスナロ属	擦文文化期
石狩	千歳市	ユカンボシC15遺跡	ⅠB4層	イクパスイ(捧酒箸)5点	アスナロ属	擦文文化期
石狩	千歳市	ユカンボシC15遺跡	ⅠB4層	杓子形・箆状品	アスナロ属	擦文文化期
石狩	千歳市	ユカンボシC15遺跡	ⅠB4層	曲物底板(蓋板)	アスナロ属	擦文文化期
石狩	千歳市	ユカンボシC15遺跡	ⅠB4層	柾目板51点	アスナロ属	擦文文化期
石狩	千歳市	ユカンボシC15遺跡	ⅠB4層	柾目板	スギ	擦文文化期
石狩	千歳市	ユカンボシC15遺跡	ⅠB4層	加工材2点	アスナロ属	擦文文化期
石狩	千歳市	ユカンボシC15遺跡	ⅠB4層	板	アスナロ属	擦文文化期
石狩	千歳市	ユカンボシC15遺跡	ⅠB4層	加工材	スギ	擦文文化期
石狩	千歳市	ユカンボシC15遺跡	ⅠB3層	漆椀	トチノキ	擦文文化期
石狩	千歳市	美々8遺跡	ⅠB-4層	箭(楔)	スギ属	擦文中期
石狩	千歳市	美々8遺跡	ⅠB-6層	棒	アスナロ属	擦文前期~中期
石狩	千歳市	美々8遺跡	ⅠB-3層	棒	アスナロ属	擦文前期~中期
石狩	千歳市	美々8遺跡	ⅠB-3層	串	アスナロ属	擦文中期
石狩	千歳市	美々8遺跡	ⅠB-3層	箸	アスナロ属	擦文中期
石狩	千歳市	美々8遺跡	ⅠB-5層	曲物側板	アスナロ属	擦文前期~中期
石狩	千歳市	美々8遺跡	ⅠB-3層	曲物側板?	スギ	擦文中期
石狩	千歳市	美々8遺跡	Ta-c層	結桶樽底板	スギ属	擦文前期~中期
石狩	千歳市	ウサクマイN遺跡	河道跡	小刀柄	スギ	擦文文化期
石狩	千歳市	ウサクマイN遺跡	河道跡	容器底板	アスナロ属	擦文文化期
石狩	千歳市	イヨマイ7遺跡	竪穴住居跡(床面)	漆椀?		擦文文化期(B~Tm降灰以降)
十勝	釧路市	緑ヶ岡STV遺跡	8号住居址(床面)	漆器片2点(漆椀?)		擦文文化期末期

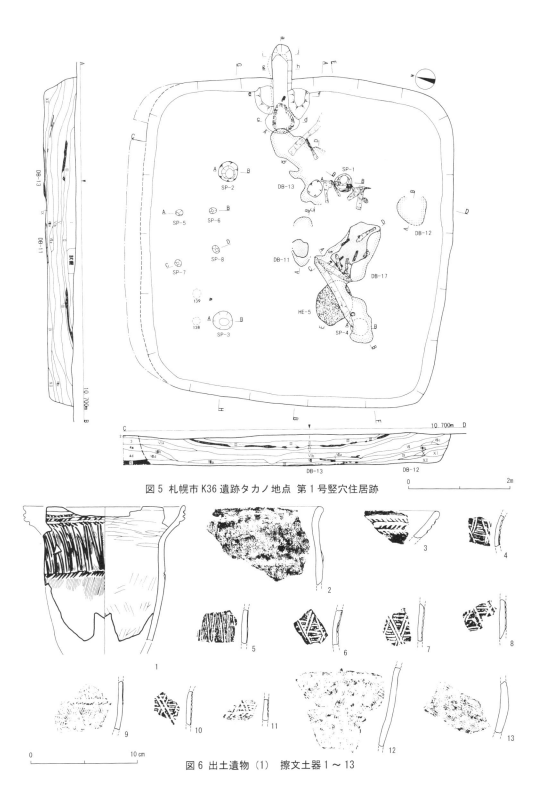

図5 札幌市K36遺跡タカノ地点 第1号竪穴住居跡

図6 出土遺物（1） 擦文土器1〜13

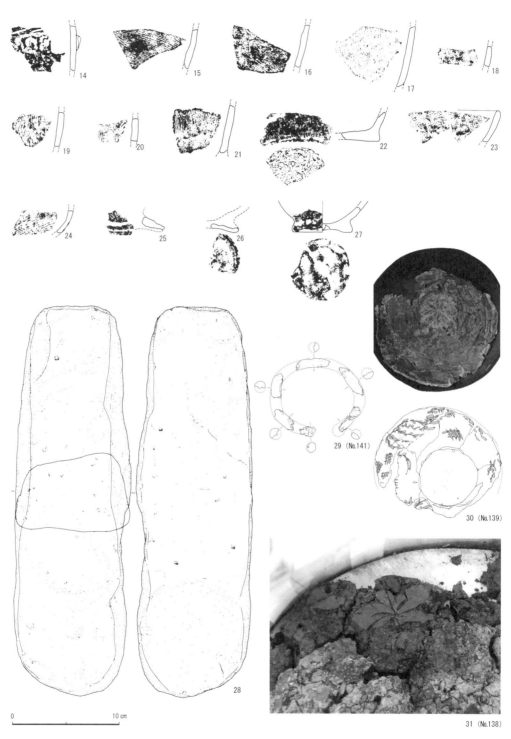

図7 出土遺物(2) 擦文土器14〜27,角礫28,錫製環状装飾品29,漆椀30,漆塗膜31

表2 札幌市 K36 遺跡タカノ地点 漆塗膜による放射性炭素年代測定結果

放射性炭素年代測定の結果

資料名	測定ID	^{14}C年代	補正用$\delta^{13}C$
第1号竪穴住居跡 床面出土 漆塗膜	TKA-18114	834 ± 17 BP	-28.8 ± 0.2 ‰

推定される較正年代(BC/AD表記)

資料名	較正年代(1SD)	較正年代(2SD)	較正データ
第1号竪穴住居跡 床面出土 漆塗膜	1185AD(56.7%)1225AD 1232AD(11.5%)1245AD	1168AD(95.4%)1253AD	IntCal13

酸アルカリ酸処理(de Vries & Barendsen 1954): ① 表面から異物を除去して、純水中で超音波洗浄 ② 塩酸 1.2M 80℃ 16時間 ③ 水酸化ナトリウム 1M 80℃ 24時間 ④ 塩酸 1.2M 80℃ 16時間 ⑤ 中性化:純水 ⑥ 乾燥＞秤量

炭素精製およびグラファイト化:試料は、石英ガラス製二重封管に酸化銅・銀箔とともに真空封入し、電気炉で850℃に3時間加熱(Minagawa et al. 1984)、発生した二酸化炭素を真空ラインを用いて精製した。二酸化炭素からグラファイトへの還元は、コック付き反応管に鉄触媒約2mgおよび水素(炭素モル数の2.2倍相当)を封入して、650℃で6時間加熱して実施した(Kitagawa et al. 1993)。

AMS測定:グラファイト化した炭素試料における放射性炭素同位体比の測定は、東京大学総合研究博物館が所有する加速器質量分析装置(AMS)を用いて測定した。慣用14C年代(BP年代)を算出するために、同位体比分別の補正に用いる$\delta^{13}C$値はAMSにて同時測定した値を用いている(Stuiver and Polach 1977)。14C年代の誤差は1標準偏差を示す。
較正データにはIntCal13(Reimer et al. 2013)を用い、較正年代の算出には、OxCAL4.2(Bronk Ramsey, 2009)を使用した。

引用文献
Bronk Ramsey, C. (2009). Bayesian analysis of radiocarbon dates. Radiocarbon 51(4), 337-360.
de Vries, H., and G.W. Barendsen (1954). Measurements of age by the carbon-14 technique. Nature 174, 1138-1141.
Kitagawa, H., T. Masuzawa, T. Nakamura, and E. Matsumoto (1993). A batch preparation method for graphite targets with low background for AMS C-14 measurements. Radiocarbon 35, 295-300.
Minagawa, M., D.A. Winter, and I.R. Kaplan (1984). Comparison of Kjeldah and combustion methods for measurement of nitrogen isotope ratios in organic matter. Analytical Chemistry 56(11), 1859-1861.
Reimer, P.J., E. Bard, A. Bayliss, J.W. Beck, P.G. Blackwell, C. Bronk Ramsey, C.E. Buck, H. Cheng, R.L. Edwards, M. Friedrich, P.M. Grootes, T.P. Guilderson, H. Haflidason, I. Hajdas, C. Hatte, T.J. Heaton, D.L. Hoffmann, A.G. Hogg, K.A. Hughen, K.F. Kaiser, B. Kromer, S.W. Manning, M. Niu, R.W. Reimer, D.A. Richards, E.M. Scott, J.R. Southon, R.A. Staff, C.S.M. Turney, and J. van der Plicht (2013). IntCal13 and Marine13 radiocarbon age calibration curves 0-50,000 years cal BP. Radiocarbon, 55(4), 1869-1887.
Stuiver., M., and H.A. Polach (1977). Discussion: Reporting of 14C data. Radiocarbon 19(3), 355-363.

東京大学総合研究博物館 放射性炭素年代測定室

表3 札幌市 K36 遺跡タカノ地点第 1 号竪穴住居跡
かまど内炭化物による放射性炭素年代測定結果(札幌市教育委員会 1997 より転載・改変)

K36遺跡タカノ地点放射性炭素年代測定用提出試料と方法

No.	地点	層位	試料の種類	前処理	調整	測定法
1	HP-1かまど	2層	炭化材	酸-アルカリ-酸洗浄	石墨調整	加速器質量分析(AMS)

K36遺跡タカノ地点放射性炭素年代測定結果

No.	14C年代 (年BP)	$\delta^{13}C$ (‰)	補正14C年代 (年BP)	暦年代
1	840±50	-27.8	800±50	交点 AD 1,250 2σ AD 1,170 TO 1,290 1σ AD 1,215 TO 1,275 (2σ:95% probability, 1σ:68% probability)

1) ^{14}C 年代測定値
　　試料の $^{14}C/^{12}C$ 比から、単純に現在(1,950年 AD)から何年前(BP)かを計算した値。^{14}Cの半減期は5,568年を用いた。
2) $\delta^{13}C$ 測定値
　　試料の測定 $^{14}C/^{12}C$ 比を補正するための炭素安定同位体比($^{13}C/^{12}C$)。この値は標準物質(PDB)の同位体比からの千分偏差(‰)で表す。
3) 補正 ^{14}C 年代値
　　$\delta^{13}C$ 測定値から試料の炭素同位体分別を知り、$^{14}C/^{12}C$ の測定値に補正値を加えた上で算出した年代。
4) 暦年代
　　過去の宇宙線強度の変動による大気中 ^{14}C 濃度の変動を補正することにより、暦年代(西暦)を算出した。補正には年代既知の樹木年齢の ^{14}C の詳細な測定値を使用した。ただし、この補正は10,000年 BP より古い試料には適用できない。

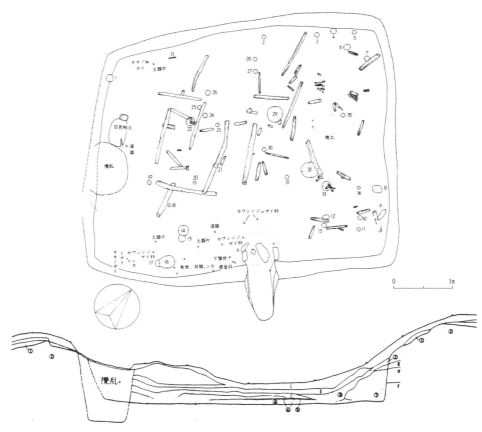

図 8 釧路市緑ケ岡 STV 遺跡 8 号竪穴住居址

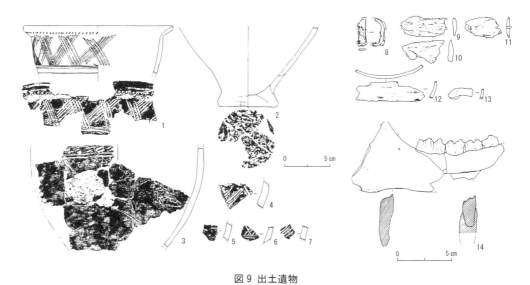

図 9 出土遺物
擦文土器 1 ～ 7，銅製品 8，鉄製品（刀）9 ～ 11，漆器片 12・13，動物骨（エゾシカ）14

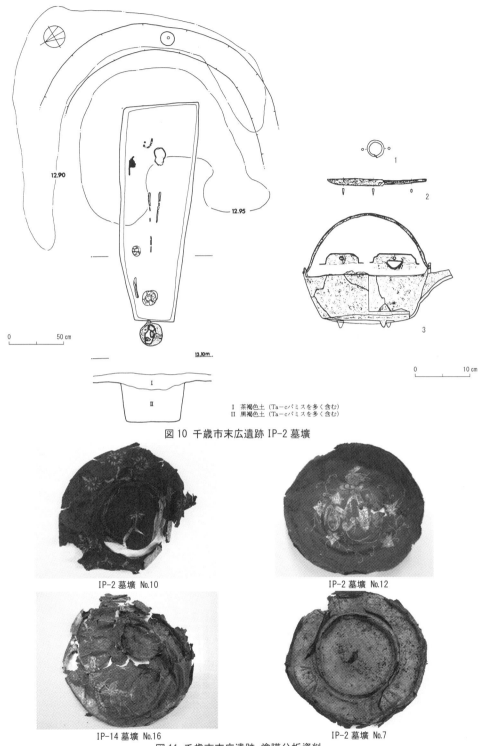

I 茶褐色土（Ta-cパミスを多く含む）
II 黒褐色土（Ta-cパミスを多く含む）

図 10　千歳市末広遺跡 IP-2 墓壙

IP-2 墓壙 No.10　　　　　　　IP-2 墓壙 No.12

IP-14 墓壙 No.16　　　　　　　IP-2 墓壙 No.7

図 11　千歳市末広遺跡　塗膜分析資料

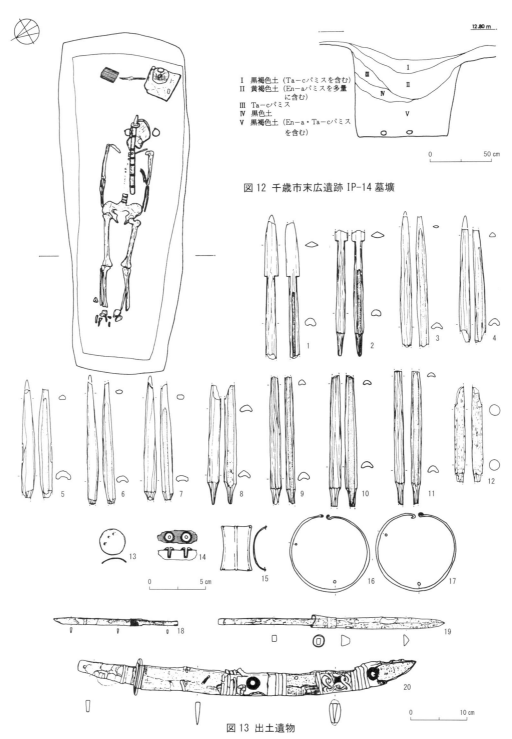

I 黒褐色土（Ta-cパミスを含む）
II 黄褐色土（En-aパミスを多量に含む）
III Ta-cパミス
IV 黒色土
V 黒褐色土（En-a・Ta-cパミスを含む）

図 12 千歳市末広遺跡 IP-14 墓壙

図 13 出土遺物

骨鏃 1・2，骨製中柄 3〜12，刀飾具 13〜15，銀製耳飾り 16・17，鉄製槍先 18・19，太刀 20

表 4 千歳市末広遺跡 漆塗膜による放射性炭素年代測定結果

放射性炭素年代測定の結果

資料名	測定ID	^{14}C年代	補正用δ^{13}C
IP-2墓壙 漆塗膜	TKA-18113	354 ± 17 BP	-27.3 ± 0.3 ‰

推定される較正年代（BC/AD表記）

資料名	較正年代(1SD)	較正年代(2SD)	較正データ
IP-2墓壙 漆塗膜	1477AD(39.8%)1521AD	1464AD(47.0%)1525AD	IntCal13
	1579AD(1.9%)1582AD	1557AD(48.4%)1633AD	
	1591AD(26.5%)1620AD		

東京大学総合研究博物館　放射性炭素年代測定室

表 5 塗膜分析一覧

分析No.	遺跡名	出土遺構	器種	遺物No.	色:内	色:外	塗:内	塗:外	層数	検出元素
tkn1-1	札幌市 K36遺跡 タカノ地点	第1号竪穴住居跡	塗膜	-	赤(文様部分？)		赤+褐+褐+炭		4	Fe
tkn1-2			塗膜	-	黒		褐+褐+赤+鉱？+炭		5	Fe
cts1-1	千歳市末広遺跡	IP-2墓壙	椀	No.10	赤		赤+鉱		2	Hg,S
cts1-2						茶		褐+鉱	2	–
cts2-1		IP-2墓壙	椀・皿	No.12	茶		黒+褐+褐+褐+炭		5	–
cts3-1		IP-14墓壙	椀(箔椀)	No.16	赤		赤+褐+炭		3	Hg,S
cts3-2						赤		赤+褐+褐+炭	4	Hg,S
cts4-1		IP-2墓壙	皿	No.7	黒		褐+褐+褐+褐		4	–
cts4-2						赤		赤+赤+褐+褐+褐+褐+褐	7	Hg,S

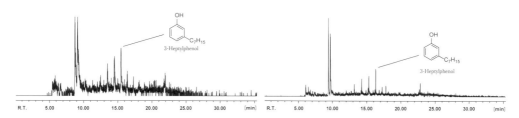

tkn1-1：札幌市 K36 タカノ地点第 1 号竪穴住居跡 出土漆塗膜

cts3-1：千歳市末広遺跡　IP-14 墓壙 出土漆椀（No.16）

図 14 漆に関わる Py-GC/MS の分析結果（m/z 108 イオンクロマトグラフ）

tkn1-1	tkn1-2
ベンガラ	漆
漆	漆
漆	ベンガラ
炭	鉱物
	炭

cts1-1	cts1-2	cts2-1	cts3-1	cts3-2	cts4-1	cts4-2
朱	漆	不明	朱	朱	漆	朱
鉱物	鉱物	漆	漆	漆	漆	朱
		漆	炭	漆	漆	漆
		漆		炭	漆	漆
		炭				漆
						漆
						漆

朱	漆（辰砂混入）
ベンガラ	漆（ベンガラ混入）
漆	漆（顔料などを含まない）
炭	炭粉下地
鉱物	鉱物系下地
不明	特定不可

図 15 塗膜分析による漆塗膜の層構造

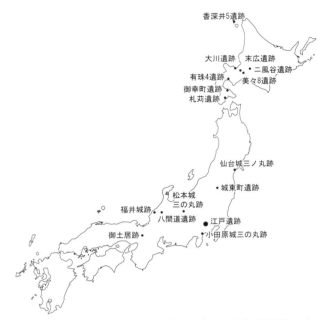

図 16 東北系箔椀および類似製品出土遺跡分布図（清水 2018 図 18 を改変）

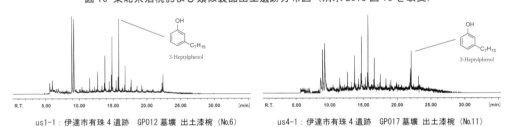

us1-1：伊達市有珠 4 遺跡　GP012 墓壙 出土漆椀（No.6）　　us4-1：伊達市有珠 4 遺跡　GP017 墓壙 出土漆椀（No.11）

図 17 漆に関わる Py-GC/MS の分析結果（m/z 108 イオンクロマトグラフ）

us 1-1	us 2-1	us 3-1	us 3-2	us 4-1	us 6-1
ベンガラ	不明	金箔	不明	金箔	不明
漆	金箔	ベンガラ	ベンガラ	朱	金箔
漆	朱	漆	漆	漆	ベンガラ
炭？	漆	漆	漆	炭？	漆
	漆	炭	炭		炭
	炭				
	不明				

fs1-1
ベンガラ
炭

朱	漆（辰砂混入）
ベンガラ	漆（ベンガラ混入）
漆	漆（顔料などを含まない）
炭	炭粉下地
鉱物	鉱物系下地
不明	特定不可

図 18 塗膜分析による漆塗膜の層構造

表 6 塗膜分析一覧

分析No.	遺跡名	出土遺構	器種	遺物No.	色:内	色:外	塗:内	塗:外	層数	検出元素
us1-1	伊達市有珠4遺跡	GP012	椀(箔椀)	No.6		赤		赤+褐+褐+炭？	4	Fe
us2-1		GP013	椀(箔椀)	No.2		赤		不明+金箔+赤+褐+褐+炭+不明	7	Hg,S
us3-1		GP016	椀(箔椀)	No.3		赤		金箔+赤+褐+褐+炭	5	Fe
us3-2						赤		不明+赤+褐+褐+炭	5	Fe
us4-1		GP017	椀(箔椀)	No.11		赤		金箔+赤+褐+炭？	4	Hg,S
us6-1		GP002	椀(箔椀)	No.19		赤		不明+金箔+赤+褐+炭	5	Fe
fs1-1	福井城跡	−	椀(箔椀)	No.38	赤		赤+炭		2	Fe

蝦夷地で流通する「塗物類」に関する一考察

菅原　慶郎

小樽市総合博物館

1. はじめに

　ここでは，近世後期の蝦夷地にて流通した「塗物類」（漆器）[1]について，文献史料を使用し，各地域における価格や流入する商品の特徴・名称（「場所的差異」），本州における生産地（仕入地）の特定，さらに商品名称を巡る特質の視座から考えてみたい．

　蝦夷地における塗物類について，佐々木利和氏によると，「漆器がアイヌ文化に入った時期が，アイヌ文化がアイヌ文化として成立した時期とみていくといいのではないか」[2]との指摘があり，アイヌ文化と本州方面で生産され蝦夷地へ流通した塗物類の関係をひも解くことの重要性を明確に説いている．

　近年，蝦夷地で流通する塗物類に関して文献史学の立場からは，とりわけ浅倉有子氏によって一連の研究が発表されてきた[3]．そこでは，南部藩領で生産された塗物類が蝦夷地へ移出された時代的変遷や商品的な特徴のほか，アイヌの人たちが使用する塗物類に注目し，その流通や使途に至るまで詳細かつ丁寧に検討されている．また，こうした塗物類のうち，「鴨々（カモカモ）」と呼称され，主に運搬具として使用された曲物の容器に注目した舟山直治氏による貴重な成果も見逃せない[4]．

　しかしながら，このような優れた先行研究を踏まえてもなお，蝦夷地に流入する様々な塗物類を巡って検討すべき課題は，数多く残されているように思われる．そのため，これまでの成果を受けて，微力ながらいくつか独自に設定した諸課題に取り組むことにする．

　なお，本論の構成であるが，一章では「入北記」[5]を検討材料とし，場所比較の視点から，主に東蝦夷地で流通する塗物類の商品名称と価格の特徴について，数種類の品目に特化して検証する．二章では，塗物類の本州の生産地（仕入地）につ

いて，これまで用いられていない史料を素材として，先学が明らかにしている生産地とを対照しながら考察する．三章では，「蝦夷」が冠される塗物類に焦点を当てて，その名称が付された理由を検討する．

2. 「塗物類」の商品名称と価格－場所比較の視点から

本章では，「入北記」から作成した【表 1-1～6】を用いて，各塗物類の「場所」ごとの名称や価格を比較し商品ごとの特徴を検討する．これまで「入北記」は，先学たちも用いているが，塗物類の商品名称と価格について，商品ごと（表題とした商品名称は，史料中において様々だが，便宜上筆者が総称を付した）に分類しての「場所」の比較という視点は，まだ深められる余地があると目される．なお，場所比較という大きな課題に取り組むものの，史料の性格上，東蝦夷地が考察の中心となることを付記しておく．また，史料に登場するすべての塗物類が対象とはならず，比較資料としてより有用なデータを得るために，割合どの「場所」においても存在し，アイヌの人たちにとって重要とみられる「椀」・「提子」・「耳盥」・「行器」・「鴨々」・「台盃」[6] の 6 品目に絞って検討することを事前にお許しいただきたい．これらの品目と各表は対照している．

2.1 「椀」【表 1-1】

まず椀については，ほぼ「蝦夷椀」（夷椀・夷人椀・一ツ椀も含む）か「土人椀」なる商品名で統一されている点が大きく注目される．こうした特徴は，価格の差異がほとんどみられず画一的であるという点と連関する．それは，「蝦夷椀」＝50文という価格が同一の「場所」が大半を占めていることが象徴的であろう．そうしたことから，この商品に関しては，場所請負人の違いによる「場所」ごとの運賃の付与がほとんどなされていないことも指摘できるのではないか．さらに，「入北記」に登場する塗物類のなかで，「蝦夷」を冠した商品（他に「台盃」（【表 1-6】）の名称にも「夷」が付されたイシカリ場所の事例がみられる）であることも見逃せない特徴である．この理由については，三章で別途考察する．

他に，椀にみられる特徴をまとめておこう．アツケシ場所における「南部椀」と記載された商品価格と，隣のネモロ場所の「蝦夷椀」が同価格（56 文）であるこ

とから，同仕様の商品であると推定できる．それを受けて「蝦夷椀」と呼称される商品は，生産地として「南部」，つまり南部藩領である可能性が高い．ミツイシ場所では「蝦夷椀」に関して，「上」・「下」というランクが存在していることも他場所には見られない特徴である．さらに，ユウフツ・シズナイ・クスリの三場所は，他場所に比して3〜4割程度安価となっているが，これは椀の商品ランクが影響していると判断される．それは，ミツイシ場所における「下」のランクの商品とほぼ同価格であることを根拠とする．ちなみに，ヤムクシナイ場所に限って価格が150文であり，他場所の価格（50文程度）と単純に比較をすると，約3倍近くにもなる．この高値の理由は，「1人前に付」とあることから蓋なども含めた数個からなるセット価格であったことに起因しそうである．

2.2 「提子」【表1-2】

提子については，椀に比べて各場所の価格差が大きいようである．注目されるのは，ウラカワ場所の「南部柄提」なる生産地とおぼしき名称を冠した商品であろう．当商品の価格が250文とあることから，他場所の250文前後の商品は，南部藩領で生産されていた蓋然性が高い．さらに興味深いのは，ウラカワ・ミツイシ場所において，「皆朱」と記載された商品があり，価格が他場所の提子より10〜15倍程度まで高値となっている点である．どこまで相対化できるのかは，さらに他の史料とも突き合せなくてはならないが，提子は「皆朱」か否かという特徴で大きく二つの商品に分類できそうである．

2.3 「行器」【表1-3】

行器は，価格が奥場所ほど割合高い傾向にあることが特筆される．その理由としては，荷物の運賃などの手間賃が別途付与されていることが考えられる．また，トカチ・ホロイズミ場所にのみ「塗物行器」と名称が統一されているおり，場所比較の視点からみると，両場所の請負人が同一であること[7]が影響している可能性が想定される．

2.4 「耳盥」【表1-4】

耳盥の特徴としては，行器と同様に価格が奥場所ほど高い傾向があるように見受けられることで，やはり運賃など手間賃を付与している可能性が考えられる．

「場所」の比較をすると，ほとんどの場所で耳盥が数貫文しているなか，ミツイシ場所の「蒔絵耳盥」のみ400文と格段に安価な理由がなぜなのか．また先述したように，トカチとホロイズミ場所はこの頃，同じ請負人の担当場所であるのに，価格に差があるのはなぜだろうか．運搬する本州方面からみてよりトカチの方が遠いため，運賃を付与しているのであろうか．いずれにせよ，残念ながら価格差の理由は判然としない．

2.5 「鴨々」【表1-5】

この商品に関して，数量については単体の商品もあるなか，全体的に2つ以上のセット商品が多い．大・中・小のセット，あるいは3組・3つ子とあるのは，すべて入れ子の商品である．他の塗物類と比較をすると，単体の小さいものであれば100〜150文程度と価格が安価なのも特徴である．利用方法が運搬具であるため，日用品としての側面が強いことも影響しているのではないか．安価な理由もそうした理由が考えられる．

2.6 「台盃」【表1-6】

台盃について特徴的なのは，西蝦夷地から東蝦夷地にかけて，最も多くの「場所」で品目として登場することである．あわせて21ヶ所にものぼる．そこから最も場所社会において重要な意味があった塗物類と考えるのは，早計であろうか．また，塗物類のなかにおいて，「上」・「中」・「下」という商品ランクが比較的しっかりと存在することも指摘できる．さらに，ルルモツペ・ネモロ・ミツイシ・ホロベツ・ヤムクシナイ場所のみ，台盃の模様や色などの特徴を記した商品名称が付されている点は，扱う商人か生産者が付けたことが理由であろうか．なお，イシカリ場所の商品名称のみ「夷台盃」とあり「夷」が冠されているが，この点については，先述した椀とともに三章で別途検討する．

さてここで，本章で考察した東蝦夷地を中心とした場所比較の視点から見えてきた塗物類の商品ごとの特徴について，まとめておきたい．

全体的には，価格の比較によって多くの特徴を見いだすことができた．まず椀は，ほぼ画一的な価格で，「蝦夷」・「土人」などと冠される商品名称が存在する点は特筆される．恐らく蝦夷地に流通した塗物類のなかで，最も画一的な規格（生産

地の体制が影響しているのであろう）が存在しており，低価格であることから需要も相当あった商品とみられ，蝦夷地において最も身近な塗物類にあたるとみられる．これ以外の商品は，「場所」によって大きな価格差があり，隣通しの「場所」であっても，倍程度の価格差が存在することもある．こうした問題は，当然商品の物理的な大きさも影響するが，場所請負人ごとの個別商品の扱い方や生産地との関係など様々な要因が考えられ，個別に明らかにするには，「場所」ごとの構造までも念頭において検証する必要もあろう．続いて，蝦夷地における比較的どの「場所」にも存在する塗物類を大きく価格順に記すと，高価な商品から，「行器」・「耳盥」・「台盃」・「柄提」・「鴨々」・「椀」となる．値が張る「行器」・「耳盥」がアイヌ文化において，とりわけ大切な家宝として取り扱われたのは当然価格とも関連するのであろう．また，これらの商品のみ奥場所ほど価格が高い傾向にあり，やはり商品的価値が高いため，運賃やその他手間賃が付与されている可能性も考えられる．

3. 「塗物類」の生産地（仕入地）について－東蝦夷地ネモロ場所の場合

ここでは，塗物類の生産地（仕入地）の特徴について【表2】を用いて考察する．この表は，文久元（1861）年に東蝦夷地ネモロ・シベツの会所が仕入れた商品が記載された史料から作成したものである．なかには，塗物類があわせて45品目も登場する．

最初に，表から生産地（仕入地）として確認できる地名は，輪島（能登）・越後・伊豆・江戸・大坂・山中（加賀）・近江・南部・加茂（出羽）と9箇所あげられる．地域的には，日本海側の地名が多いなか，太平洋側の地名もみられる．数値化すると，伊豆が最も多く16品目，次いで江戸と輪島が5品目，大坂が4品目と続いている．品目数からみると，全体の半数以上（伊豆・江戸・南部を併せると24品目）が太平洋側の産地であるが，産地数が多いのは日本海側である．ここで注目されるのは，越後の「黒膳椀」・山中の「黒蒔絵土人台盃」・近江の「行器」・加茂の「鴨々」の日本海側における4つの産地・品目で，各産地とも1品目しか生産しておらず，これらの商品にある程度特化した生産地（仕入地）とみることができよう．

続いて，各商品の特徴を整理しておきたい．全体的には，表に掲出されている商品の大半は，和人向けと見られ，アイヌの人たちへ向けた商品としては，「行器」・「黒蒔絵土人台盃」・「柄提」・「土人椀」・「鴨々」など一部に限られると見られる[8]．先述した特定の商品に特化したような生産地（仕入地）の動向と重なる点も見逃せない．

　次に商品名称については，「春慶」と名が付いた商品は，すべて江戸で仕入れたものである．南部が生産地（仕入地）の商品は，「日野椀」・「柄提」（提子）・「土人椀」の3種類があるが，これまでの考察からもわかるように，アイヌの人たち向けに比較的特化されて生産されていた商品の可能性が高い．さらに，南部の「土人椀」・山中の「黒蒔絵土人台盃」と2つの商品にのみ，「土人」の名称が付与されることについては，三章で別途考察する．

　これまで，【表2】のような蝦夷地へ流通する商品の生産地（仕入地）を記載した史料は，ほとんど知られていない．そうした史料として恐らく唯一ともいえるのが，先学の浅倉氏が紹介している天保十二（1841）年のネモロに比較的近い東蝦夷地エトロフ場所（当時の場所請負人は【表2】と同じ柏屋藤野家のほか，同じ近江商人である住吉屋西川家・恵比須屋岡田家との三家共同請負）における仕入品を書き上げた史料である[9]．そこには，「注文地」（大坂・江戸・越後・輪島・酒田・南部・松前/箱館）のほか，30品目程度の塗物類や注文業者，さらに数量も記載されている．

　そこで，これらの生産地（仕入地）や塗物類の特徴から，先述の【表2】と比較検討することによって，【表2】がもつ普遍的な傾向をさらに明確にできると仮定して筆を進めたい．

　早速，記載されている産地名（仕入地）をみると，伊豆など一部を除き，両資料ともに登場する地名が同一であることからすでに普遍的な傾向が見てとれよう．

　具体的に全く同じ商品の生産地としては，「柄提」（ひさげ）が南部，「鴨々」（かもかも）は出羽（酒田・加茂）の生産となっている．鴨々について先学の舟山氏は，出羽の庄内地方が生産地とみており[10]，同じ庄内地方の加茂周辺で生産されていたと見て差し支えないであろう．

以上のことより，東蝦夷地を事例にして近世後期に流通していた塗物類の生産地（仕入地）がある程度明確になってきたといえよう．しかし当然，こうした状況が蝦夷地全体に相対化できるのかは今後の大きな課題となる．

4. 「蝦夷」・「土人」が冠される塗物類について

改めて繰り返すまでもないが，近世後期の蝦夷地には，本州から流入する様々な塗物類が数多く流通していた．そのなかで特徴的な塗物類としては，商品名称に「蝦夷」・「夷」，または「土人」を冠する塗物類があげられる．これは管見の限り，とりわけ「台盃」と「椀」にみられる限られた商品名称である．それについては前章までの考察においても，多様な塗物類が登場するなか，こうした名称は，この2品目にのみ付されていることがはっきりと証明している．本章では，なぜこれらの品目にのみ，「蝦夷」・「土人」の名称が使用されるのかについて史料をもとに考察する．

　　　　ヲムシヤニ付被下物覚
　一、蝦夷台盃ニ而清酒弐盃　　ツヽ　　　　　役土人一同江
　　　　　　　　　　　　　　　　　　　　　　当年二十二人
　一、清酒五升入　壱樽　　　　　　　　　　　右同断江
　　　　　　　　　　　　　　ツヽ
　　　煙草　　　　　弐把
　一、蝦夷盃ニ而清酒壱杯　　　ツヽ　　　　　平土人一同江
　一、濁酒　　　　七斗五升　　　　　　　　　同　　一同江（以下略）[11]

上記史料は，オホーツク海沿岸のソウヤ場所モンベツにて執行された漁業などの慰労行事でもあるヲムシャについて書きあげたものである．ここから，ヲムシャのときに和人からアイヌの人たちへ向けて渡される「被下物」として，酒や煙草の種類や量などが詳細に判明する．そのなかで注目されるのは，「役土人」[12]へは「蝦夷台盃」にて，「平土人」へは「蝦夷盃」（蝦夷椀）[13]にて，それぞれ酒類が配布されている点である．

結論から述べると,「蝦夷」の冠する塗物類とは, このヲムシャでアイヌの人たちが和人から「被下物」として酒などを振舞われる際に使用される塗物類に冠されるものではないか. 19世紀にヲムシャは,「場所」において年中行事化されていたが, それは, アイヌの人たちへ向けた「撫育」政策の一環としての政治的な儀式であるとされる[14]. これよりヲムシャは, 異民族としての「蝦夷」がとりわけ強調される場であるともいえるのである. つまり,「蝦夷」が特に強調される必要があるヲムシャにおいて, 実際に酒などの「被下物」が配布されるときに用いられる塗物類であるため,「台盃」と「椀」に限ってそうした名称が付されていると判断されるのである. さらにこれらの商品は, 蝦夷地各場所のヲムシャで使用されるために必要不可欠な商品として, 本州の特定の生産地にてある程度規格化されて生産されていた商品であることも理解できるのではないか.

　続いて「蝦夷椀」は, 一章で述べたように塗物類の中で価格は最も安価な商品でもあるため, 多くの「平土人」が日常における食事用の器としても利用されていたと想定される. そのため, アイヌ社会では大量に必要とされることになり, 価格も安価である必要があったのではないか. そしてそれは, 和人からみるとヲムシャにおいて最も肝要な商品ともなったのである.

　加えて, 一章で検討したように「台盃」も含んだ二品目は,「場所」全体を見渡しても, 最も多くの「場所」において出回っていたことも以上のような理由の補強となりうる.

　さらに, 類似する史料を追記しておきたい.

　　　夏ヲムシヤ取扱方書上
一、煙草　三わツツ　　乙名　小使　一人に付
一、同　　二わツツ　　産取　　　　一人に付
　　但　役蝦夷人共江、兼て被仰渡候御法度の趣、及申御済候て<u>蝦夷台盃</u>にて
　　　　青酒三盃ツツ　御上様より被下候積に為申聞、支配人より差遣為給申
　　　　候、黒の膳部にて白米飯、<u>南部椀</u>にて食次第、一汁一菜にて為給申候
一、平夷人共江は、吸物椀位の盃にて青酒二はいツツ、<u>南部椀</u>にて濁酒二はヘ
　　ツツ為給、其後同椀にて飯一盃ツツ為給申候[15]

この史料は，日本海側の西蝦夷地ヨイチ場所におけるヲムシャの事例である．ここで登場する塗物類は，「蝦夷台盃」とともに「南部椀」があげられる．前章までで考察したように「南部椀」＝「蝦夷椀」と比定できるため，ヲムシャの時に使用される塗物に「蝦夷」が冠されることの補強となる．

　それにしても，ヲムシャのような異民族としての「蝦夷」が強調される儀式を記録した文書に，あえてしっかりと「蝦夷台盃」及び「蝦夷盃」・「南部椀」などとして記載される理由は，政治的な意図を避けての理解は難しい．また，浅倉氏[16]が指摘するように，「蝦夷椀」が2合5勺の規格を持ち，「台盃」が注文による生産が行われていたことをも勘案すると，蝦夷地向けの塗物類の中でもとりわけ政治的意図が強く介在した需要がある塗物類としても理解する必要があるのではないか．

5．おわりに

　本稿では，蝦夷地で流通する塗物類について，場所における商品名称や価格を中心とした比較について，生産地（仕入地）の問題，特定の商品にのみ「蝦夷」を冠した理由の主に三つの課題を設定して取り組んだ．ここで，各課題についての現時点での見解をまとめておきたい．

　最初に，塗物類の場所における比較についてだが，全体をとおして，塗物類のうちほぼ同一であった「蝦夷椀」を除けば，各場所によって大きな価格差が生じていた．また，比較的高値である「耳盥」・「行器」については，奥場所ほど価格が高くなる傾向がみられ，商品的価値が高いことによる運賃などの手間賃が付与されていた可能性を指摘した．

　続いて，塗物類の生産地（仕入地）についての考察では，東蝦夷地の奥地の事例によると，生産地（仕入地）が全国的に存在したことのほか，主にアイヌの人たちが使用する塗物類に関しては，特定の生産地が存在していた可能性が高いことを明らかにした．

それから「蝦夷」を冠した塗物類である「台盃」と「椀」にのみ，なぜ「蝦夷」の名称が商品に冠されているのかを検討した．その結果，これらの商品は，和人による政治的な儀式とされるヲムシャのときに「被下物」である酒や米などを直接受け取る媒体として使用されるためと結論付けた．いわば，和人が付けた異民族としての呼称である「蝦夷」が最も強調される場において使用される塗物類と規定できる．つまり，塗物類の商品名称の意味付けをひも解くことによって，和人の政治的な意図をも読み取ることができるのである．

表1-1 「椀」

場所名	表記	数量	価格
イシカリ	夷椀	2つに付	煙草1把向
ルルモッペ	土人椀	2つに付	煙草1把
トママイ	夷椀	2つ	玄米代米1升
シャリ	蝦夷椀	8つに付	代米1俵
ネモロ	蝦夷椀	1つ	代56文
アツケシ	南部椀	1つ	代56文
クスリ	蝦夷椀	1つ	36文
トカチ	夷椀	1つ	代銭:50文
ホロイツミ	蝦夷椀	1つ	代銭:50文
シヤマニ	土人椀	1つ	代銭:50文
ウラカワ	一ツ椀	1つ	代:50文
ミツイシ	蝦夷椀上	1つ	50文
	蝦夷椀下	1つ	30文
シツナイ	土人椀	1つ	35文
ニイカツフ	蝦夷椀	1つ	50文
ユウフツ	椀	1つ	33文
ホロベツ	夷椀	1つ	50文
ウス	蝦夷椀	1つ	50文
アフタ	蝦夷椀	1つ	50文
ヤムクシナイ	夷人椀	1つ	50文
	南部椀	1人前に付	150文

表1-2 「提子」

場所名	表記	数量	価格
イシカリ	柄提	大1つに付	煙草2把向
アツタ	ヒサケ	1つに付	煙草2把
シャリ	皆朱柄提	1升入り1つに付	代米4俵
		5合入り	代米2俵
アツケシ	ヒサケ	1つ	150文
クスリ	ヒサケ	1つ	140文
ホロイツミ	干提	1つ	代銭:250文
シヤマニ	比提	1つ	代銭:250文
ウラカワ	皆朱柄提	1つ	代:3貫500文より3貫文まで
	南部柄提	1つ	代:250文
ミツイシ	並引提	1つ	代銭:150文
	皆朱引提	1つ	2貫400文
ニイカツフ	提柄	1つ	150文
サル	提子	1つ	150文
ユウフツ	提子	1つ	200文
シラヲイ	提	1つ	200文
ホロベツ	柄提	1つ	280文
ウス	提子中	1つ	250文
	提子小	1つ	200文
アフタ	柄提	1つ	250文
ヤムクシナイ	柄提大	1つ	300文
	柄提小	1つ	250文

表1-3 「行器」

場所名	表記	数量	価格
アツタ	行器	1つ	8俵(造米)
ルルモッペ	行器	1つ	煙草100把より60～70把位
トママイ	行器	1つに付	40俵より30俵まで(玄米)
西トンナイ	行器	1つ	14・15俵から24・25俵まで
シャリ	行器	1つに付	代米18俵より30俵まで
トカチ	塗物行器上	1	代銭:20貫文
	塗物行器中	1	代銭:18貫文
ホロイツミ	塗物行器上	1つ	代銭:16貫文
	塗物行器中	1つ	代銭:14貫文
ウラカワ	上行器	1つ	代:17貫文より15貫文まで
	中行器	1つ	代:14貫文より11貫文まで
	下行器	1つ	代:10貫文より9貫文まで
ミツイシ	行器	1つ	13貫文
ニイカツフ	行器	1つ	6貫文より9貫文まで
ユウフツ	蒔絵形付行器	1つ	5貫500文より7貫500文まで
ウス	行器	1つ	上18貫文、中15・6貫文、下13・4貫文
アフタ	行器	1つ	此代銭其品に応じ3割から5割かけ相払仕来

表1-4「耳盥」

場所名	表記	数量	価格
ルルモッペ	耳盥	1つ	煙草40把より20把まで
トママイ	耳タラヒ	1つ	20俵より15俵まで（玄米）
西トンナイ	耳盥	1つ	大：8俵、中：7表、小：6俵
シャリ	耳盥	1つに付	代米10俵より15俵まで
トカチ	耳たらひ大	1つ	代銭：6貫文
	耳たらひ中	1つ	代銭：5貫文
ホロイツミ	耳たらへ大	1つ	代銭：5貫文
	耳たらへ中	1つ	代銭：4貫文
ウラカワ	耳盥	1つ	代：3貫500文より3貫文まで
ミツイシ	蒔絵耳盥	1つ	400文
シツナイ	耳盥	1つ	1貫500文より2貫文まで
ニイカツフ	耳盥	1つ	3貫文より4貫文まで
アフタ	耳盥	1つ	3貫文より4貫文まで
ヤムクシナイ	耳盥		2貫文

表1-5「鴨々」

場所名	表記	数量	価格
イシカリ	鴨々	2つ入1組	1俵向（夷俵）
アツタ	カモカモ	1つ	米3升
ルルモッペ	カモカモ	2つ組に付	煙草6把
西トンナイ	カモカモ	1組	大：煙草4把、中：2把半、小：1把半
エサシ	カモカモ	1つ	大：200文、中：150文、小：100文
シャリ	鴨々	3つ合組ニ付	代米1俵
ネモロ	三ツ組鴨々	1組	代448文（大：164文、中：154文、下：130文）
アツケシ	大カモカモ	1つ	250文
	小カモカモ	1つ	150文
クスリ	カモカモ	1つ	250文
ホロイツミ	鴨々	1組	代銭：340文
シヤマニ	鴨々	3つ合1組	代銭：350文
ウラカワ	カモカモ	3つ子入り1組	代：550文
ミツイシ	カモカモ	1組	代銭：350文
シツナイ	カモカモ	1組	450文
ニイカツフ	カモカモ	記載なし	150文より200文まで
サル	カモカモ	1つ	180文

表1-6 「台盃」

場所名	表記	数量	価格
イシカリ	夷台盃	1組に付	並にて夷俵5俵向
ルルモッペ	梨地台盃	1組	煙草28把より24把まで
	内朱外黒台盃	1組	煙草24把より20把まで
トママイ	台盃	1つ	9俵より6俵まで（玄米）
西トンナイ	台盃	1組	4俵、新形5俵
シャリ	並台盃	1枚に付	代米5俵
ネモロ	梨子地台盃	1組	3貫360文
	皆朱并黒巻絵台盃	1組	2貫688文
	黒巻絵並台盃	1組	2貫240文
アツケシ	上台杯	1組	3貫700文
	中台杯	1組	3貫200文
	下台杯	1組	2貫400文
トカチ	台盃上	1つ	代銭：3貫文
	台盃中	1つ	代銭：2貫500文
ホロイツミ	台盃上	1組	代銭：3貫文
	台盃中	1組	代銭：2貫500文
シヤマニ	台盃	1つ	代銭：2貫500文
ウラカワ	台盃上	1組	代：2貫800文
	台盃中	1組	代：2貫500文
	台盃下	1組	代：2貫300文
ミツイシ	台盃上	1組	代銭：2貫文
	台盃中	1組	代銭：1貫500文
シツナイ	台盃	1組	1貫500文より2貫500文まで
ニイカツフ	台杯	1組	2貫500文より3貫文まで
サル	台盃上	1組	2貫文
	台盃中	1組	1貫600文
シラヲイ	台盃中	1組	3貫文
ホロベツ	梨子地台盃	1組	1貫800文
ウス	台盃	1組	上2貫800文より下1貫700文まで
アフタ	台盃	1つ	1貫700文より2貫文まで
ヤムクシナイ	梨地台盃		3貫文
	黒蒔絵盃		2貫500文
	皆朱蒔絵盃		3貫500文

表2　文久元年のネモロ場所で流通する塗物類と産地名（仕入地）

名称	産地名	名称	産地名
皆朱膳	輪島	皆朱湯当	伊豆
内朱外黒膳椀	輪島	黒湯当	伊豆
黒膳椀	越後	内朱外青漆惣輪	伊豆
皆朱坪	輪島	春慶惣輪	江戸
皆朱汁椀	輪島	黒金蒔絵高月菓子台	大坂
皆朱平	輪島	菓子盆	不明
黒汁椀	伊豆	外青漆内朱吸物膳椀	同
黒平	伊豆	黒金掛上煙草盆	大坂
黒坪	伊豆	上向黒煙草盆	大坂
皆朱飯次	不明	春慶煙草盆	江戸
黒飯鉢	伊豆	皆朱小重	不明
朱通盆	不明	春慶八寸重	江戸
朱通盆	伊豆	春慶小重	江戸
春慶飯鉢	江戸	皆朱蒔絵大平	不明
皆朱杓子	不明	黒蒔絵土人台盃	山中
黒飯杓子	伊豆	行器	近江
皆朱吸物膳	伊豆	山田膳	江戸
皆朱吸物椀	伊豆	黒塗燭台	大坂
内朱外黒無地吸物膳	伊豆	日野椀	南部
内朱外黒無地吸物椀	伊豆	柄提	南部
朱高茶台（金掛）	伊豆	土人椀	南部
朱茶椀蓋	伊豆	鴨々	加茂
朱平茶台	伊豆		

「文久元酉年十月戌年御仕入物注文帳」別海町加賀家文書館所蔵より作成

※産地名にある「伊豆」は、史料中に「いつ」と記載されていることによるが、これまで塗物類の産地としてほとんど知られておらず、今後地名の特定について検討の余地があることを記しておきたい。

注

1) 本稿では，いわゆる漆器の総体を指し示す近世後期の史料用語として「塗物類」を積極的に用いたい．この名称は，安政三（1856）年のソウヤ場所モンベツにおける記録である「宗谷御役所御用書物之内松前伊豆守家来江尋之ヶ条答達ト上書有之一冊之内より抜取書」に収められている「ソウヤ持場之内モンベツ仕入物」（北海道立文書館所蔵，簿書 21）にて度々用いられていたからである．当史料においては，具体的に「蝦夷台盃」・「行器」・「皆朱一ツ椀」・「提子」・「カモカモ」・「耳盥」・「酒桶」・「此外和人遣用之器物」とあり，アイヌの人たちが使用する漆器及び和人が使用する漆器をあわせた蝦夷地で流通する漆器の総称として使用されている．
※さらに，行器には「酒を入ル三本足ノ付たる品也」，提子には「酒を入ル江戸ニ而カタクチといふ品」との追加説明がされている箇所がある．これらの記述は，当時蝦夷地においてどのような商品を具体的に示していたのかわかる貴重な記録とみて付記しておきたい．

2) 佐々木利和「平沢屛山〔オムシャ図〕の世界」（澤登寛聡・小口雅史編『アイヌ文化の成立と変容―交易と交流を中心として―』岩田書院，2007 年）595p

3) 浅倉有子「浄法寺漆器の生産と流通」（矢田俊文他編『中世の城館と集散地―中世考古学と文献研究―』高志書院，2005 年所収），同「蝦夷地における漆器の流通と使途―浄法寺から平取へ―」（矢田俊文編『都市と城館の中世』高志書院，2010 年所収）〈以下浅倉論文 2010a と表記〉，同「蝦夷地における漆器の流通と使途―椀（盃）・盃台・「台盃」―」（『北海道・東北史研究 2010』[通巻 6 号]北海道出版企画センター，2010 年）〈以下浅倉論文 2010b と表記〉，同「場所請負と漆器」（『北海道・東北史研究 2018』[通巻 11 号]北海道出版企画センター，2018 年）

4) 舟山直治「近世中期の北海道における桶の形態と利用―菅江真澄を中心に―」（『北海道開拓記念館調査報告』第 35 号，1996 年），同「カモカモの形態と利用からみたアイヌ民族と和人の交易と物質文化」（氏家等編『アイヌ文化と中世社会』北海道出版企画センター，2006 年），同「菅江真澄にみる民具の消長―カモカモという容器から―」（『真澄学』第三号，東北芸術工科大学東北文化研究センター，2006 年）

5) 稲葉一郎解読『蝦夷地・樺太巡検日記　入北記』（北海道出版企画センター，1992 年）
※安政四（1857）年の東西北蝦夷地巡検に随行した玉蟲左太夫著

6) 「台盃」とは，前掲注（3）浅倉論文 2010a によると，19 世紀前半頃より制作されたもので，アイヌの人たちへ使途を限定した盃台と盃がセットになったものとされる．

7) 『新広尾町史』（第一巻，1978 年）187～192p によると，この時期トカチ・ホロイズミともに同じ箱館の福島屋杉浦家の請負場所である．

8) 例えば，19 世紀前半のヨイチ場所の事例では，「酒桶」・「鴨々」・「桧提」・「一ツ椀」・「行器」・「台盃」・「井盥」がアイヌの人たち向けの商品として書き上げられている．「土人諸品売物直段書上」（『余市町史』第一巻・資料編一，1985 年）1385p

9) 前掲注（3）浅倉論文 2018

10) 浅倉氏が上記論文中で作成した表の元史料は，近江屋久兵衛「エトロフ請負中日誌」滋賀県立大学図書情報センター所蔵，西川家文書，番号 1850（商用 79）である．
※西川家は近江出身で蝦夷地の場所請負人を担された商人である．

11) 「ヲムシヤ執行仕方書付」安政三（1856）年，北海道立文書館所蔵，簿書 50

12) 「役土人」とは，和人から任命された役職のあるアイヌの人々の総称．それに対し，「平土人」とは，役職を持たないアイヌの人たちを指す．

13) 前掲注（3）の浅倉論文 2010a において「盃」と「椀」を同義として位置付けているが，それに筆者も同意する．これより「平士人」が用いる「蝦夷盃」とは，「蝦夷椀」と同義であると理解される．
14) 高倉新一郎「オムシャ考」（『民族學研究』1-3，1935 年），同『アイヌ政策史』（日本評論社，1942 年），稲垣令子「近世蝦夷地における儀礼支配の特質－ウイマム・オムシャの変遷を通して－」（民衆史研究会編著『民衆生活と信仰・思想』雄山閣出版，1985 年），秋野茂樹「ヲムシャの一考察」（『アイヌ民族博物館研究報告』5，1996 年）を参照
15) 「夏オムシヤ取扱方書上」（『余市町史』第一巻・資料編一，1985 年）1225p
16) 前掲注（3）浅倉論文 2010a・b

明治初年におけるアイヌ向け漆器の仕入れについて

松本 あづさ

藤女子大学文学部

1. はじめに

　明治2年（1869）7月，明治新政府は開拓使を設置し，翌月に蝦夷地を「北海道」へと改称した．発足まもない開拓使は北海道経営を行なうため，明治2年末から各郡の調査を行なった[1]．この調査結果が北海道立文書館所蔵の開拓使文書[2]に，『歌棄郡諸調』『三石・浦川両郡諸調』などの簿書名で収められている（以下，総称する場合には『諸調』とする）．これら『諸調』には多くの場合，アイヌ向けの仕入品に関する史料が収められている．本稿では，全道には及ばないものの，これまでに確認できた『諸調』をもとに，明治初年における各郡の漆器の仕入れ状況[3]を見ていきたい．

　最初に確認しておかなければいけないのは，明治初年の仕入れ状況が長く続くものではなかったということである．その理由としては大きく二つある．一つは，明治2年（1869）9月に場所請負制が廃止されたことである．近世期，アイヌの人びとは主に場所請負人を通じて和製品を入手していたが，この前提となる制度がなくなった．しかし，開拓使は旧場所請負人を「漁場持」として温存したため，場所請負制が完全に廃止されたのは明治9年（1876）のことであった．もう一点は，開拓使がアイヌ向けの仕入品について「無益之物品」と「需要品」という新たな価値観を提示し，「無益」の品を排除する政策をとったことである[4]．

　このように明治初年の制度や価値観の変化によって，アイヌ向け漆器の仕入れも変化していくことを前提としつつ，明治初年の状況を見ていきたい．

2. 開拓使文書『諸調』にみるアイヌ向け漆器 ― 旧西蝦夷地 ―

　旧西蝦夷地のうち，現時点で『諸調』に該当する史料が確認されるのは，歌棄郡・古宇郡・積丹郡・美国郡・古平郡・忍路郡・余市郡・高島郡・石狩郡である．また，開拓使文書ではないが，藤野家文書『旧事録』から明治5年（1872）の網走郡について知ることができるので加えた．可能な限り，各郡のアイヌ人口にも留意しながら見ていきたい．

2.1 歌棄郡（旧ヲタスツ場所）

『歌棄郡諸調　庚午年』（簿書196）によれば，明治3年（1870）の歌棄郡の人口構成は，和人619人とアイヌ13人であり，アイヌは「土人長家　壱棟」での集住であった．和人に対して少数となったアイヌに対する仕入品のうち漆器類の部分を見てみよう〈史料1〉．

〈史料1〉「歌棄郡本陣土人取扱入費並ニ道路其外手入入用調書外一廉ノ件」（簿書196）

　　土人雑費（中略）
　一、鴨々　　代廿貫文　廿
　一、南部椀　代五貫文　廿人前

漆器は鴨々と南部椀のみである．生活必需品としての漆器が必要な数だけ仕入れられていた印象である．

2.2 古宇郡（旧フルウ場所）

『古宇郡諸調　明治三年』（簿書187）によれば，明治3年（1870）の人口は834人で，そのうちアイヌは43人である．同簿書の「明治2年古宇郡中村方其外ニ於ル土人関係仕入品取調ノ件」から，明治2年に仕入れられた漆器類は「壱ツ椀」100（1つ250文）と「柄堤」20（1つ金2朱）のみであることがわかる．

一方，同簿書には，旧請負人から開拓使が買い上げた物件が書き上げられた史料があり，収納蔵などと並んで，「土人用」の「行器」と「台盃」が含まれている〈史料2〉．

〈史料2〉「明治2年古宇郡中村方其外ニ於ル土人関係仕入品取調ノ件」（簿書187）

　　一、旧請負人方引継諸品代金幷収納蔵御買入代共可相下調
　　　　金六両　土人用　／　行器三ツ
　　　　金弐両　同　　　／　台盃八組
　　　　　此合金八両
　　一、収納蔵　壱棟
　　　　梁間　七間／桁間　廿間　／〆　百四拾坪　／　此代金六百三拾両（中略）
　　〔付箋〕「旧請負人ヨリ御買上ケニ相成、今般御払下ケ代金如此」

浅倉有子氏が指摘するように,「台盃」は19世紀に入って,和人からアイヌへの下賜品としても機能したものである[5].「行器」は漆器類のなかで最も価値が高く,儀礼には欠かせないものである.開拓使がこの二つを買い上げたことを記した〈史料2〉からは,これらが近世期と同様に機能し続ける可能性があったことがうかがえる.

2.3 積丹郡（旧シャコタン場所）

『積丹郡諸調　明治三年』（A4-207）によれば,明治3年（1870）の人口はアイヌ54人である（和人は不明）.同簿書に仕入数がわかる史料はないが,アイヌへの売渡品の値段が記された「積丹土人共江売渡品直段調書　附軽物土人宛行」がある.

この中に書き上げられているのは,「耳たらひ」（上2貫700文,次2貫200文）・「台盃」（2貫）・「蝦夷椀」（40文）・「南部三ツ椀」（130文）・「鴨々」（1組260文）であり,わずかながら宝物となる漆器類も入っている.

2.4 美国郡（旧ビクニ場所）

『美国郡諸調』（A4-211）によれば,明治3年（1870）の人口は和人1,102人（うち永住100人）,アイヌ15人と圧倒的に和人が多くなっている.同簿書所収の「美国場所土人撫育幷売品直段調書」に,漆器類は「一、耳盥　壱ツ　代壱貫弐百文」とあるだけである.

ただし,明治4年（1871）4月の『西部各郡諸書類　庚午・辛未両年』（簿書292）の「美国郡御仕入諸品遣払残品直段附調書」からは仕入品の残数がわかるのだが,美国郡について「一、鴨々取合　拾弐　／　代金弐分弐朱」とあり,「鴨々」も仕入られていたことがわかる.

いずれにしても,アイヌ向けの漆器類の仕入れは非常に少ない.

2.5 古平郡（旧フルビラ場所）

『古平郡諸調　三年』（A4-203）によれば,明治2年（1869）の人口は和人1,616人（永住411人,出稼1,205人）,アイヌ115人である.

同簿書ではまず漆器類の値段を知ることができる.「古平土人給料幷売買直段調書」によれば,「耳盥」（3貫）・「蝦夷椀」（40文）・「台盃」（850文）・「鴨々」（大300文・中200文・小100文）である.

そして,同簿書の「土人撫育筋御仕入品代価凡調書」から,明治3年における仕入数もわかる.また明治4年の『西部各郡諸書類』（簿書292）所収の「御仕入諸品遣払残品直段附調書　古平庁」によって,翌年の残数もわかる.これを表1に示したい.

表1 明治3年仕入品と明治4年の残品

明治3年の仕入品（A4-203）	明治4年4月の残品（簿書292）
土人産樽　15 金3両3分「直段壱ツ二付金壱分見込」	―
一ツ椀　　150 金2両1分「直段壱ツ二付百五拾文見込」	67 「直段壱ツ二付、永弐拾四文弐分／代金壱両弐歩永百拾七文五分」
鴨々　　20組 金2両2分 「直段壱組二付金弐朱見込」	鴨々　7組 「直段壱組二付、永百弐拾文　／　代金三歩永九拾文」 大　18 「直段壱ツ二付、永六拾五文　／　代金壱両永百七拾文」 中　5 「直段壱ツ二付、永五拾五文　／　代金壱歩永弐拾五文」 小　1 「直段壱ツ二付　／　代　永四拾五文」

　さきにみた「古平土人給料幷売買直段調書」に「樽」は入っていなかったが，仕入れられていたようである．その他，明治3年に仕入れられていたのは「一ツ椀」と「鴨々」で，一つ椀はアイヌ人口の半分ほど，そして鴨々はセットでは半分以上が売れている．比較的アイヌ人口の多い古平郡でも，日常使いの漆器が取引の中心となっている印象である．

2.6　忍路郡（旧ヲショロ場所）

　『忍路郡諸調』（簿書189）によれば，明治3年（1870）の人口は和人1,878人（永住人531人出稼人1,347人），アイヌ105人である．「役土人」として記載されている人物は「惣乙名　四郎太夫」をはじめ12人である．同簿書から，忍路郡における明治2年・3年の仕入数と売渡値段が明らかとなる（表2）．

　ここから，旧西蝦夷地の他場所に比べて，比較的多くの漆器を仕入れていることがわかる．仕入数に着目すると，明治2年と明治3年で仕入数が変わらない漆器があり（鴨々・酒桶・台杯），安定した消費がうかがえる．また，明治3年の方が仕入数の多いものもあり（行器・台杯の椀），明治初年に至っても宝物の需要が高いことがわかる．

　こうした多様な漆器が取り引きされた要因として，アイヌ人口が比較的多いことのほかに，鮑漁の「自分稼」[6]が関係しているのではないかと思われる．同簿書所収の「土人荷物高」という史料には，ヲショロアイヌの「自分稼」の対価のなかに漆器類が含まれている．具体的には，「鯡類　六拾五石」と「白干鮑　弐百五拾六斤弐分五厘」の対価となった品に「小柄杓」4組（2朱）・「鴨々」10組（3両2朱）・「一ツ椀」36（1両2朱）・「越中折敷」20枚（1両1分）・「台盃」7組（2両2分2朱）が含まれている．

表2 明治2年・3年の仕入内容

漆器	仕入		売渡値段「土人共江諸品売渡直段」
	明治2年（1869）「松前店元ゟ仕入品覚」	明治3年（1870）「土人御貸附入用御仕入品」・「仕入物調」	
行器	3荷	5荷 代400貫文（1荷80貫文）	蒔絵行器 1つ造米60～70俵
柄杓	小柄杓30組	小柄杓20組 代12貫500文（1組625文）	小柄杓　1組米1升 大柄杓　1ツ米1升
鴨々	50組	50組 代156貫250文（1組3貫125文）	大鴨々　1つ米8升 小鴨々　1つ米5升
酒桶	10組	10組 代225貫文（1組22貫5文）	大　1つ造米5俵 中　1つ造米4俵 小　1つ造米3俵
台杯	50組	蒔絵台杯50組 代187貫500文（1組3貫750文）	
同椀取合	蒔絵椀100	同椀取合200 代375貫文（1つ1貫875文）	蒔絵大椀 1つ米1斗位～1斗2升位 中　1つ米6升位～8升位 小　1つ米4升位～6升位
柄提	70	50 代156貫250文（1つ3貫125文）	大柄提　1つ米2升 小柄提　1つ米1升5合
越中折敷	150枚	越中折敷50枚 代20貫文（1枚400匁）	
一ツ椀	200	100 代20貫文（1つ200匁）	椀　　　1つ米5合
南部三ツ椀	200	―	

2.7 余市郡（旧ヨイチ場所）

『余市郡諸調』（簿書188）によれば，明治3年（1870）の人口のうち，アイヌは367人であり，これまでに『諸調』を確認できた旧西蝦夷地場所のなかでは最も多い．明治3年の仕入数は分からないものの，『西部各郡諸書類』（簿書292）の「余市郡去ル午年御仕入品残員調書」から仕入れられた漆器の種類とその残数がわかる．以下に，列記したい〈史料3〉．

〈史料3〉「余市郡ル午年御仕入品残員調書」（簿書292）

　　一、鴨々三ツ組（大）　三拾五組　／　一、鴨々弐ツ組（大）　弐拾組　／　一、鴨々壱ツ組（中）　九組

　　一、鴨々壱ツもの（中）　五拾壱　／　一、南部檜提　弐ツ　／　一、南部壱ツ椀　百四拾六（中略）

　　一、金紋色絵行器　三ツ　／　一、蒔絵黒耳たらい六十三　／　一、皆朱柄提　九ツ

　　一、小田原鉢取合　十四　／　一、高鉢　五ツ　　　／　一、金紋蒔絵上角行器　壱

　　一、蒔絵黒丸重五ツ重　五組／　一、蒔絵内朱外黒台盃　廿六組　／　一、上々同断　廿六組

　　一、並皆朱台盃　弐組　　／　一、同黒　同　五組　　／　一、上金蒔絵行器　弐ツ

一、蒔絵黒行器　七ツ　　／一、同皆朱　同　六ツ　　／一、黒行器　七ツ（中古）
一、皆朱同（同）　三ツ

　このように，椀や鴨々といった日常使いの漆器のみならず，宝物が多く含まれることに特徴がある．特に，行器と台盃の種類の多さが目立つ．

2.8 高島郡（旧タカシマ場所）

　『小樽高島両郡諸調』（A4-206）によれば，明治3年（1870）の人口は和人536人（永住人436人，出稼100人），アイヌ29人である．アイヌ人口の少なさが際立つものの，「役土人」には7人の名前が書き上げられている．同簿書所収の「上　年中元仕入品調書」によれば，漆器類の仕入内容は，「柄提」30・「折敷膳」50・「鴨々」20・「行箸」5・「食籠」5・「台盃」10組である．「行箸」は，単位が「行器」と同じ「五荷」となっていることから「行器」と考えたい．

　これまでの場所のことをふまえると，アイヌ人口に対して比較的多くの種類の漆器と数を仕入れていると言えそうである．

2.9 石狩郡（旧イシカリ場所）

　明治3年（1870）作成の『石狩郡諸調』（簿書195）からは人口がわからない．ただし，「役土人」として，「惣乙名」7人，「上川小使」7人，「中川乙名」3人，「中川小使」2人が書き上げられている．

　同簿書からは明治3年の漆器類の仕入数がわかり，さらに『西部各郡諸書類』（簿書292）から明治4年の残品が判明する（表3）．

　ここから，まず他場所には見られない「掛盤」と「四分一」が含まれていることがわかる．「掛盤」については，浅倉有子氏が菅江真澄『えぞのてぶり』をもとに，アイヌが宝物としていたことを明らかにしている[7]．そして「四分一」の特定が難しいものの，錫と鉛の合金とみられ，矢筒の装飾に使われるという[8]．また，台杯と蝦夷椀が比較的多く取り引きされている様子がみてとれる．

表3 石狩郡における明治3年の仕入品と明治4年の残品

漆器の種類	明治3年8月の仕入品 (簿書195)	明治4年4月の残品 (簿書292)
耳盥	136	117
行器	11	9
掛盤	11人前	11
四分一	200本	75本
台杯	40	22組
鴨々	170組	―
蝦夷椀	500	(塗三ツ椀) 152人前

2.10 網走郡(旧シャリ場所・旧アバシリ場所)

　近世後期,東蝦夷地ネモロ場所・クナシリ場所から西蝦夷地のシャリ場所・ソウヤ場所を一手に請け負った柏屋藤野喜兵衛は,明治2年の場所請負制廃止後も「場所持」として経営を続けていた.開拓使文書『諸調』ではないものの,明治5年(1872)時点での網走郡での慣行を書き上げた『旧事録』[9]から,この時期の漆器仕入状況がうかがえる.同史料所収の「番家仕入諸品売上ケ定直段」に含まれる漆器類は以下の通りである〈史料4〉.

〈史料4〉「番家仕入諸品売上ケ定直段」(『旧事録』所収)

　　一、並台盃　　　壱組　代壱貫五百五十文

　　一、箱入上盃　　壱組　代壱貫七百文

　　一、小田原鉢　　壱ツ　代 四貫文 ／ 三貫九百文 ／ 三貫八百文

　　一、耳たらい　　壱ツ　代 弐貫五百文 ／ 弐貫百文 ／ 壱貫七百文

　　一、行器　　　　壱ツ　代 拾壱貫文 ／ 九貫文 ／ 七貫文

　　一、湯桶　　　　壱ツ　代 弐貫五百文 ／ 弐貫百文 ／ 壱貫七百文

　　一、朱椀　　　　壱ツ　代八百文

　　一、同蒔絵椀　　壱ツ　代壱貫文

　　一、鴨々　　　　壱組　代五百文 ／ 但、大弐百五拾文、中百五拾文、小百文

　　一、提子　　　　壱升入　代　弐百文

　　　　　　　　　　五合入　　　百弐拾文

　　一、蝦夷椀　　　壱ツ　代四拾文

　　一、酒桶　　　　壱ツ　代 大壱貫八百六拾文 ／ 中壱貫五百文 ／ 小壱貫弐百文 (後略)

〈史料4〉の点線部は，安政4年（1857）の玉蟲左太夫『入北記』においてシャリ場所の交易品としてあげられている漆器類である[10]．値段の違いはあるものの，『入北記』にあるものは全て『旧事録』に含まれ，明治5年はさらに増えていることがわかる．

なお，『旧事録』において漆器類が出てくるのは，売買の場面だけではない．アイヌへの下賜品が書き上げられた部分[11]には，漁場持からアイヌへ台盃が下賜される機会があげられている．具体的には，「帰俗土人御座候節」，「同拝礼御用（「役土人」による箱館での謁見礼）相済帰着之節」に「台盃壱組」と清酒二升が下されることになっていた．

2.11 小括

旧西蝦夷地のうち，これまでに開拓使文書『諸調』を確認できた郡の漆器類仕入状況を見てきた．アイヌ人口と漆器の種類にのみ着目すれば，以下のような状況であった（表4）．

表4 明治初年の旧西蝦夷地の各郡における漆器類の仕入れ

漆器	郡名	歌棄(13)	古宇(43)	積丹(54)	美国(15)	古平(115)	忍路(105)	余市(367)	高島(29)	石狩(—)	網走(—)
	鴨々			○	○	○	○	○	○	○	○
椀	南部椀	○		○			○				○
	一つ椀		○			○	○	○			
	蝦夷椀			○		○				○	○
	朱椀										○
	蒔絵椀						○				○
台盃	台盃		○	○		○	○	○	○	○	○
	同椀取合						○	○			
	箱入上盃										○
	行器		○				○	○	○	○	○
	酒桶						○				○
	樽				○						
	耳盥			○	○	○		○		○	○
蓋付鉢	高鉢						○				
	食籠								○		
	小田原鉢							○			○
湯桶他	湯桶										○
	柄提		○				○	○			○
	柄杓						○				
その他	折敷						○	○			
	丸重							○			
	四分一									○	
	掛盤									○	

【備考】① 各郡のデータは基本的には明治3年（1870）だが，網走郡のみ明治5年である．郡名の下の括弧内には当該年のアイヌ人口を記した．② 漆器類の分類については，主に，金田一京助，杉山寿栄男『アイヌ芸術』第3巻（北海道出版企画センター，1973年復刻版），古原敏弘編『アイヌ民族に伝わる漆器の調査研究』（神奈川大学日本常民文化研究所，2014年）を参照した．表5も同様．

アイヌ人口が極端に少ない歌棄郡や美国郡では，日用品としての漆器類しか入手できないことがわかった．一方，やはり旧西蝦夷地場所のなかでも比較的アイヌ人口の多い地域では，多様な漆器類が取引されていたと言える．

3. 開拓使文書『諸調』にみるアイヌ向け漆器 ― 旧東蝦夷地 ―

旧東蝦夷地のうち，これまでに『諸調』に該当する史料を確認できたのは，虻田郡・白老郡・沙流郡・新冠郡・静内郡・浦川郡・三石郡・厚岸郡・国後郡である．できるだけ各郡のアイヌ人口に留意しながら見ていきたい．

3.1 虻田郡（旧アブタ場所）

虻田郡の引渡書類が綴じられた『雑 明治三年』（簿書225）によれば，明治3年の人口は，番人稼方の和人15人と アイヌ555人で，アイヌが圧倒的に多い．

同簿書所収の「土人江品払直段書付」に書き上げられている漆器類は，「台盃」（上3貫200文・中2貫文・下1貫700文）・「行器」（9～11貫）・「小田鉢」（小3貫500文）・「耳盥」（4貫500文～5貫）・「板折敷」（大60文・小40文）・「鴨々」（大280文・中200文・小150文）・「赤酒桶」（大2貫文・小1貫500文）・「黒酒桶」（大2貫500文・小1貫900文）である．

点線部は，『入北記』（1857年）の「土人共江諸品売渡直段調」に記された漆器類である．なお，『入北記』には「柄提」「夷椀」も含まれていた．

3.2 白老郡（旧シラヲイ・旧アヨロ場所）

明治6年（1873）作成の『白老郡引継書類』（簿書437）によれば，同年の人口は552人で，うち508人がアイヌと，アイヌが圧倒的多数を占める．同簿書には費目ごとの会計書類が収められているが，「土人勘定用品買入金支払」という費目の内容は以下の通りである〈史料5〉．

〈史料5〉「土人勘定用品買入金支払」

　　一、金弐両三分三朱ト銭弐拾文　　　　三ツ椀　百人前

　　一、金弐拾六両　　　　　　　　　　　行器　　四荷

　　一、金弐拾弐両壱分弐朱ト銭拾文　　　台盃　　四拾組

　　一、金五両弐分弐朱　　　　　　　　　耳盥　　九

　　一、金拾壱両壱分三朱ト銭三百三拾文　貝桶　　弐荷

一、金三両三分	壱ツ椀　弐拾
一、金三分	湯桶　　壱
一、金弐分壱朱ト銭弐百六拾弐匁	耳盥　　壱

小以金七拾三両壱分三朱ト銭六百三拾匁

　このように,「土人勘定用品」という費目に漆器類のみが記載されているのである. 明治6年段階の白老郡で, アイヌとの交易品といえば漆器類を指していたことが読み取れる史料である.
　なお,『入北記』(1857年) の「土人へ売払直段調」には「台盃」「提」「カモカモ」しか記されていないので, 明治初年に種類が増えている.

3.3 沙流郡（旧サル場所）

　沙流郡は, 明治2年 (1869) に仙台藩と彦根藩に引き渡されたため, 引渡書類も2冊にまとめられている (簿書222・簿書224). 人口は彦根藩領のみ書かれているが, 番人稼方の和人39人とアイヌ130人となっており, アイヌが多数を占める地域であった (簿書222).
　2冊ともアイヌへの売渡品はほぼ同じ内容なので, ここでは仙台藩への引渡書類が綴じられた『雑書　三年』(簿書224) だけを見ておきたい. 同簿書のなかに書き上げられているのは,「蝦夷椀」(50文)・「蒔絵形附行器」(15貫〜20貫)・「小田原食籠」(3貫500文〜6貫文)・「台盃」(上2貫・中1貫600文)・「結酒桶」(大3貫・中1貫500文・小1貫)・「蒔絵形付器桶」(10貫〜13貫)・「壱ツ盃」(850文)・「湯桶」(1貫〜2貫500文)・「皆朱角切膳」(2貫)・「内朱同」(2貫500文)・「曲酒桶」(大3貫・中2貫・小1貫500文)・「かもかも」(200文)・「堤子」(150文) である.
　点線部は,『入北記』(1857年) の「土人江諸品売渡直段調」に記された漆器類である. ここから安政4年より種類が多くなっていることがわかる.

3.4 新冠郡（旧ニイカップ場所）

　明治2年 (1869) に作成された『新冠郡引渡書　巳十二月』[12]にアイヌ人口は書かれていないが, 番人・稼方の和人は15人と少数である.『新冠郡引渡書』の「ニイカツフ土人売渡品直段書上」に書き上げられている漆器類は,「行器」(大15貫・中7貫・小4貫)・「曲酒桶」(大5貫・中4貫・小3貫)・「小田原鉢」(4貫500文〜8貫500文)・「台盃」(3貫〜4貫)・「上々土人椀」(1貫500文〜2貫)・「内朱角膳」(2貫500文)・「提子」(200文)・「かもかも」(150文〜

200文)・「蝦夷椀」(50文)であった．値段も大幅に異なる「上々土人椀」と「蝦夷椀」という区別がつけられていることが特徴的である．

点線部は，『入北記』(1857年)の「土人へ売渡品直段調」にある漆器類である．『入北記』にはこの他「耳盥」と「小田原食籠」があるが，ほぼ同じ内容である．

3.5 静内郡（旧シツナイ場所）

静内郡については，谷本晃久氏による詳細な研究がある[13]．明治2年(1869)の『静内郡引渡之義申上候書付』[14]によれば，静内郡で漁場持からアイヌへ売渡された漆器類は多様である．

「輪島塗沈金丸形行器」(18～24貫)・「同角形行器」(18～24貫)・「京黒塗惣唐竹紋付行器」(10～22貫)・「同惣唐竹蒔絵付角行器」(18～20貫)・「同上物玉手箱」(5～10貫)・「輪島台付貝桶」(7～15貫)・「小玉手箱」(800文)・「京塗小田原鉢」(9～10貫)・「輪島小田原鉢」(9～12貫)・「加州山中塗同」(6～7貫)・「加州山中塗高鉢」(3～6貫500文)・「同角形酒入」(6貫500文)・「輪島皆朱片口」(大2貫600文・小1貫500文)・「京釙付盥」(8～10貫)・「盛岡塗足無酒入」(5貫500文)・「長硯蓋弐ツ入子」(3貫500文～4貫500文)・「並黒塗蒔絵付湯当」(1貫200文～1貫500文)・「皆朱同」(1貫700文)・「山中釙付手樽」(1貫)・「同塗酒柄杓」(1貫)・「同塗酒飲器」(300文)・「盛岡塗同」(250文)・「山中塗・盛岡塗丸盆三ツ入子」(1貫500文)・「山中蒔絵付台盃」(2貫～2貫500文)・「京皆朱台盃」(2貫500文)・「盛岡塗皆朱同」(2貫)・「輪島沈金彫台杯」(2貫500文)・「南部塗土人椀」(上100文・並50文)・「並柄提」(250文)・「鴨々三ツ入子」(450文)・「結酒桶」(大4貫・中4貫・小1貫800文)・「木地塗片口」(100～250文)・「蒔絵椀」(400文～1貫)・「吸もの椀」(300文)・「吸もの膳」(300文)・「片口」(200文)・「本塗蛯子膳」(1貫500文～2貫)である．

安政4年(1857)『入北記』の「土人へ売渡シ直段調」には「台盃」「大酒桶」「耳盥」「カモカモ」「土人椀」だけしか記されていない（点線部）．谷本晃久氏は「アイヌの人たちの漆器に対する嗜好が多様化していた」可能性を指摘する[15]．

3.6 浦川郡（旧ウラカワ場所）

『三石・浦川両郡諸調』（簿書190）によれば，明治3年(1870)の人口は和人永住人21人とアイヌ271人で，アイヌが多数を占める．「役土人」は「並小使見習」の4人を含めて10人である．そして，同簿書内の「浦川郡土人払品代銭付調書」では，多彩な漆器類の値段が書き上げら

れている．静内郡のように，産地や加飾については分からないものの，その種類は同郡に匹敵する〈史料6〉．

〈史料6〉「浦川郡土人払品代銭付調書」(簿書190)

　　一、行器　　　壱ツ　同（代）上二拾貫文／中拾八貫五百文／次拾五貫五百文／拾壱貫文
　　一、塗酒瓶　　　壱ツ　同　八貫五百文
　　一、土人酒入　　壱ツ　同　上　七貫五百文　次　五貫五百文
　　一、小田原鉢　　壱ツ　同　上　七貫文　次　五貫文
　　一、高鉢　　　　壱ツ　代　上五貫五百文／次四貫五百文
　　一、耳盥　　　　壱ツ　同　上四貫五百文／次三貫五百文
　　一、結酒桶　　　壱ツ　同　上六貫文／中四貫文／次弐貫文
　　一、曲酒桶　　　壱ツ　同　大四貫文／小三貫文
　　一、玉手箱大　　壱ツ　同　上七貫文／次五貫文
　　一、同　小　　　壱ツ　同　上三貫文／次壱貫文
　　一、台杯　　　　壱組　同　上弐貫五百文／弐貫文
　　一、湯当　　　　壱ツ　同　壱貫五百文
　　一、蛤子膳　　　壱枚　同　上弐貫文／次壱貫五百文
　　一、柄提　　　　壱ツ　同　上壱貫文／次七百文
　　一、本塗一ツ椀　壱ツ　同　上七百文／次三百五十文
　　一、丸盆　　　　壱枚　同　大壱貫文／中八百文／小六百文
　　一、硯蓋　　　　壱枚　同　上壱貫七百文／次壱貫五百文
　　一、酒柄杓　　　壱本　同　上壱貫五百文／次壱貫弐百文
　　一、吸物膳　　　壱枚　代　三百文
　　一、同　椀　　　壱ツ　同　三百文
　　一、並柄提　　　壱ツ　同　弐百五拾文
　　一、土人並椀　　壱ツ　同　上百文／次五拾文
　　一、酒入塗樽　　壱ツ　同　三升入壱貫弐百文　弐升入壱貫文

点線部は,『入北記』(1857)の「土人へ払品直段調」に記載されているものである.明治初年の方がはるかに多いものの「角盥」「鈕付盥」など『入北記』にしかないものもある.

なお,ウラカワ場所の慣行が書き上げられた「元請負人手限土人撫育幷手当方調書」には,「元請負人萬屋専左衛門場所下り之節」に「台盃」1組・「清酒」5合・「葉莨」2把が「役土人」に遣わされていたことが記載されている.明治初年まで,「台盃」を介した請負人とアイヌ間の慣行が存続していたことがわかる.

3.7 三石郡（旧ミツイシ場所）

『三石・浦川両郡諸調』（簿書190）によれば,明治3年（1870）の人口は和人19人,アイヌ271人で,アイヌが圧倒的多数を占める地域である.同簿書所収の「三石郡年中元仕入品調書上」には「土人勘定払分」として漆器の種類と仕入数が記載されている〈史料7〉.

〈史料7〉「三石郡年中元仕入品調書上」（簿書190）

　　　土人勘定払之分
一、会席膳　　　百枚
　　同わり渡
一、台杯　　　　百五拾組　　／但、塗立代り□□相成候様仕度奉存候、
　　同
一、湯当　　　　大中小　五十　／但、前同断
　　同
一、小行器　　　三十荷　　　　／但、前同断
　　同
一、吸物膳椀　　五拾人前　　　／但、前断
一、南部椀　　　三百

このほか,同簿書には「三石郡土人共江日用諸品売渡直段書上」という件名の史料があり,その中には「カモカモ」（1組350文）と「南部椀」（1つ50文）があげられている.アイヌへの売渡品について「土人勘定払」と「日用諸品」との明確な区別をしているのが特徴である.

なお,『入北記』(1857年)の「土人江諸品売渡直段調」には点線部のほかに,「酒桶」「並引提」「皆朱引提」「蝦夷椀」「小田原鉢」「蒔絵耳盥」もあり,種類としては明治初年の方が減っているが,これは明治3年の方が仕入数だけを書き上げた史料ということもあるかもしれない.

3.8 厚岸郡（旧アッケシ場所）

『雑　明治三年』（簿書223）には,佐賀藩への厚岸郡引渡文書が綴じられている.これによれば,明治3年の人口は番人稼方の和人173人とアイヌ159人でほぼ同じ割合である.

同簿書所収の「土人江売渡品直段」に書き上げられた漆器類は,「台盃」（上々4貫文・上3貫700文・中3貫200文・下2貫400文）・「行器」（上15貫文・中13貫文・下11貫文）・「耳たら

い」（上々6貫800文・中5貫100文・下4貫500文）・「鴨々」（250文・中200文）・「柄提」（大150文・小100文）・「蝦夷椀」（56文）・「結酒桶」（大7貫500文・中7貫・小6貫500文）・「曲酒桶」（大2貫500文・中2貫文・小1貫800文）である．

　『入北記』（1857年）の「土人売渡品直段」に記載されている漆器類はすべて含まれており（点線部），それ以外に「行器」「耳たらい」「結酒桶」が増えている．

3.9　国後郡（旧クナシリ場所）

　久保田藩への国後郡引渡書類が綴じられた『雑　明治三年』（簿書226）によれば，明治3年の人口は和人166人とアイヌ67人で和人が多数となっている．同簿書におさめられた「漁場持より土人共江賣渡品直段定書」に書き上げられた漆器類は，「行器」（15貫～20貫）・「小田原鉢」（5貫440文）・「高鉢」（3貫675文）・「箱入高盃」（3貫675文）・「台盃」（2貫205文）・「朱椀」（900文）・「柄杓」（600文）・「夷椀」（74文）・「日之椀」（300文）・「かもかも」（692文）である．

　菊池勇夫氏が詳細に検討している，万延元年（1860）の仙台藩へのクナシリ場所引継文書には，アイヌへの売り渡される漆器類の種類と値段が以下のように記載されている[16]．「日のわん　1つ　160文」「蝦夷わん　1つ　50文」「大鴨々　1つ　200文」「中同　1つ　150文」「小同　1つ　100文」「柄提大　1つ　200文」「同小　1つ　100文」「朱わん　1つ　900文」「箱入盃　1組　2貫500文」「並台盃　1組　1貫500文」「高鉢　1つ　2貫500文」「行器　1荷　8貫500文位より17貫文位まで」である．これらに点線部を付したが，安政4年と明治3年でほとんど同じ内容である．

3.10　小括

　明治初年に旧東蝦夷地の各郡に仕入れられていた漆器の種類をまとめると，表5の通りである．

　旧西蝦夷地と比較すると，旧東蝦夷地の各郡に仕入れられた漆器類の多様さが特徴となっている．旧東蝦夷地については，明治初年段階におけるアイヌ人口の多さと和人人口の少なさが指摘されてきた[17]．近世期を通じたアイヌ社会の維持と明治初年における漆器類の仕入れとの関係は密接と言える．今回，旧西蝦夷地の奥場所やカラフトについて検討できなかったため断定はできないが，アイヌ人口が多く維持された旧東蝦夷地では，アイヌ文化を彩る漆器類も多く取引されていたと考えたい．

表5 明治初年の旧東蝦夷地の各郡における漆器類の仕入れ

漆器	郡名	虻田(555)	白老(508)	沙流(−)	新冠(−)	静内(−)	浦川(271)	三石(271)	厚岸(159)	国後(67)
	鴨々	○		○	○	○	○		○	○
椀	南部椀			○				○		
	一つ椀		○	○			○			
	蝦夷椀			○	○	○	○		○	○
	三つ椀		○							
	朱椀									○
	蒔絵椀					○				
	吸物椀・膳					○	○	○		
	日野椀									○
台盃	台盃	○	○	○	○	○	○	○	○	○
	盃(箱入含む)			○		○				○
	行器	○	○	○	○	○	○	○	○	○
	貝桶		○			○				
	器桶			○						
	酒桶	○		○	○	○	○		○	
	酒入					○	○			
	酒飲器					○				
	塗酒瓶						○			
	樽					○	○			
盥	耳盥	○	○	○		○	○		○	○
	鈑付盥					○				
蓋付鉢	高鉢					○	○		○	○
	食籠			○						
	小田原鉢	○			○	○	○			○
	片口					○				
湯桶他	湯桶		○	○		○	○	○		
	柄提						○		○	
	柄杓					○	○			○
	堤子			○	○					
その他	折敷	○								
	膳			○	○	○	○	○		
	玉手箱					○	○			
	丸盆					○	○			
	硯蓋					○	○			

【備考】各郡のデータは,沙流郡・新冠郡・静内郡は明治2年(1869),白老郡は明治6年(1873),それ以外は明治3年である.郡名の下の括弧内には当該年のアイヌ人口を記した.

4. 交易品における「無益之物品」と「需要品」

4.1 開拓使による「無益之物品」の規制

　明治8年(1875)7月,開拓使浦川出張所は,勇払方面から流入する鹿猟者の取り締まりについて札幌本庁民事局に上申した.そのなかで鹿猟者の問題点として「土人共宝物ニ備来候刀鍔其他無益之物品」をもってアイヌを騙し,交換していることをあげ,こうした交換自体を禁止しよ

うとしている〈史料8・下線部〉．この上申書に「無益之物品」として漆器類は直接言及されていないものの含まれていると考えて良いだろう．

〈史料8〉「全国一般ヘ鹿猟規則施行、並ニ無益ノ物品ニテ土人ト鹿皮交換禁止ノ件」（簿書6122）

　　勇払方面ゟ於日高国ニ年々鹿業之者相増、幌泉方面ハ警邏を以、人員取調候処、猟時も永住寄留雇り、凡三四百人も有之由、右ニ付、今般大判官殿御巡回之砌、方法可相立云々御達相成候ヘ共、当所轄而已相立候テモ無益之事ニ被存ゟ於貴局ニ全国一般ノ方法御伺相成候様いたし度、兼而鉄炮規則御回シ相成居候伺共一般同一ノ場合ニ至り兼候、尤鹿皮買入人御免之内ニ而、是マテ土人共宝物ニ備来候刀鍔其他無益之物品仕入置、土人を騙り交換いたし候者有之哉ニ相聞不都合ニ付、更ニ本年より右様之物品を以交換不相成云々勇払方面ゟ日高国迄御達シ相成候様御開申有之度、此段及御掛合候也、

　　　八年七月廿五日

　この政策の展開についてはさらなる検討が必要であるが，いくつかの郡で実施されたことが明らかにされている．まず，同年の様似郡では，開拓使からアイヌとの取引を委任された矢本蔵五郎が，「鍔耳金其外無益之物品」を仕入れないことを開拓使に誓約している[18]．

　その後，明治11年（1878）6月には釧路国で，「無益ノ器物」でアイヌを欺き，鹿角皮を入手する奸商を取り締まるため，アイヌとの交易を大蔵省商務局用達の広業商会が担うこととなる[19]．全七條からなる広業商会の「売買手続キ書」[20]のうち，第二條に「自今廃停」となる無益の物品が記されている〈史料9〉．

〈史料9〉広業商会の「売買手続キ書」

　　第二條　交換物品概目左ノ如シ
　　　米塩　酒　焼酎　煙草葉刻両種　木綿各種　舶来木綿糸　木綿製筒袖　衣類　古着綿入
　　　単袷　山刀　マキリ　タシロ鉈ノ類　斧　鎌　鍬　針　小豆　黒砂糖五斤入瓶　飴
　　　荒粉　菓子
　　　　但、陣羽織、行器、飾太刀等ノ類従前交換ノ分ト雖モ自今廃停スヘシ、

この措置について，百瀬響氏は「「無益」とされたこれらの物品は，彼らにとっては宝飾品であり儀礼具でもあった」と指摘する[21]．前章までにみたように，旧東蝦夷地は旧西蝦夷地に比べて多くの漆器類が仕入れられていたが，その旧東蝦夷地において交換品の規制がはじまった．

4.2 実際に仕入れられた「需要品」

　それでは，実際に仕入れられた物品はどのようなものであったか．まず，「十勝国旧土人営業ニ付広業商会出店ニ於テ仕入品調査ノ件」（簿書5239）には，明治13年から同15年において広業商会が広尾郡に仕入れた「需要品」が書き上げられている．「積下シ」の品だけ列記すると，明治13年は，衣類（判綿・紺股引・河内白木綿・納戸二枚形・納戸真岡・合羽紺・縞仕立綿入・縞袷茂尻・紺袷茂尻・紺金咲織），食品（越後玄米・阿波粉・麺麹菓子・越后味噌），生活用具（並煙管・佐渡草履・<u>南部椀</u>・蝋燭・雷管・草芥鎌・昆布同・鍋・真切）である．明治14年は，衣類（黒毛布・白フラ子ルシヤツ・唐天鵞絨・繻子・千草裏地・足袋），食品（落雁糖・大山酒・蓬莱豆），生活用具（津軽中間筵）である．明治15年は食品（秋田白米・大山酒・焼酢）である．

　このうち漆器はわずかに「南部椀」1種類だけとなっている（二重下線部）．明治初年の『諸調』において，南部椀はアイヌ人口の少ない地域にも仕入れられ，三石郡では「日用諸品」と明記されていたが，「需要品」として残ったことがわかる．

　「需要品」の具体例がわかる史料をもう一点あげたい．明治10年（1878）から翌年に作成された『古民製産交換出入定則』[22]である．これは「紋別，常呂，網走，斜里4郡の漁場持藤野伊兵衛が漁場を返還した際に，開拓使根室支庁が生計を失ったアイヌ人の救済のため4郡副総代の申し出によって，アイヌの産物を生活必需品と交換することを委任した一件書類控」である[23]．よって，鹿猟者に対する取り締まりとは異なる流れだが，この時期の官側が何を交換物品にしていたかがわかる．明治10年6月付の規則「第一則」には「古民製産物買上ケ之義者一時之困窮ヲ救フノミニアラス，授産教育ノ御趣意」とある．この方針のもと作成された明治10年8月の「紋別網走尻斜里交換品直段付調」に出てくる品は，衣類（結城縞・並甲玉・河内白・合羽紺・染木綿・先織・綛先織・股引取合・紺足袋・紺切糸・白綛・手拭・千草木綿・金巾・麻糸），食品（阿波粉・味噌・越後米・津軽米），嗜好品（大山酒・葉煙草）で，漆器類は見当たらない．

　さらなる史料の収集が必要であるが，明治10年代に漆器類は「南部椀」を除いて官側が指定する交換物品から除外されたものとみられる．明治初年の『諸調』では，幕末期にも増して漆器類が仕入れられていたことが確認されることをふまえると，大きな転換点であったと言える．

— 145 —

5. おわりに

　本稿では，開拓使文書『諸調』を中心に，明治初年における漆器類の仕入状況を確認した．そこから，明治初年ではアイヌ人口が比較的多い地域に多様な漆器類が仕入れられている傾向がつかめた．それは，旧西蝦夷地より旧東蝦夷地の各郡の多様な漆器類からもうかがえた．また，近世期のアイヌの「自分稼」が盛んな地域にも安定した供給がなされている傾向が見てとれた．

　そして，明治6年（1873）の『白老郡引継書類』（簿書437）に「土人勘定用品」として漆器類だけが記載されたことに示されるように，明治初年においても，漆器類は和製品のなかで中心的な位置を占めていたことがわかった．

　しかしながら，この流れは鹿猟者が急増する明治8年頃を境に大きく変わる．アイヌとの交換物品について「無益」と「需要品」という区別が立てられるようになり，官側が指定する交換物品から南部椀を除く漆器類が排除されていった．

　今後の課題としては，今回取り上げられなかった地域を含めた検討，「需要品」から除外された漆器類の売買に関する検討などがあげられる．そして，近代移行期のアイヌによる生産と交換について，生産物と交換品全体を見渡したうえで漆器類の位置づけに関する分析を進めたい．

注

1) 榎本洋介「開拓使の地方支配―明治三年の各郡の実態から―」（鈴木卓郎編『北の青嵐選集』北の青嵐会，2006年〈初出1998年〉）
2) 以下，本文中の史料引用に際して「簿書〇」「A4-〇」と典拠を示した場合，すべて北海道立文書館の所蔵文書を指している．なお，史料引用に際しては基本的に旧字を新字に改め，改行を「／」で示した．
3) 本稿では，仕入数を明示する史料に記載されている漆器のみならず，アイヌへの売渡品の「直段調書」に記載されている漆器についても，仕入れがなされていると見なした．
4) 百瀬響「開拓使期における狩猟行政―「北海道鹿猟規則」制定過程と狩猟制限の論理」（百瀬響編『「北海道・東北を中心とする北方交易圏の理論的枠組みのための総合的研究」研究成果報告書』（北海道教育大学札幌校，2017年〈初出2003年〉）
5) 浅倉有子「蝦夷地における漆器の流通と使途―椀（盃）・盃台・「台盃」―」（『北海道・東北史研究』2010[通巻第6号]，北海道出版企画センター，2010年4月）
6) 田島佳也「場所請負制後期のアイヌの漁業とその特質―西蝦夷地余市場所の場合」（田島佳也『近世北海道漁業と海産物流通』清文堂，2014年〈初出1995年〉）
7) 前掲注5・浅倉有子論文，6頁
8) 室瀬和美氏と佐々木利和氏のご教示による．
9) 北海道大学附属図書館北方資料室蔵（別380-Fu）
10) 玉蟲左太夫著・稲葉一郎解説『入北記』（北海道出版企画センター，1992年），182頁
11) 「年中被下物幷役土人役給漁中雇土人諸職人馬飼其外給米日雇土人賃米手当介抱方共」（『旧事録』所収）

12) 函館市中央図書館蔵. 本稿では北海道立文書館蔵マイクロフィッシュ（F-1/858）を使用
13) 谷本晃久「場所請負制下のアイヌ交易の姿―幕末・維新期を事例にして―」（本田優子編『シンポジウム&公開講座【アイヌ文化研究の今】④「アイヌの交易世界」』札幌大学ペリフェリア・文化学研究所, 2008年）, 32-33頁
14) 函館市中央図書館蔵. 本稿では北海道立文書館蔵マイクロフィッシュ（F-1/857）を使用
15) 前掲注13・谷本晃久論文, 31頁
16) 菊池勇夫「万延元年蝦夷地場所引継文書の紹介と検討」（菊池勇夫『近世北日本の生活世界 北に向かう人々』清文堂, 2016年）, 272頁
17) 前掲注1・榎本洋介論文, 122頁.『北海道の地名』（平凡社, 2003年）, 145-200頁
18) 瀧澤正「明治初年アイヌ昆布漁家の「経営」と「家計」― 様似郡の例にみる」（『北海道・東北史研究』2009[通巻第5号], 2009年4月）, 5頁
19) 前掲注4・百瀬響論文, 100頁
20)『開拓使事業報告』第3編（大蔵省, 1885年）, 173〜174頁
21) 前掲注4・百瀬響論文, 100頁
22) 北海道大学附属図書館北方資料室蔵（別・ア 352-Ho）
23) 北海道大学附属図書館編『日本北辺関係旧記目録』（北海道大学図書刊行会, 1990年）, 248頁

謝辞

　本研究は, 科学研究費補助金の助成を受けた「アイヌ漆器に関する学際的研究」（基盤研究(B)一般 16H03472　代表: 浅倉有子先生）による成果の一部です. 特に, 2018年3月4日に北海道大学で行われた研究会での報告を基にしています. 研究代表者の浅倉有子先生をはじめ, 本共同研究の皆さまには非常に多くのご教示を賜りました. 記して御礼を申し上げます.

小樽市総合博物館所蔵漆器の科学分析

本多 貴之

明治大学理工学部

1. はじめに

　種々の分析を用いる事で漆器の製作技法やその材料について明らかにすることは，書籍や口伝による研究の裏付けとなる．昨今の分析機器の発達により，非破壊分析によって解明できる事も増えてきている．その一方で，漆器の製作工程を明らかにしたい場合には断面からの分析は欠かすことの出来ないでもある．今回は小樽市総合博物館所蔵の漆器椀 6 点について種々の科学分析を行う事でその材料と製作工程を明らかにすることを試みたので報告する．

2. 漆の種類と科学分析

　漆器に利用されている素材は"漆"である．ただし，ここで言う"漆"は植物学における"ウルシ"ではなく，"漆"と様々な国で呼ばれる塗料としての漆である．東南アジア・東アジアには漆と呼ばれる素材は大きく分けて 3 種類あると言われている（図 1）．日本において「うるし」と呼んでいる樹種は *Toxicodendron vernicifluum* である．一方，台湾やベトナムで「うるし」と呼ばれ利用されている樹種は *Toxicodendron succedaneum* である．日本では「ハゼノキ」と呼ばれろうそくの原料として利用されていた．また，タイやミャンマーで「うるし」と呼ばれ利用されている樹種は *Gluta ushitata* である．先述の *Toxicodendron*

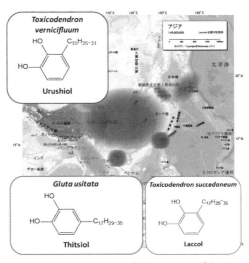

図 1 アジア地域の「漆」と呼ばれる樹種

（ウルシ属）とは異なる *Gluta*（グルタ属）に属しているが, *Anacardiaceae*（ウルシ科）という点では共通である[1].

これらの3つの樹種はそれぞれ主成分が異なる事がこれまでの研究により知られており,「どの樹種の漆が利用されているのか」はこれら主成分を分析することで判断する事が出来る. この時, 判断の基準とする物質は「バイオマーカー」と呼ばれる. 漆の場合には図1の枠内に記された3種類の構造に由来する化合物がバイオマーカーとして利用されており, この成分を正確に検出できるかが科学分析のポイントとなっている.

3. 分析試料について

今回分析に供した試料は, 小樽市総合博物館に所蔵されている漆器の椀について保存中に発生した欠損部が存在する6点を対象に分析を行った（表1, 写真1・2）. いずれも本体から剥落し同じ包み紙に残存していた破片を利用し, 色を参考にどの部位から剥落したかを類推した.

表1 小樽市総合博物館所蔵漆器片の試料番号と外観, 分析に供した試料片の色

収蔵番号	お椀の色（外面－内面）	模様	径 (cm)	高 (cm)	剥落片
未124	黒－赤（椀）	松竹梅	16.0	－	赤
未137	赤－赤（椀）	鮭・熊	16.9	8.3	赤
未151	黒－黄土色（椀）	桐	15.0	7.2	黒
未182	黒－赤（椀）	唐草	16.4	7.7	赤
未220	黒－赤（蓋）	梅	－	－	黒
未235	黒－不明（蓋）	無し	－	－	黒

4. 分析方法について

漆は塗膜状態になると高い耐久性を持ち，水や有機溶媒，強酸，強アルカリに溶けないという特徴を有している．一方で，天然有機物である漆を酸素が存在しない環境において加熱を行うと，漆の化学結合の中で熱的に弱い部分で切断されて細かい分子になることが知られている[2]．この細かく切れた分子の一部がバイオマーカーとして検出できるため，耐久性の高い漆であってもその起源がどこから来たのかを明らかにすることが可能である．この分析手法は熱分解－ガスクロマトグラフィー／質量分析（Py-GC/MS）と呼ばれており，ここ10数年で分析分野において広く利用されている．この流れに乗る形で，文化財に対しても広く応用されるようになってきている．

Py-GC/MSは主に有機物（＝漆や乾性油）に特化した分析であり，下地や無機顔料に関しては得られる情報が少ない．そこで，無機物に関してはエネルギー分散形蛍光X線分析（ED-XRF）を利用して分析を行った．この分析方法は試料の表面もしくは断面にX線を当てた時に出てくる蛍光X線を解析することで，その試料に含まれる無機成分（主に金属）が何であるかを明らかにする測定である．

5. 漆に関わるPy-GC/MSの読み方

漆の塗膜をPy-GC/MSにより分析を行うと，熱分解よって種々のフェノール誘導体が検出される．これまでの研究によって日本・中国に生育している *Toxicodendron vernicifluum* と台湾やベトナムに生育している *Toxicodendron succedaneum*，タイやミャンマーに生育している *Gluta ushitata* に関して図2に示すように，アルキルフェノール（*m/z* 108）に絞って比較を行うと，それぞれが特徴的な位置にピークを有していることが分かる．これらの特徴を利用する事で，漆器に用いられた漆の種類の特定を行う事で，どの漆がその製品に利用されていたかを判別し製品の流通ルートなどを明らかにする事が出来る．

6. 科学分析から分かったこと

6.1 断面分析

今回の分析に供した6試料の断面写真を写真3～5に示す.

まず,黒色の外見をしていた3試料についてであるが,試料番号 未151は下地部分が荒さの異なる砥の粉と思われる層が2層観察でき,その上に顔料の入っていない下塗りと最表面の上塗り層の4層構造であった.一方,試料番号 未220は下地の上に顔料が含まれると考えられる黒色の層がはっきりと観察され,最表面に上塗りが1層施されていることが分かる.また,試料番号未235は黒色の顔料が含まれる層と最表面の2層構造であった.同じような黒色の塗りであっても,未151番のみ顔料を用いずに黒色の表現を行っていた点が興味深い.

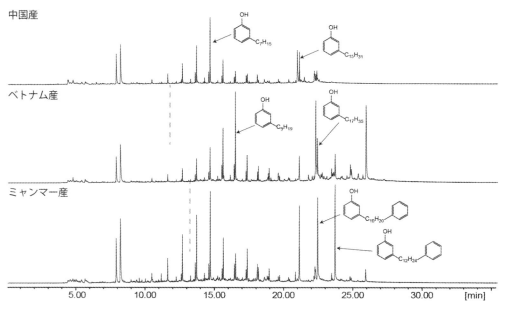

図2 産地別のアルキルフェノール類の検出パターン

次に赤色の外観をしている3点についてである.試料番号 未124番は黒色顔料入りの下塗りの上に中塗りと比較的厚い上塗りが施され,反射像から最表面にのみ赤色の層が確認できた.この層は大変薄く,赤色の塗りではなく彩色のための赤色であると考えることが出来る.漆器全体が外面は黒を下地とした赤

彩色，内面が赤色一色であることを考慮すると今回の剥落片は外面の彩色部分からの剥落であると考えるのが妥当であろう．次に試料番号 未 137 であるが，厚い下地層の上に掃墨と思われるごく薄い黒色層が確認でき，最表面に顔料の入っていない塗膜層が確認できた．破片自体は赤く見えたが，これはクロスニコル像において観察できる下地に含まれる細かい赤い粒子が透けて見えたためだと思われる．この赤い粒子が含まれる下地は試料番号 未 151 の上側の下地にも確認できるが，その含有度合いが異なるために赤く見えたのだと思われる．さらに，外観写真は真っ赤な塗りをベースに鯉を描いているが，この断片には赤い部分に相当する部分がみられないため，本来はこの塗りの上に赤色塗装が成されていたのではないかと推測できる．

最後に試料番号 未 182 についてであるが，反射像下で確認できる黒色顔料入りの下地層の上に顔料の入っていない下地が 1 層施された後，最表面に赤色顔料入りの塗膜が確認できた．

6.2 蛍光 X 線分析

今回，試料の表面および裏面に対して ED-XRF を行った．試料番号 未 137 と未 151，未 220 の裏面からは共にケイ素（Si）と鉄（Fe）が強く検出された．ケイ素は砥の粉や地の粉に多く含まれていることが知られており，断面の粗い粒子はこれら由来であることが示唆される結果であった．一方，下地部分が顔料入りと思われる他の 3 試料の裏面からは鉄が共通して検出され，試料番号 未 235 のみカルシウムが強く検出された．試料番号 未 235 の裏面からはケイ素や鉄も検出されている一方で表面からはほとんど何も検出されていない[*1]．このことは裏面，つまり下地の塗りにこれらの成分を含む塗りが行われていることの証左である．カルシウムを多く含む塗りとしては骨粉下地が初めに思いつくが，今回の試料は断面写真からは骨粉を示す特有のパターンは見られないため別の下地であることが推定できる[3]．また，砥の粉や地の粉については先行研究から Si は強く検出されるものの Ca や Fe は微弱であるため，今回の下地とは異なるものと思われるため，今後の検討が必要である[4]．

*1: 10 keV 付近の膨らみ（ベースライン）に対するピーク強度が著しく弱いた
　　めにこのように判断できる．

6.3 Py-GC/MS 分析

　今回調査対象とした 6 試料について Py-GC/MS による解析を行った．漆のバイオマーカーとして m/z 108 に着目し，イオンクロマトグラフを作成した（図 4）．すべての試料から漆に関わる成分が検出されたが，未 220 の試料のみベトナム・台湾で漆として利用される「ハゼノキ」の樹液の主成分であるパターンが得られた．日本国外の漆液は安土桃山時代後期には既に輸入が開始されていることから，近代以降の作と思われる未 220 が作成された頃にこれらの漆が国内に流通していても何らふしぎは無い [5]．文様論や木地など他の面からの研究を通じて，このような海外の漆を利用した作品がアイヌの地に渡ってきた事実は大変興味深いことである．

7. まとめ

　今回は小樽市総合博物館所蔵の漆器 6 点について種々の科学分析を行った．同じ赤色，黒色の外見をしている椀であっても，その製作技法や材料には多くの違いがあることが明らかになった．特に，漆の樹種が異なる椀が見つかったことは当時の流通網に日本国外の漆液が含まれていたことを科学的に証明した点は非常に興味深いことである．これらの椀の製作年代等については他の科学的な検証と比較する必要があるが，海外の漆か否かの分析は現状 Py-GC/MS のみであり，可能な範囲において科学分析を行う事でこれらの流通を明らかにする面において科学分析は重要であるということを示した事例であろう．

謝辞

　本論文を執筆するにあたり，貴重な資料を提供いただきました小樽市総合博物館の皆様にあらためて御礼申し上げます．

参考文献

1) 宮腰哲雄，永瀬喜助，吉田孝．漆科学の進捗．バイオポリマー漆の魅力．アイピーシー出版．2000
2) 吉田邦夫編．アルケオメトリア．東京大学総合研究博物館．2012
3) 岡田文男．古代出土漆器の研究―顕微鏡で探る材質と技法．京都書院．1995
4) 武田明子，渡部マリカ．医学部付属病院入院棟 A 地点 SK3 以降出土漆製品の実証的研究．東京大学埋蔵文化財調査室．2017
5) 北野信彦，小檜山一良，木下保明，竜子正彦，本多貴之，宮腰哲雄．桃山文化期における輸入漆塗料の流通と使用に関する調査（II）．独立行政法人国立文化財機構 東京文化財研究所．2008

資料番号　未124

資料番号　未137

資料番号　未151

資料番号　未182

資料番号　未220

資料番号　未235

写真1　分析した漆器の外観

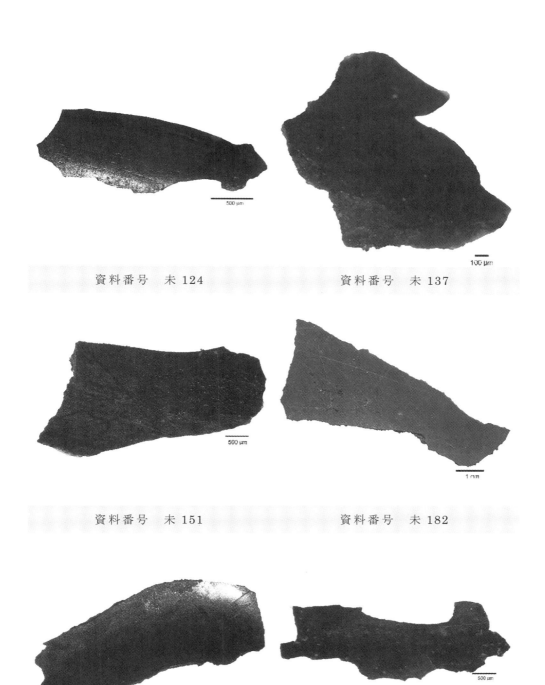

写真 2 分析した試料の外観

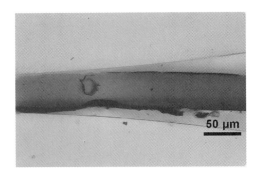
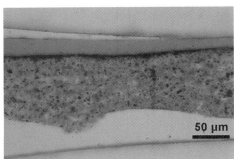

資料番号　未124　　　　　　　　　資料番号　未137

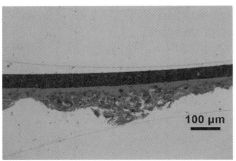

資料番号　未151　　　　　　　　　資料番号　未182

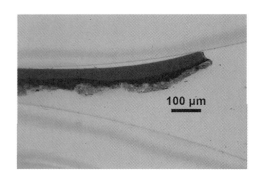
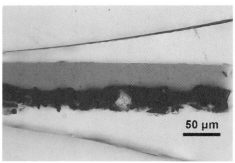

資料番号　未220　　　　　　　　　資料番号　未235

写真3　各資料の断面画像（透過光）

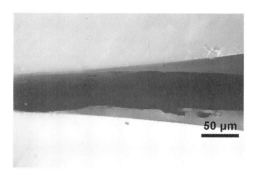

資料番号　未 124　　　　　　　　　資料番号　未 137

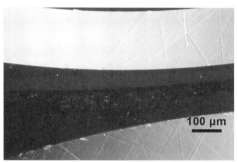

資料番号　未 151　　　　　　　　　資料番号　未 182

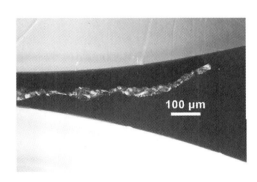

資料番号　未 220　　　　　　　　　資料番号　未 235

写真 4　各資料の断面画像（クロスニコル）

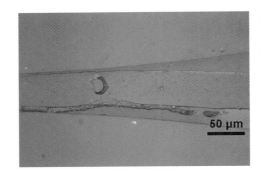
資料番号　未124

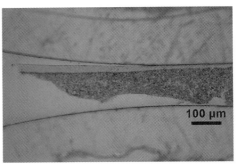
資料番号　未137

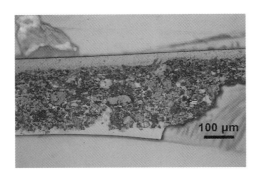
資料番号　未151

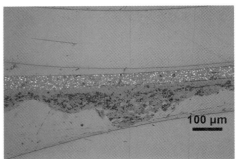
資料番号　未182

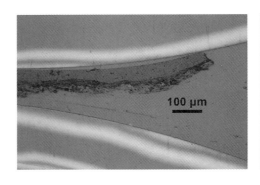
資料番号　未220

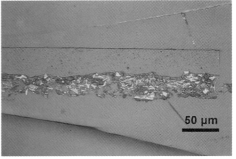
資料番号　未235

写真5　各資料の断面画像（反射）

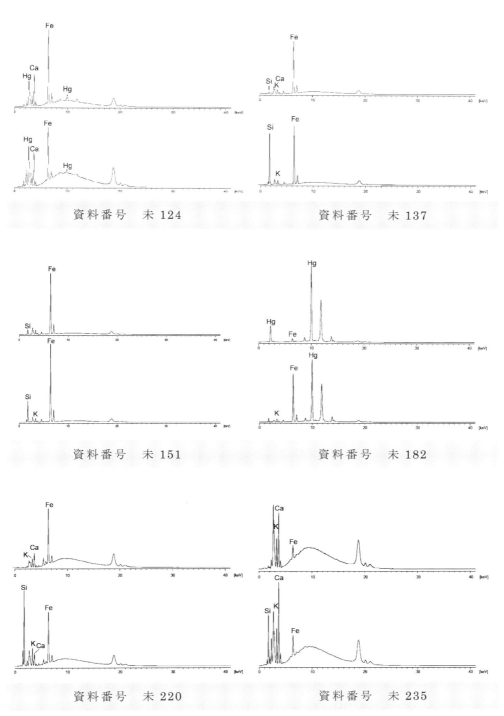

図3 各資料のED-XRF分析結果（上段：塗膜面，下段：下地面）

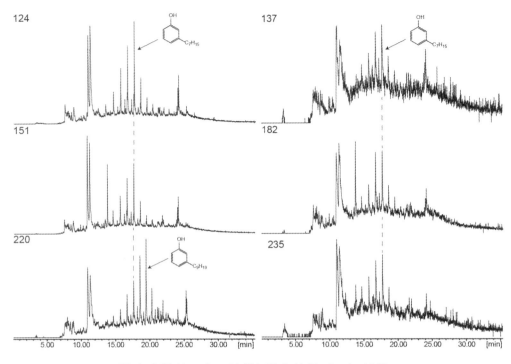

図4 6試料のPy-GC/MS測定結果（m/z 108）

小樽市総合博物館所蔵の漆器に用いられた金属の形態と加飾技法

神谷　嘉美

金沢大学人間社会研究域附属国際文化財資源学研究センター

1. はじめに

　漆と金属を組み合わせた加飾技法にはいくつか種類がある．いずれの加飾技法においても，漆を接着剤として利用するのは共通している一方で，それぞれに使用される金属の形態は異なっている．大別するならば，厚みのある金属板をそのまま貼り付ければ「平文」となり，金属を鑢で削り落として加工したパウダー状のものを蒔きつければ「蒔絵」になる．この金属粉の形状によって，丸粉，梨子地粉，平目粉などを作り分け，多様な表現を可能とする各種の蒔絵技法が生まれている．金属小片を非常に薄く叩き延ばした金属箔は「箔絵」「沈金」「消粉蒔絵」に用いられる．もちろん他にも「白檀塗り」など金属を利用した加飾技法はまだまだあるが，どのような場合にも金属の形態と漆芸の加飾技法は切り離して考えることはできないのである．

　しかしながら，漆芸の加飾技法に用いている金属の形態に焦点をあてた先行研究は多くない．技法を分類して解説するために，金属形状やサイズを文章のみで説明する文献は数多くあれど，実際の金属の形態を観察して示すような先行研究は非常に少ない．もちろん言うまでもなく漆文化財の保存修復作業の中で，デジタルカメラで蒔絵粉等を撮影し報告書の事例はある．しかし，あくまでも修理前後での比較としての提示が大部分で，金属の形態を拡大して詳細に観察した報告ではない．そのような中で，中里は古代蒔絵粉を論じる際に実体顕微鏡画像を数多く示し[1]，岡田は断面観察の一部として金属粉について報告[2-3]している．しかしながらアイヌ漆器とされる漆器に関しては，加飾に用いられている金属の形態に関する研究は全く行われていない．アイヌ漆器の加飾技法を深く議論するためには，それぞれの装飾にどのような金属材料が使用されているのかを検証していくことも重要ではないだろうか．実際，安土桃山時代に

海外へ輸出された南蛮漆器について，用いられている金属の形態を電子顕微鏡によって観察した結果，作品の中によって異なる形態の金属を利用していたことを見出した[4]．つまり，どのような材料を具体的に使用しているのかを観察せずには，装飾技法について検証することはできないと思われる．

そこで，アイヌ漆器の加飾技法と金属材料とを検証するために，小樽市総合博物館でアイヌ漆器として所有されている3点の漆器から剥落した欠片を利用し，金属の形態を詳細に観察した．具体的には，デジタルマイクロスコープを用いた実体顕微鏡観察と，走査型電子顕微鏡を併用した．その結果について本稿で報告する．

2. 分析資料

小樽市博物館に所蔵されている漆器のうち，今回分析を行った資料を図1～図6に示す．図1の資料No.118の天目台は総体黒で仕上げられており，酸漿は無紋で羽の部分に朱色の草花が描かれ，その葉脈等は金色の線で描かれている．土居（高台）の葉等には金色を全面に蒔き付けた表現となっている．羽での表現の拡大と，土居での表現の拡大画像を図2にまとめた．

図3の資料No.137は朱塗りの椀で，朱色地の側面には魚文，見込みには熊が彫られ，木胎の損傷が著しく朱色の塗膜も一部が失われている．一見すると黒色の線彫りに見えるが，部分的によく観察すると彫刻された箇所に金色のような色彩を見ることができる．図4には資料No.137の側面の意匠をまとめた．図5は資料No.137の見込み部分に彫られた熊の意匠を拡大したものである．熊の毛並みの表現としての線彫りと，図4の魚の表現に使用されている点彫りなど，いくつもの彫りの描写を使い分けている．単調な表現を行っておらず，少なくとも描き出す対象に合わせた彫りの技術を有していることが感じとれる．

図1 小樽市博物館所蔵　No.118の全体像（左図：側面,右図：上面）

図2 No.118の部分拡大（左図：羽の部分,右図：土居の部分に描かれた意匠）

図 3 小樽市博物館所蔵　No.137 の全体像

図 4 小樽市博物館所蔵　No.137 の側面に彫られた意匠

図6の資料 No.109 は外側内側ともに茶褐色の黒色系で仕上げられており，内側は細かな凹凸が全面にあり，その凹凸のある面の上には消し粉蒔絵と思われる加飾と漆絵が施されている．

図 5　No.137 の見込みの熊

図6 小樽市博物館所蔵 No.109の全体像

3. 調査方法

　反射光下での表面観察として，キーエンス製 デジタルマイクロスコープ（VHX-1000）を使用した．さらに反射光での観察では分かりにくい金属箇所に対し，金属の形状を詳細に観察するため日立ハイテク製 走査型電子顕微鏡（TM4000Plus）を使用した．試料片は導電性カーボンテープにて試料台に固定して，無蒸着のまま低真空状態，加速電圧10kVおよび15kVにて観察した．

4. 分析結果

4.1 表面観察

　表面の状態について観察した結果について，資料No.118は図7，資料No.137は図8，資料No.109は図9としてまとめた．それぞれの金色に見えている箇所の拡大画像を各右図として示した．今回観察対象とした資料No.118は資料No.137よりは汚れが少ないものの，表面を拡大して観察すると汚損層の存在を明確に確認することができる．朱色地に金色の線が描かれている箇所には，細かな金色の粉が分散している．しかしながらどのような形態の金属粉であるのかははっきり見えていない．一方，資料No.137では，彫られた溝にかなり厚い

汚れの蓄積が存在しており，拡大してみると朱色地から彫り溝の高低差をなくすほどの汚損層が最表面にあるとわかる．このような状態では，用いられた金属が粉状なのか箔なのか識別しにくいものがあり，反射電子像での比較が必要と考えた．資料 No.109 の剥落片は一見すると黒色をしていたが，強く反射光を当てたところ，金属の使用された箇所が存在していたとわかった．

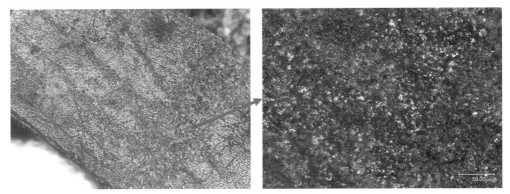

図 7 No.118 の表面（右図：金属箇所の拡大画像）

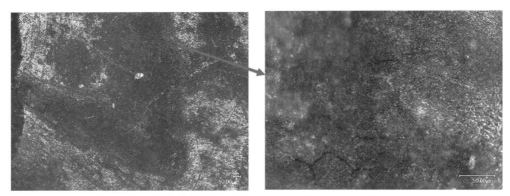

図 8 No.137 の表面（右図：金属箇所の拡大画像）

 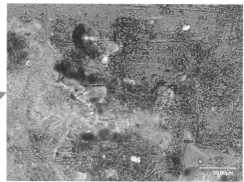

図 9 No.109 の表面（右図：拡大画像）

4.2 金属使用箇所の反射電子像観察

4.1 で観察した結果，各資料に用いられた金属の形状には差異がある可能性が示唆された．そこで金属の形状について詳細に比較するため，走査型電子顕微鏡を用いた観察を実施することとした．資料 No.118 の反射電子像は図 10，資料 No.137 の反射電子像は図 11（拡大図を図 12），資料 No.109 は図 13（拡大図を図 14）として示す．

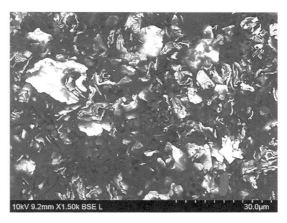

図 10　No.118 の金色箇所の反射電子像

資料 No.118 は明らかに細かな粉状の金属粉が使用されており，その厚さから金属箔を水飴などと練って粉砕してパウダー状に加工したものを用いているとわかった．漆芸分野では「消し粉」と呼称されるものであると判断した．しかしながら資料 No.118 と比較すると，資料 No.137 の金属材料は広い面を均一に覆い隠しているような状況を観察したことから，彫り溝に金属箔を使用した沈金技法が用いられている可能性が高いと推察する．つまり資料 No.137 は沈金技法の加飾が使われ，されに消し粉ではなく金属箔を用いて溝に金属を埋め込んでいると考えられる．資料 No.109 の最表面にはかなり厚い汚染層や塗膜層らしきも

のが存在しているため,表面に露出している金属の観察しかできなかった.しかしそれらのいくつかを観察したところ,図12に示した拡大画像からわかるように金属箔を加工したものを使用していると推察される.以上,3点の資料で比較した結果,いずれからも鑢粉を加工した丸粉などを使用しておらず,金属箔か箔を加工した消し粉を用いているものと判断した.

図11 No.137の金色箇所の反射電子像　　図12 No.137の金色箇所の拡大画像

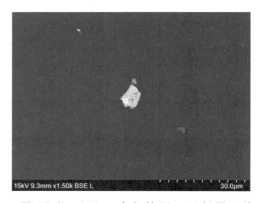 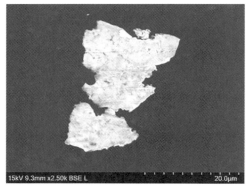

図13 No.109の金色箇所の反射電子像　　図14 No.109の金色箇所の拡大画像

5. おわりに

以上,アイヌ漆器とされている所蔵品の中から,剥落片に金属の利用が目視で確認できた資料に着目し,使用される加飾技法と金属材料の関係性を検証するために顕微鏡による調査を実施した.結果として,資料No.118および資料

No.109には消し粉蒔絵の加飾技法を使用しており,資料No.137では沈金技法で金属箔を利用している可能性が高いとわかった.このように走査型電子顕微鏡による金属箇所の観察は,反射光下での観察よりも金属の形状を明確にできるため,加飾に用いられる金属材料を推定する有用な情報を得られやすい.アイヌ漆器に関してだけでなく,加飾技法に使用されている金属の形状観察例は非常に少ない.しかしながら漆芸の加飾技法と金属材料の形態は密接な関係があり,それらを明確にしていくためにも剥落片を活用した調査事例が今後増えることを期待したい.

謝辞

資料提供にご協力いただきました小樽市総合博物館の皆様に心より感謝申し上げます.なお本研究の一部は,JSPS科研費(25282076,17H00833)および文科省卓越研究員事業の助成を受けて実施しました.

参考文献

1) 中里壽克『中尊寺金色堂と平安時代漆芸技法の研究』至文堂(1990)
2) 岡田文男『古代出土漆器の研究-顕微鏡で探る材質と技法』京都書院(1995)
3) 岡田文男「漆をきると何がわかるか」,第13回「大学と科学」公開シンポジウム組織委員会『海を渡った文化財 様々なすがたとわざ』クバプロ(1999)
4) 神谷嘉美「南蛮漆器を彩る"金色線"の形状と材質」,公開研究会「南蛮漆器の多源性を探る」予稿集,東京文化財研究所(2017)

沈金熊図文トゥキ(杯)の木地形態

小林 幸雄

元北海道開拓記念館

1. はじめに

アイヌ文化には特色ある漆製品が継承されている．これらは基本的に各地の漆器産地において生産されたものであり，交流や交易にともなう"和産物"として受け容れられ広くアイヌ社会に定着した．現在，これら漆製品の一部は伝世資料として，各地の博物館・郷土館などの関係施設に俣存されている．

筆者は，多様性と規則性が混在するかにみえる"アイヌ文化の漆椀"（以下，トゥキ(杯)[1]とする）の現状を理解するために主に形態的特徴に注目し，互いの類似性のあり方について検討することを試みた．これまでに，前々報（小林2013）では北海道開拓記念館（現北海道博物館）所蔵トゥキ(杯)91点，次いで前報（小林2014）では熊図文トゥキ(杯)など27点を加えた合計118点を取り上げて，主にトゥキ(杯)の木地形態を分類する試みのなかで，いくつかの知見を得た．骨子ついては，次のように整理される．

(a) トゥキ(杯)の所定部位から得られた計測値を統計処理することによって，調査対象全体を**形態分類することができる**．

(b) トゥキ(杯)の**木地形態は，**模様の種別と緊密に連動する．

このような成果に基づくことによって，「一定の形態分類（群）を構成し，かつ加飾・模様の**内容を共有するトゥキ(杯)は，**互いに共通する技術基盤（時代，地域など）を背景に生産された**可能性が大きい**」と推論した．今後，トゥキ(杯)の実態に触れる中で，作業仮説としての有効性を確認したい．

今回はこれまでに蓄積した調査データの中から「沈金熊図文トゥキ(杯)」および「沈金トゥキ(杯)」「熊図文トゥキ(杯)」を取り上げて，木地形態の動向と加飾・模様との関連性をあらためて検討した．ここでは，トゥキ(杯)コレクションの中でも，代表的な加飾・模様事例とされる「沈金」と「熊図文」に注目して，木地作りの特徴と相互の関係性をさぐる．

2. 資料と計測

2.1 資料

これまでに 209 点のトゥキ(杯)について，加飾・模様などの外観観察と計測を中心とした基礎的調査をおこなうなど，関連データを蓄積した．表1には，基礎資料 209 点の所蔵先と加飾・模様の内訳を整理番号順に記した．

2.2 計測

トゥキ(杯)の計測部位は，図1の模式図にあるように，外径（D），脇径(SD),台外径(KD-O)，脇高(SH)，体高(VH)，全高(H)など6カ所と定めた．なお，計測にあたっては既報（小林 2013・小林 2014)に記した方法に従っておこなった．

表1 基礎資料(209 点)一覧

種別	沈金		熊図文				沈金熊図文		その他	計	所蔵先
No.	丸文	唐草文	LR	SG	SR(D)	SR(L)	沈金LR	熊図唐草			
1～95	21	2	1	3	1	3			64	95	北海道博物館
96～99				1		3				4	北海道大学植物園博物館
100～108				2	3	4				9	市立函館博物館
109～117				2	5	1	1			9	アイヌ民族博物館
118							1			1	旭川市博物館
119～134	1	3			1				11	16	平取町立二風谷アイヌ文化博物館
135～198		1		1		1			61	64	北海道博物館
199～204		5							1	6	北海道大学植物園博物館
205～209	1	2					1	1		5	苫小牧市美術博物館
計	23	13	1	9	10	12	3	1	137	209	
	36		32				4				
	72										

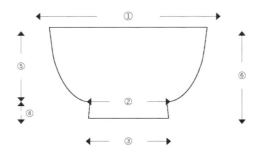

番号	略号	名称
①	D	外径
②	SD	脇径
③	KD-O	台外径
④	SH	脇高
⑤	VH	体高
⑥	H	全高

図1 計測部位

3. 結果と考察

3.1 加飾と模様の変化と種別

今回の調査対象としたのは基礎資料 209 点のうち，(1) 沈金，(2) 熊図文，および(3)沈金熊図文などの加飾・模様を有する関係資料の 72 点である．図 2 には，加飾・模様の具体例を 3 種に分けて示した．以下，図 2 に沿って概略を述べる．

3.1.1 沈金

沈金は，円形の内側に植物あるいは動物の模様を配する事例（「丸文」）と，唐草模様を描く事例（「唐草文」）の 2 種に分けられる．両者ともに模様の内容や構成の変化は大きく，とくに後者については典型的な唐草模様に加えて，本来の唐草文を簡潔に表現した事例もみられ（No.126 の波状模様など），これらを変形体と読み替えてこの種別に位置づけた．なお，沈金によって熊図模様を描く事例は後述する「沈金熊図文」の中に含めて整理した．

3.1.2 熊図文

熊図文は，前報(小林 2014)の分類に従って，LR, SG, SR-L, SR-D の 4 種に分けて表した．ただし，前報では「熊図文 LR」の事例として，黒漆を用いて熊図模様を描く事例と，沈金によって表現した事例の 2 種をともにこの事例として含めた．これに対して本稿では，前者の事例のみを「熊図文 LR」とし，後者の沈金による事例についてはこの後の「沈金熊図文」の一種「沈金熊図文 LR（沈金 LR）」と位置づけた．なお，ここで取り上げる熊図文の 4 種（LR, SG, SR-L, SR-D）は，いずれもトゥキ(杯)の内面底部＝見込み部分に熊図模様が描かれている．

3.1.3 沈金熊図文

沈金手法を用いて「熊図文」を描く事例であり，「沈金熊図文 LR(沈金 LR)」No.109・No.118・No.206 の 3 点と「沈金熊図唐草文」No.205 の 1 点の 2 種を確認した．前者のうち No.109・No.118 の 2 点は，前報において「熊図文 LR」と位置づけた中の沈金手法が用いられる事例である．加えて No.206 については，外面に「沈金唐草文」の一種が施される一方，内面には「沈金 LR」の熊図に似た彫り込みがみられる事例である．彫り込みの溝には未だ沈金が施されてはい

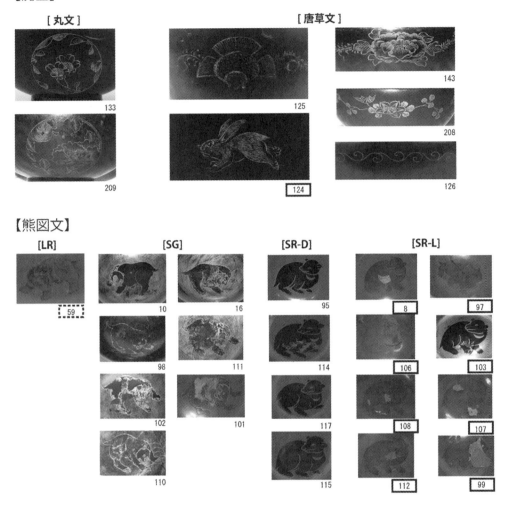

図2 加飾・模様の変化と種別

(注) 図中，番号が四角に囲まれる事例は後述するクラスター分析結果により，同じ木地形態群に属することを表す．

破線はA1群，実線はB1群に含まれることを示す．

ないが，模様自体が「沈金LR」の前段階にあると判断して今回は「沈金LR」に含めて整理した．このようにNo.206は外面に「沈金唐草文」，内面に「沈金LR」と互いに異なる趣向を同時に体現しており，この点は注目される．一方，後者(No.205)は外面に唐草模様と熊図模様を沈金によって描く事例であり，No.206とともに筆者自身は今回の調査によってはじめて具体例を確認した．

3.2 基礎統計量

表2には，計測部位6カ所について，基礎資料とするトウキ(杯)209点の基礎統計量，および今回の調査トウキ(杯)72点の平均値を記した．ここでは本稿に直接関わる事柄を中心に簡単に触れておきたい．

(1) 基礎資料209点全体の平均値Mは，トウキ(杯)相互の大(形)・中(形)・小(形)を判断する際の基準として位置づけ，この後の記述に利用した．

(2) 同じく，平均値Mと標準偏差σはトウキ(杯)の基準化変量zを算出するための基礎的数値として利用した．→ $z=(a-M)/\sigma$　ただし，a：計測値

(3) 基礎資料209点全体の平均値Mは基準化変量z=0を意味し，この後のレーダーチャートを構成する各軸において z=0 として位置づけられ，各群の木地形態を比較する際の目安となる．

図3には，調査トウキ(杯)の<外径(D)-全高(H)>散布図を示した．図中には沈金トウキ（杯）36点を「○」，熊図文トウキ（杯）32点を「△」，沈金熊図文トウキ（杯）4点を「×」，その他137点は「+」，さらに基礎資料209点の平均値を「■」として表した．基礎資料209点の平均値(外径 D=130.6 ㎜, 全高 H=72.2 ㎜)をトウキ(杯)の平均的な大きさ(＝中形)として，表2と図3に示される内容を読み取ると，調査トウキ(杯)72点の大きさには次のような傾向がみられる．基礎資料209点は大形〜中形〜小形の広い領域に比較的満遍なく分布するのに対して，沈金トウキ(杯)では大形・中形・小形，熊図文トウキ(杯)は大形と中形，沈金熊図文トウキ(杯)は大形と中形などと偏って分布する．

なお，次節のクラスター分析によると，調査トウキ(杯)72点の木地形態はA, B, Cの3群に大別される．この分類結果は，図3(下の左)における外径(D)の度数分布に示される各ピーク(大，中，小)を構成する資料群に一致する．

表2 調査トゥキ(杯)の基礎統計量

			①外径 D	②脇径 SD	③台外径 KD-O	④脇高 SH	⑤体高 VH	⑥全高 H
基礎資料全体 209点		最大値	179.0	88.0	88.2	28.2	82.0	93.8
		最小値	95.8	46.9	47.8	4.9	40.1	49.2
		差引	83.2	41.1	40.4	23.4	41.9	83.2
		平均値	130.6	62.3	64.8	13.7	58.5	72.2
		標準偏差	12.92	7.35	7.48	4.20	6.11	8.62
		変動率	0.10	0.12	0.12	0.31	0.10	0.12
沈金 36点	丸文 23点	平均値	148.0	67.2	71.5	18.0	62.6	80.5
	唐草文 13点		129.2	60.4	63.3	14.0	57.4	71.4
熊図文 32点	LR 1点		148.1	63.9	70.7	17.0	55.7	72.6
	SG 9点		127.5	63.2	64.3	9.5	55.8	65.3
	SR(D) 10点		126.1	55.0	57.0	13.0	59.7	72.7
	SR(L) 12点		124.2	60.8	62.9	12.4	56.6	69.0
沈金熊図文 4点	沈金LR 3点		138.9	64.3	66.2	16.0	54.6	70.7
	熊図唐草 1点		127.6	59.3	61.5	12.4	54.1	66.5

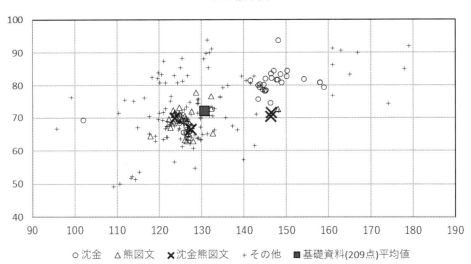

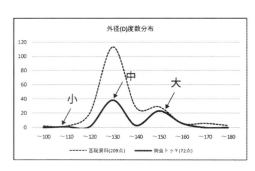

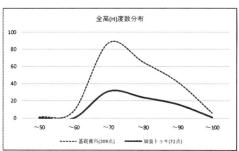

図3 調査トゥキ(杯)の大きさ

3.3 クラスター分析

クラスター分析は「似た者同士」を寄せ集めて順次クラスター(群)を形成させる統計処理であり，その結果として得られる樹状図は，調査対象相互の類似性あるいは非類似性を視覚的に表す（"見える化"する）．今回は，調査対象72点のそれぞれ6カ所から得られた計測値に基づいて互いの類似性（同時に非類似性）を確認し，結果としてそれぞれの木地形態が「どの程度似ているのか？」あるいは「どの程度似ていないか？」を判断するための目安を得ることができた．クラスター分析は具体的な方法や手順などにいくらかの変化があり，その選択が結果に反映する側面もある．今回の分析にあたっては，①個々の計測値(a)から，それぞれ基準化変量(z)に変換したものを基礎データとして（基準化変量$z=(a-M)/\sigma$　ただし，M；基礎資料209点の平均値，σ；同じく標準偏差），②クラスターの形成には群平均法を採用しておこなった．クラスター分析の結果は図4の樹状図として表される．図中の左端には調査トゥキ(杯)72点の整理番号と加飾・模様の種別を付した．

形態分類にあたっては，クラスター分析の常法に従い，はじめに**結合距離D=3**において全体の樹状図を切断して**A群(29点)，B群(42点)，C群(1点)**の3群に**大分類**した．続いて**結合距離D=1.5**において切断して**A群はA1(3点)，A2(22点)，A3(3点)，A4(1点)の4群，B群はB1(32点)，B2(10点)の2群に中分類**した．さらに後述するように，B1群については結合距離D=0.75において切断してB1a(7点)，B1b（13点），B1c（4点），B1d(1点)，B1e(1点)，B1f(6点)の6群に小分類した．これら6群のうち，「沈金熊図文トゥキ(杯)」の「熊図唐草」No.205を含むB1a群と同じく「沈金 LR<タイプⅡ>」No.206を含むB1b群については，あらためて取り上げる(3.4.2 および 3.4.3)．ここでは，大分類と中分類の内容について簡単に触れておきたい．

本稿では詳述しないが，前報，前々報における主成分分析の成果によると，トゥキ(杯)の各部位計測値に含まれる多変量情報は「大きさ指数」とバランス指数（「縦横比」と「胴脚比」）に集約される[2]．本稿ではこの結果として得られた「大きさ指数」は外径D-全高H，バランス指数を構成する「縦横比」は全高H/外径D，「胴脚比」は脇高SH/体高VHをそれぞれの代表値(代替値)として選択することで散布図を作成した(図5，図7，図8)．なお，各散布図の作成にあたっては，各群の平均値を用いて描いた．

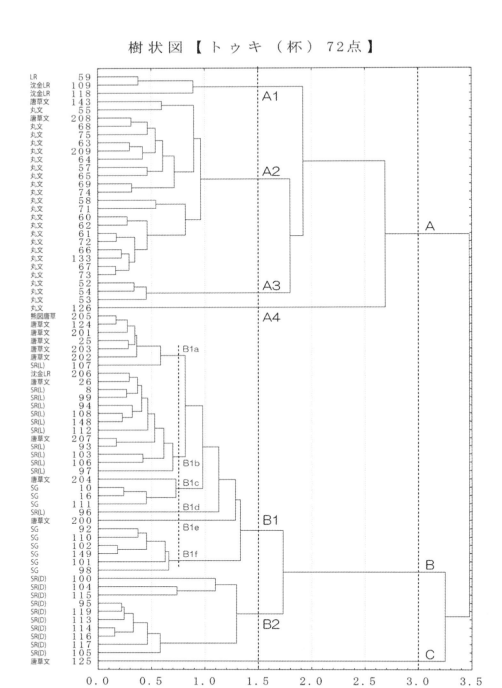

図4 クラスター分析結果(樹状図)

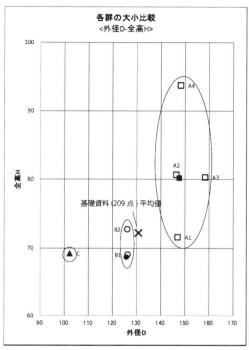
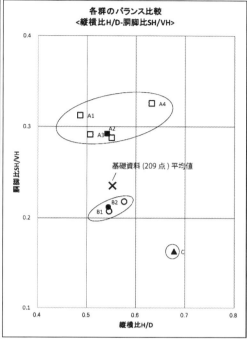

図5 分類各群の比較

表3 分類各群の形態的特徴

大分類(群)	大きさ	縦横比	胴脚比
A	大形	縦比大～横比大	脚比大
B	中形（わずかに小形）	わずかに縦比大～わずかに横比大	ごくわずかに胴比大
C	小形	縦比大	胴比大

A群中分類	大きさ	縦横比	胴脚比
A1	大形	横比大	脚比大
A2	大形	ごくわずかに横比大	脚比大
A3	大形	横比大	脚比大
A4	大形	縦比大	脚比大

B群中分類	大きさ	縦横比	胴脚比
B1	中形（わずかに小形）	わずかに横比大	ごくわずかに胴比大
B2	中形（わずかに小形）	わずかに縦比大	ごくわずかに胴比大

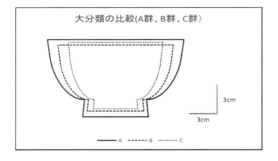 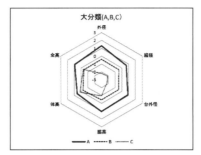

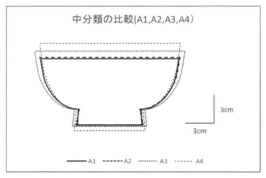 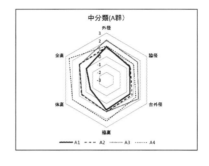

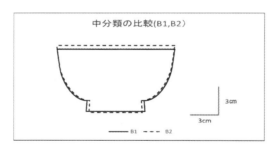 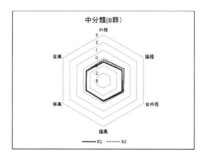

図6 分類各群の模式図とレーダーチャート

表4 クラスター分析結果一覧

大分類	種別	A				B		C	計	
		A1	A2	A3	A4	B1	B2			
沈金	丸文		20	3					23	36
	唐草文		2		1	9		1	13	
熊図文	LR	1							1	32
	SG					9			9	
	SR(D)						10		10	
	SR(L)					12			12	
沈金熊図文	沈金LR	2				1			3	4
	熊図唐草					1			1	
計		3	22	3	1	32	10	1	72	
		29				42		1		

図5では，A群のA1,A2,A3,A4は「□」，B群のB1,B2は「○」，C群は「△」（実際には1点のみのため「▲」），大分類群の平均値は黒塗りしてA群は「■」，B群は「●」，また基礎資料209点の平均値は「×」として表した．各分類群の形態的特徴については，基礎資料209点の平均値と対比することによって，「大きさ」およびバランスの「縦横比」「胴脚比」の動向として表現することができる．表3には大分類各群と中分類各群の木地形態の特徴とその傾向を整理した．

図6では，左列に模式図，右列にレーダーチャートを表した．図の上段に大分類，中段にA群の中分類，下段にB群の中分類の各群を示した．模式図では，各群の平均値（ただし，C群はNo.125, A4群はNo.126のそれぞれ1点のみ），レーダーチャートでは各群の基準化変量(z値)の平均値を用いて図を作成した．結果として各図には各群間の相対的な差異が表現されている．

トゥキ(杯)の模式図は，脇径(SD)の中心を(x,y)座標の原点(0,0)に一致させた上で各群の6計測値(各平均値)を座標平面に位置づけた．レーダーチャートは各群の6計測値(同じく平均値)から変換された基準化変量(z)を用いて描いた．軸値z=0は基礎資料209点の平均値を表し，(+)方向に大きくなると相対的に大きな値，(-)方向に大きくなると相対的に小さな値となる．図の右側には横方向（外径,脇径,台外径），左側には縦(高さ)方向（全高,体高,脇高）の値，また図の左上側には上半部（体高,外径），右下側には下半部（脇径,脇高,台外径）の値を配置しており，レーダーチャートの変化から各群トゥキ(杯)の木地形態の相対的特徴と関連させて読み取ることも可能である．例えば，C群のトゥキ(杯)は，A群，B群のトゥキ(杯)と比較すると明らかに小形であり，横方向(外径,脇径,台外径)では明らかに小さく，上半部(体高)と下半部(脇高)との比較では上半部が相対的に大である．その結果，顕著に縦比大，胴比大となるバランス傾向が表される．このことは模式図の比較にも対応する．

表4には，クラスター分析による形態分類と加飾・模様の種別との関係を一覧として示した．上端の横軸には形態分類各群，左端の縦軸には加飾・模様の種別を示して全体を構成した．この結果を受けて，付図として表4の内容を視覚的に表現した．各欄には，該当するトゥキ(杯)の模式図を配置しており，各群の形態的特徴と相互の類似性を感覚的に比較することができる．

3.4 沈金熊図文トゥキ(杯)の木地形態に関わる若干の検討

本稿では，沈金熊図文トゥキ(杯)としてNo.109, No.118, No.205, No.206の4点を位置づけた．ここでは，これらトゥキ(杯)の木地形態に注目して相互の関係をさぐることとする．

3.4.1 沈金熊図文 LR トゥキ(杯)

前述したように(3.1)，見込み部分(内面底部)に熊図模様の沈金を施した事例（No. 109, No. 118）の 2 点に加えて，同じく見込み部分に細い溝状の彫り込みを施した事例(No.206)についても沈金の前段階(準備段階)にあると判断してこの種類（沈金熊図文 LR トゥキ(杯)）に含めた．ただし，前者(No. 109, No. 118)と後者(No.206)を対比すると「模様の内容」や「木地の形態」が大きく異なるため，前者を＜タイプⅠ＞，後者を＜タイプⅡ＞として検討を進めた．

＜タイプⅠ＞　No. 109、No. 118

クラスター分析結果に示されるように，沈金熊図文 LR トゥキ(杯)＜タイプⅠ＞に位置づけられる No. 109 と No. 118 の 2 点は A1 群に属し相互の類似性はきわめて高い．また，熊図文 LR トゥキ(杯)No.59 についても 2 点との類似性は高く，3 点ともに木地形態の特徴を共有する．このことは，図 7 の「大きさ」の動向を表す＜D-H＞散布図，バランスの動向を表す＜H/D-SH/VH＞散布図においてもきわめてよく似た挙動が示される．また図 9 の模式図とレーダーチャートにおいても 3 点の差異はごくわずかであり，互いの類似性は高い．このようにクラスター分析結果をはじめ，大きさ指数とバランス指数(縦横比，胴脚比)，模式図・レーダーチャートなどの動向からみると，沈金熊図文 LR トゥキ(杯)＜タイプⅠ＞2 点と熊図文 LR トゥキ(杯)1 点とはきわめてよく類似しており，その独自性も際立っている．このことを冒頭に掲げた作業仮説の視点から眺めると，両者（沈金熊図文 LR トゥキ(杯)＜タイプⅠ＞2 点と熊図文 LR トゥキ(杯)1 点）は，熊図模様の技術・素材が「沈金によるものか？」「黒漆によるものか？」といった違いをみせるものの，互いに「共通する技術基盤を背景に生産された可能性が大きい」と判断することができる．

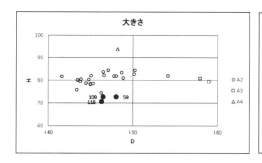 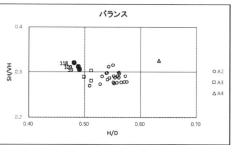

図7　沈金熊図文 LR トゥキ (杯) ＜タイプ I ＞と熊図文 LR トゥキ (杯) に関する散布図

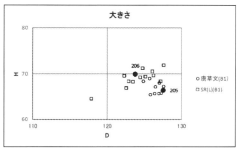 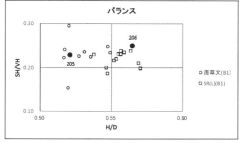

図8　沈金熊図唐草文トゥキ (杯) と沈金熊図文 LR トゥキ (杯) ＜タイプ II ＞に関する散布図

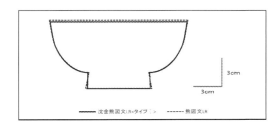 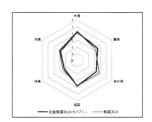

図9　沈金熊図文 LR トゥキ (杯) ＜タイプ I ＞と熊図文 LR トゥキ (杯) の模式図とレーダーチャート

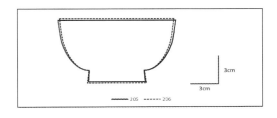 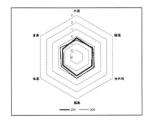

図10　沈金熊図唐草文トゥキ (杯) と沈金熊図文 LR トゥキ (杯) ＜タイプ II ＞の模式図とレーダーチャート

3.4.2 沈金熊図唐草文トゥキ(杯)と沈金熊図文LRトゥキ(杯)＜タイプⅡ＞

ここでは沈金熊図唐草文トゥキ(杯)No.205と沈金熊図文LRトゥキ(杯)＜タイプⅡ＞No.206の2点に加えて，同じB1a群とB1b群に含まれる沈金唐草文トゥキ(杯)7点，熊図文SR(L)トゥキ11点の計20点を取り上げて比較検討した．図8によるとNo.205,No.206と沈金唐草文トゥキ(杯)，熊図文SR(L)トゥキの四者は大きさ（＜D-H＞散布図），およびバランス（＜H/D-SH/VH＞散布図）のいずれも狭い領域に挙動しており互いに融和的な間柄にある．冒頭の作業仮説に照らし合わせると，これら四者は「共通する技術基盤」あるいは「互いに強い影響関係にある技術基盤」の下に生産された可能性が大きい．さらに付け加えると，沈金熊図唐草文トゥキ（杯）No.205と沈金熊図文LRトゥキ(杯)＜タイプⅡ＞No.206の2点は，ともに沈金唐草文トゥキ(杯)（あるいは熊図文SR(L)トゥキ(杯)）を母胎とする「技術基盤」の下に生産されたことが推測される．

3.4.3 再び沈金熊図文LRトゥキ(杯)＜タイプⅡ＞について　No. 206

上に述べたように，沈金熊図文LRトゥキ(杯)＜タイプⅡ＞のNo.206は，見込み部分に「熊図模様」の彫り込みが存在しなければ沈金唐草文トゥキ(杯)の範疇に含まれるものである．現況からすると，沈金唐草文トゥキ(杯)の見込み部分に対して　後から沈金LRに似た彫り込みを付した可能性が推測される．このような手順を想定すると，どのような状況（時間？場所？人？）において何故彫り込みの手が加えられたのか，さらには，このように異質な技術を体現するトゥキ(杯)の存在はアイヌ社会や漆器産地においてどのような意味を持つのかといった疑問も孕む．同時に，「類例が存在するのか？否か？」についても気がかりな点である．現在のところ，大方を今後の課題としなければならない．

4. まとめ

今回は，「沈金熊図文トゥキ(杯)」を中心に「沈金トゥキ(杯)」および「熊図文トゥキ(杯)」三者の木地形態を比較した．とりわけ「沈金熊図文トゥキ(杯)」として位置づけた沈金熊図文LRトゥキ(杯)＜タイプⅠ＞(2点)と同じく＜タイプⅡ＞(1点)および沈金熊図唐草文トゥキ(杯)(1点)の計4点に注目することによって、以下の知見を得た．

(1)「沈金熊図文LRトゥキ(杯)＜タイプⅠ＞(2点)」の木地形態はA1群に属し，相対的には「大形」「横比大」「脚比大」の特徴を有する．同じA1群に属する「熊図文LRトゥ

キ(杯)(1点)」とは木地形態の特徴が類似する．結果として，沈金熊図文 LR トゥキ(杯)＜タイプⅠ＞と熊図文トゥキ(杯)の木地形態は互いに特徴を共有し，かつ独自性をもつ．

(2)「沈金熊図唐草文トゥキ(杯)1点」No.205 は B1a 群，沈金熊図文 LR トゥキ(杯)＜タイプⅡ＞No.206 は B1b 群に属し，相対的には「中形（わずかに小形）」であり「わずかに横比大」「ごくわずかに胴比大」の特徴を有する．B1a 群，B1b 群を構成する「沈金唐草文トゥキ(杯)7点」と「熊図文 SR(L)11 点」とは「大きさ」「バランス（縦横比，胴脚比）」において互いの類似性は高い．

さらに要約すると，今回注目した沈金熊図文トゥキ(杯)4 点の木地形態は，①A1 群に属する沈金熊図文 LR トゥキ(杯)＜タイプⅠ＞の No.109, No.118 の 2 点，②B1 群に属する沈金熊図唐草文トゥキ No.205 と沈金熊図文 LR トゥキ(杯)＜タイプⅡ＞No.206 の 2 点の 2 グループに分けられる．個々の木地形態はそれぞれのグループ内において互いに類似する．筆者の作業仮説に照らし合わせると，それぞれが共通する技術基盤の下に製作された可能性が推測される．しかし現状では，①と②の技術基盤を具体的に明らかにするための手がかりはなく，今後の課題としなければならない．

アイヌ文化に継承されたトゥキ(杯)の一部は博物館などに保存されている．トゥキ(杯)をめぐる生産・流通・利用の実態やその全体像が見出されないままにある現状からすると，これら資料群から有効な情報を導き出すことは重要でありかつ急務とされるべきである．今回は「沈金熊図文トゥキ(杯)」を中心に加飾・模様と木地形態との間柄を検討することによって，トゥキ(杯)相互に緩急の関係性が存在することを確認した．このような結果には製作当時の諸条件，筆者が作業仮説とする「背景としての技術基盤」が反映する．

以上のとおり，本稿自体はごく限られた範囲内の資料を前提とした事例報告である．拙い小論が，各地に残るトゥキ(杯)コレクションに内包される諸相を明らかにするために，ささやかなりとも資するところがあれば幸いである．

謝辞

本稿の作成にあたって，所蔵先など関係機関にはご便宜をいただき，あわせて多くの方々からご協力とご助言をいただいた．記して感謝の意を表します．

注

1) アイヌ文化に継承される漆椀には，トゥキ(杯)とイタンキ(椀)の2種類が存在するとされ，筆者自身も既報(小林2013・小林2014)では，2種類を分けて記載することを試みた．一方，両者を厳密に分けることは困難であるとも指摘される．本稿では，後者の立場から，これら漆椀の総体をトゥキ(杯)として表した．
2) 前々報(小林2013)，前報(小林2014)では主成分分析を試みている．両者における分析手順などは少し異なるが，前々報では計測値13カ所の情報量を100%として大きさ指数48%，縦横比指数21%，胴脚比指数12%（計81%），前報では計測値12カ所の情報量を100%として大きさ指数51%，縦横比指数23%，胴脚比指数13%（計87%）として集約されている．

引用文献

- 小林幸雄　2014　「「アイヌ文化の漆椀」の形態分類に関する基礎的検討(2)－熊図文入漆椀と津軽塗(系)漆椀に注目して－」『北海道開拓記念館研究紀要　第42号』pp23-64　北海道開拓記念館
- 小林幸雄　2013　「「アイヌ文化の漆椀」の形態分類に関する基礎的検討－北海道開拓記念館所蔵資料の分析を手がかりとして－」『北海道開拓記念館研究紀要　第41号』pp1-42　北海道開拓記念館

大　別	種　別	A1	A2	A3
沈　金	丸文		(20)	(3)
	唐草文		(2)	
熊図文	LR	(1)		
	SG			
	SR(D)			
	SR(L)			
沈金熊図文	沈金LR	＜タイプⅠ＞ (2)		
	熊図唐草			

付図　クラスター分析結果の模式的表現(1)　　　　　　　　（　）内は点数

A4	B1	B2	C
(bowl) (1)	(bowl) (9)		(bowl) (1)
	(bowl) (9)		
		(bowl) (10)	
	(bowl) (12)		
	<タイプⅡ> (bowl) (1)		
	(bowl) (1)		5cm

付図 クラスター分析結果の模式的表現(2)　　　　（　）内は点数

付表 計測値一覧(1) 単位；mm

	No.	大別	模様	形態群	D 外径	SD 脇径	KD-O 台外径	SH 脇高	VH 体高	H 全高
1	59	熊図文	LR	A1	148.1	63.9	70.7	17.0	55.7	72.6
2	109	沈金熊図文	沈金LR	A1	146.5	65.9	70.0	17.0	54.6	71.6
3	118	沈金熊図文	沈金LR	A1	146.4	66.8	64.6	17.1	53.4	70.5
4	143	沈金	唐草文	A2	148.9	67.8	72.7	19.2	61.7	80.8
5	55	沈金	丸文	A2	154.2	69.0	73.7	18.4	63.5	81.9
6	208	沈金	唐草文	A2	141.7	66.6	70.3	17.7	63.8	81.6
7	68	沈金	丸文	A2	145.1	65.7	70.9	17.8	64.2	82.0
8	75	沈金	丸文	A2	147.8	64.4	69.3	17.6	64.1	81.7
9	63	沈金	丸文	A2	146.6	65.7	71.1	18.9	63.3	82.2
10	209	沈金	丸文	A2	148.1	67.0	69.8	18.4	63.3	81.7
11	64	沈金	丸文	A2	150.2	66.1	69.4	19.8	62.9	82.7
12	57	沈金	丸文	A2	150.3	64.1	70.5	19.3	65.1	84.4
13	65	沈金	丸文	A2	147.1	66.7	71.6	19.0	65.3	84.3
14	69	沈金	丸文	A2	148.7	62.4	69.4	18.6	64.8	83.4
15	74	沈金	丸文	A2	146.5	61.3	68.1	18.2	65.4	83.6
16	58	沈金	丸文	A2	146.3	66.6	68.7	15.8	58.6	74.4
17	71	沈金	丸文	A2	143.4	67.9	71.7	16.2	59.5	75.7
18	60	沈金	丸文	A2	145.0	68.8	72.4	17.9	60.2	78.1
19	62	沈金	丸文	A2	145.3	67.8	70.7	18.0	60.5	78.5
20	61	沈金	丸文	A2	144.5	65.9	69.9	17.5	61.1	78.6
21	72	沈金	丸文	A2	145.0	66.9	70.5	17.3	61.1	78.4
22	66	沈金	丸文	A2	143.9	66.1	71.0	18.1	62.3	80.4
23	133	沈金	丸文	A2	144.8	67.0	72.2	17.9	62.3	80.2
24	67	沈金	丸文	A2	143.8	67.1	70.6	17.2	62.1	79.3
25	73	沈金	丸文	A2	143.5	66.5	70.2	17.3	62.7	80.0
26	52	沈金	丸文	A3	158.0	75.0	77.9	17.7	63.1	80.8
27	54	沈金	丸文	A3	159.0	74.5	78.4	17.8	61.5	79.3
28	53	沈金	丸文	A3	158.0	72.6	77.2	18.8	62.0	80.8
29	126	沈金	唐草文	A4	148.2	70.0	74.9	23.0	70.7	93.7
30	205	沈金熊図文	熊図唐草	B1a	127.6	59.3	61.5	12.4	54.1	66.5
31	124	沈金	唐草文	B1a	126.5	59.0	61.3	12.8	54.4	67.2
32	201	沈金	唐草文	B1a	127.0	58.8	61.5	12.5	55.6	68.1
33	25	沈金	唐草文	B1a	127.6	57.4	60.4	12.4	54.9	67.3
34	203	沈金	唐草文	B1a	127.3	57.8	60.0	12.0	53.8	65.8
35	202	沈金	唐草文	B1a	127.0	58.7	61.0	12.8	52.9	65.7
36	107	熊図文	SR(L)	B1a	122.6	59.6	61.0	11.2	55.8	67.0
37	206	沈金熊図文	沈金LR	B1b	123.8	60.2	64.0	14.0	55.9	69.9
38	26	沈金	唐草文	B1b	124.9	60.7	64.0	13.6	54.8	68.4
39	8	熊図文	SR(L)	B1b	123.5	60.8	63.4	12.3	56.0	68.3
40	99	熊図文	SR(L)	B1b	122.9	60.9	62.6	13.2	55.3	68.4

付表 計測値一覧(2)　　　　　　　　　　　　　　　　　　　　　　　　　　　　　　単位；mm

	No.	大別	模様	形態群	D 外径	SD 脇径	KD-O 台外径	SH 脇高	VH 体高	H 全高
41	94	熊図文	SR(L)	B1b	126.3	61.3	64.2	12.4	57.3	69.7
42	108	熊図文	SR(L)	B1b	126.1	60.3	62.7	13.4	57.1	70.5
43	148	熊図文	SR(L)	B1b	125.1	60.4	63.4	13.0	56.4	69.4
44	112	熊図文	SR(L)	B1b	124.4	58.8	61.2	13.0	56.3	69.3
45	207	沈金	唐草文	B1b	125.7	63.2	65.0	13.1	56.0	69.1
46	93	熊図文	SR(L)	B1b	127.2	62.9	65.0	12.8	55.7	68.4
47	103	熊図文	SR(L)	B1b	122.3	61.7	63.0	12.1	57.5	69.6
48	106	熊図文	SR(L)	B1b	124.8	61.4	62.9	11.8	59.4	71.2
49	97	熊図文	SR(L)	B1b	127.6	61.9	65.9	13.8	58.1	71.9
50	204	沈金	唐草文	B1c	126.4	57.3	59.3	8.7	57.0	65.7
51	10	熊図文	SG	B1c	127.0	60.8	62.8	10.3	56.4	66.7
52	16	熊図文	SG	B1c	127.6	60.3	62.1	10.1	57.4	67.5
53	111	熊図文	SG	B1c	126.4	60.2	61.4	9.6	59.0	68.7
54	96	熊図文	SR(L)	B1d	117.9	59.3	59.9	10.2	54.4	64.5
55	200	沈金	唐草文	B1e	125.8	60.4	64.3	14.9	50.6	65.5
56	92	熊図文	SG	B1f	126.6	64.8	65.7	9.2	55.8	65.0
57	110	熊図文	SG	B1f	126.4	65.4	65.7	8.9	54.1	63.0
58	102	熊図文	SG	B1f	128.0	62.7	63.9	8.8	54.2	63.0
59	149	熊図文	SG	B1f	126.0	63.1	64.0	8.8	54.6	63.4
60	101	熊図文	SG	B1f	132.7	64.6	65.6	9.9	55.4	65.3
61	98	熊図文	SG	B1f	126.9	66.9	67.9	9.7	55.6	65.3
62	100	熊図文	SR(D)	B2	128.7	57.5	58.8	12.3	65.5	77.8
63	104	熊図文	SR(D)	B2	132.3	56.9	59.2	14.7	62.0	76.7
64	115	熊図文	SR(D)	B2	132.2	58.0	59.3	13.9	58.9	72.7
65	95	熊図文	SR(D)	B2	123.7	53.8	56.9	13.1	58.6	71.6
66	119	熊図文	SR(D)	B2	123.5	53.2	55.7	12.6	58.7	71.3
67	113	熊図文	SR(D)	B2	123.3	54.1	55.9	12.7	59.6	72.3
68	114	熊図文	SR(D)	B2	123.5	53.0	55.3	13.5	57.5	71.0
69	116	熊図文	SR(D)	B2	123.5	53.9	55.4	13.2	57.8	71.0
70	117	熊図文	SR(D)	B2	125.3	54.2	55.6	11.6	58.1	69.7
71	105	熊図文	SR(D)	B2	124.8	54.8	57.5	12.3	60.8	73.1
72	125	沈金	唐草文	C	102.1	46.9	48.5	9.7	59.5	69.2
				最大値	159.0	75.0	78.4	23.0	70.7	93.7
				最小値	102.1	46.9	48.5	8.7	50.6	63.0
				平均値	134.4	62.4	65.3	14.4	58.9	73.3

（注）一覧(1～72)は，クラスター分析結果の順に並べた．

Ⅳ 南部椀と浄法寺塗

南部箔椀に関する基礎的考察

浅倉 有子

上越教育大学大学院学校教育研究科

1. はじめに

　まず，懺悔から始めたいと思う．2016 年に輪島市の石川県立漆芸美術館で開館 25 周年特別記念展「漆碗の世界―時代椀と輪島塗椀―」が開催され，東京藝術大学所蔵の「枝菊箔絵漆絵椀」（南部箔椀）等，複数の南部箔椀が展示された．四柳嘉章氏は，同特別展の図録で「漆椀雑考」を発表され[1]，その中で以下のように述べられた．

　「なお，南部藩主の献上品や贈答品である南部箔椀（<u>漆下地</u>）については，詳細は省くが加賀藩でいえば御細工所に準ずる工房で製作されたと考えている．安価な<u>渋下地</u>の浄法寺椀とは製作技法や意匠が全く異なるものであり，系譜的な連続性，発展性はたどれない．いわゆる秀衡椀も同様な視点で検討してみたらいかがだろうか（下線は浅倉による）」．

　筆者浅倉は，前稿[2]で，南部箔椀も浄法寺地域（岩手県二戸市を中心とした地域）で制作されていると理解した．これは，浅倉が依拠した研究史[3]によるところと，技術史・制作に関する不認識によるものである．本科研及び前科研[4]の研究遂行の過程で，漆芸家（人間国宝）の室瀬和美氏等制作者との研究交流が生まれ，果たして箔椀が農村で制作しうるのか？という疑問を持つに至った．加えて近世における箔の生産に関して理解しないままに，前論を執筆した．

　かかる反省を踏まえて，本稿では，南部箔椀に関する基礎的な考察を行っていきたい．以下，第 2 節で南部藩の御用職人について可能な範囲で検討し，次いで第 3 節で近世における幕府の箔統制について先行研究によりながら論じ，さらに

第4節において「雑書」から見える箔及び箔椀の記事について検討し，あわせて浄法寺歴史民俗資料館の中村弥生氏にご紹介頂いた史料について論じたい．

2．南部藩の職人

まず，南部藩お抱えの職人について確認するために，同藩の家臣を網羅したとされる『参考諸家系図』全5巻[5]を紐解きたい．同書は，文久元年（1861）に星川正甫が，藩主利剛に献上したもので，一門282系，家臣2491系を網羅したものである．なお星川は，御蔵奉行，金山吟味役，勘定奉行等を歴任し，維新後には岩手県庁地理編纂掛等に就任した人物である．

著者は，一応全巻を確認したつもりであるが，塗師奉行は2例を確認したのみであった．すなわち，天和年中（1681-83）に塗師奉行を勤めた長沢満吉（同書第2巻）と，寛文7年（1667）12月に召抱られ，塗師奉行となった佐藤道朝（同書第4巻）の2例のみである．また，「大工」「鷹師」「料理方」「槍師」「鍼医」「検校」「馬医」等の記載はあるものの，「塗師」等の記載は，存在しなかった．この結果には，驚愕であった．職人がごく一部しか記されていない可能性が高いことが判明したからである．

したがって，浅倉は，別な史料を探すことに努めた．その結果，吉田義昭編『南部盛岡藩家士・諸職人総録』[6]を岩手県立図書館で手にすることができた．同書には，藩の職人に関する複数の史料が収められている．最も古い史料が，宝永5年（1708）の「御側諸職人御支配覚帳」である．なお，この史料と後に紹介する弘化4年（1847）9月改「御町並諸職人身帯帳」ともに，盛岡市の中央公民館所蔵史料であるが，現在同公民館が改修工事で閉館中のため，原本を確認することができない．従って，基本的に『南部盛岡藩家士・諸職人総録』によって論を進めることにしたい．以下，「御側諸職人御支配覚帳」の一部を引用し，また全容を表1として掲げた．表からは，刀剣に関わる打物鍛冶，飾（錺）屋，金具屋，釜屋，仕立屋，鉄炮鍛冶等，多様な職人が藩に抱えられていることが判明する．なお，本稿で引用する史料は，表題を含めて読みやすいように一部を書き改めている．

〔史料1〕

　一，　三両四人御扶持方　　　　　　　　紺屋町　　ぬいはく屋　　左助

　　　　　　　　　　　　　　　　　　　雑事代壱ケ月壱貫三百八拾文ずつ下さる

　一，　壱両弐歩弐朱四人御扶持方　　　　大工町　　ぬいはく屋　　平三郎

　　　（中略）

　一，　七人御扶持方　　　　　　　　　　　　　　ちんきんぼり　平兵衛

　　　（中略）

　一，　三人御扶持方　　　　　　　右五人江戸に在り　　　　　　五郎兵衛

表1　宝永5年　御側支配

扶持方	職掌	住居	氏名	備考
15人扶持	御絵師	在江戸	永寿	
50駄	（打物鍛冶カ）	下小路	新藤次郎兵衛	
5人扶持	（打物鍛冶カ）	油町	新藤平八	
4人扶持	かざりや	紺屋町	八郎兵衛	
10駄5人扶持	金具屋	葺手町	新蔵	
8人扶持	金具屋	紺屋町	九助	
5人扶持	金具屋	寺町	重右衛門	
5人扶持切米3駄	金具屋		六兵衛	宝永3年江戸上り、内3駄は宝永4年江戸にて下され
1人扶持	金具屋	九助一所	半五郎	
10駄8人扶持	釜屋	荒町	仁左衛門	
2両斗立1人扶持	釜屋仁左衛門弟子		左吉	
斗立1人扶持	釜屋仁左衛門弟子		清吉	
3人扶持	皮や	八まん丁	庄九郎	
5両2人扶持	切付屋	葺手町	惣兵衛	

10駄4人扶持	小細工師	下小路	小左衛門	宝永3年江戸上り、内2人扶持は宝永4年江戸にて下され
5人扶持	小細工師	十三日町新町	庄太郎	宝永3年江戸上り
3駄2人扶持	鞘師	紺屋町	惣八	
8人扶持	鞘師	大工町	藤兵衛	
5人扶持	鞘師	紺屋町	又兵衛	
5両4人扶持	御仕立屋		茂助	在所へ下る時に雑事代支給
3両5人扶持	御仕立屋	餌差丁	利右衛門	
2両4人扶持	御仕立屋	中町	吉左衛門	
2両4人扶持	御仕立屋	紺屋町	惣兵衛	
4人扶持	御仕立屋	中町	七郎兵衛	
3人扶持	御仕立屋	京町（本丁）	源五郎	
5両	御仕立や	在江戸	長三郎	
3駄	仕立屋源五郎弟子		長右衛門	
6人扶持	書図		元休	
7人扶持	ちんきん（沈金）ぼり	在江戸	平兵衛	
5人扶持	柄巻	寺町	十兵衛	原文のまま
5人扶持	柄巻	在江戸	十兵衛	原文のまま
3両2人扶持	鍔鍛冶覚助弟		市三郎	
3人扶持	鍔鍛冶	大工町	覚七	
2人扶持	鍔鍛冶		清次郎	
5両5人扶持＋雑事代	研		希栄	
9人扶持＋砥代5両	研たけや	常江戸	源八	
5人扶持	研	大工町	助右衛門	
2人扶持	とき（研）		十太郎	
20駄5人扶持	（鉄炮？）	外加賀野	台屋　武右衛門	

15駄5人扶持	（鉄炮）	紺屋町	国友 清右衛門	
10駄5人扶持	（鉄炮）	外加賀野	芝辻 惣兵衛	
3両2人扶持	国友清右衛門弟子		市十郎	
4人扶持	御表具屋	八まん丁	五郎右衛門	
2人扶持	御表具屋	荒町	五郎兵衛	
3駄3人扶持	彫物師	油町	治兵衛	
5人扶持	彫物師	荒町	文助	
3両4人扶持＋雑事代	ぬいはくや	紺屋町	左助	
1両2歩2朱4人扶持	ぬいはくや	大工町	平三郎	
3人扶持	?	在江戸	五郎兵衛	

職人名のあいうえお順に配列した．また，駄→金→扶持の多い順に配列した．

　同史料に収められている箔と漆器関係の職人である．縫箔(ぬいはく)とは，刺繍(ししゅう)と金銀の箔で布地に模様を表わす技法，「ちんきんぼり」は，沈金に関わる職人と理解しておきたい．ただし，「ちんきんぼり　平兵衛」は，「右五人江戸に在り」の一人であるので，一時的に江戸に滞在していると考えられる．表1でも，「常に江戸」と「江戸に在り」の職人が弁別されていることが分かり，盛岡にいるはずの平兵衛が，一時江戸に出ていると解される．他に，表中の「鞘師」等は，漆と関わりの深い職人である．なお，1駄は米2俵分で，高2石に換算される．

　次に時期がかなり飛ぶものの，幕末の弘化4年「御町並諸職人身帯帳」を検討したい．職人も「御小納戸支配御職人」と，「御武具支配御職人」「大納戸支配御職人」「御作事支配御職人」等と編成が分かれているが，ここでは藩主に近い「御小納戸支配御職人」に限って検討する．まず，漆に関わる職人の一部を抜き書きして史料2として掲げ，かつ全容を表2として示したい．

〔史料２〕
一，　　三駄弐人扶持　　　　御絵蒔（蒔絵の誤カ）師　　山口儀作
一，　　三駄四人扶持　　　　沈金御彫師　　　　　　　　定之助
一，　　五駄四人扶持　　　　御木地引　　　　　　　　　弥吉
一，　　三駄三人扶持　　　　御蒔絵師　　　　　　　　　三舟源六
一，　　壱人扶持　　　　　　御塗物師　　　　　　　　　市太郎
一，　　弐人扶持　　　　　　御木地引　　　　　　　　　弥十郎
一，　　弐人扶持　　　　　　御蒔絵師江戸御出入　　　　榎本安次郎

表2　弘化4年御町並諸職人

給　付	職　名	氏　名	備　考
一生の内鍛冶小頭並	御鐙鍛冶	重兵衛	天保12年10月19日御小納戸支配
3駄2人扶持	御衣服師	山田平八	
5両5人扶持	御衣服師	遠藤茂兵衛	
5両4人扶持	御衣服師	山田周右衛門	
3両4人扶持	御衣服師	津田寿平	
3両2人扶持	御衣服師	中村周作	
1両5人扶持	御衣服師	三尾直八	
3人扶持	江戸御衣服師	安藤又市	江戸
2人扶持、外四季施	御衣服師	坂本喜兵衛	
2人扶持	御衣服師	大塚儀八	
2歩3人扶持	御鋳物師	鈴木辰之助	
3人扶持	御鋳物師	喜八	
一	御鋳物師	藤田善助	
50駄	御打物鍛冶	新藤小治郎	
2両3人扶持	御打物鍛冶	重右衛門	
5人扶持	御打物鍛冶	新藤熊治	
2両2人扶持	御絵師	石川佐助	
一	御烏帽子師	五兵衛	
3両2人扶持	御飾師	又八	
4人扶持	御飾師	仁兵衛	
2人扶持	材木町刀鍛冶	儀七	

一	御合羽師	小兵衛	
一	合羽屋	中津川勇吉	江戸御出入
3駄3人扶持	甲冑御仕立師	岩井長左衛門	
5人扶持	江戸甲冑師	明珍久之助	江戸
一	土沢町甲冑御細工師	勇吉	
3駄5人扶持	御金具師	若山徳五郎	
8人扶持	御金具師	関川八百八	
5人扶持	御金具師	善四郎	
一	肴町釜師	平治	
5駄4人扶持	御木地挽	弥吉	
2人扶持	御木地挽	弥十郎	
3駄	御切付師	勘七	
5両2人扶持	御切付師	松本惣治郎	
無身帯	御くつわ師	善右衛門	
3駄2人扶持	御具足師	岩井千代松	
2人扶持	花巻御具足師	岩井章六	
一	御鞍打	穀丁　米澤才治	天保14年閏9月14日御小納戸支配、苗字帯刀御免
10駄、外4人扶持	御小細工師	阿部多助	
5両2人扶持	御小細工師	芝田平治	
5人扶持	御小細工師	根岸庄太	
1人扶持	御小細工師	理兵衛	
1両5人扶持	御紺屋	原与次右衛門	
一	紺屋職棟梁	原作兵衛	天保14年5月10日任命
3駄2人扶持	御刺物師	惣助	
8人扶持	刺物師	森田徳右衛門	江戸御出入
3駄2人扶持	御さや師	八十郎	
5人扶持	御鞘師	藤右衛門	
5人扶持	御鞘師	山口休兵衛	
2人扶持	御さや師	市太郎	
2人扶持	本町さや師	赤沢又市	

一	葺手町さや師	中村与七	
一	仕立師	理吉	
無身帯	花輪町御染師	太郎助	
2人扶持	御鷹鞦師	小沼周助	
2両	御煙草切	庄之助	
無身帯	御足袋師	与助	
一	御提灯屋	伴蔵	
2両3人扶持	御柄巻師	小沢惣七	
一	江戸柄巻師	小関長四郎	江戸
2人扶持	御鍔鍛冶	命助	
3駄4人扶持	沈金御彫師	定之助	
25駄	御鉄砲金具師	国友宗五郎	
25駄	御鉄砲師	芝辻惣左衛門	
35駄	御鉄砲台師	平塚武平治	
2人扶持	御鉄炮師	辻村左伝次	花巻住居一生の内
5人扶持	御研師	照井嘉兵衛	
3駄2人扶持	御研師	荒川市四郎	
2人扶持	御研師	源助	
3人扶持	御研師	松島金六	江戸御出入
2人扶持	本丁研師	理助	
3両4人扶持	御縫物師	与五郎	
4人扶持、外四季施	御縫物師	平蔵	
1人扶持	御塗物師	市太郎	
3人扶持	御乗物師	千代太郎	
一	御乗物師	伊右衛門	
2人扶持	御桧物師	民治	
無身帯	御桧物師	伊兵衛	
3人扶持	御表具師	石沢理兵衛	
1人扶持	表具師	永野庄兵衛	江戸御出入

2人扶持	御武具鍛冶 鉄炮師	平之丞	
一	八日町武具鍛冶	伊四郎	
一	鍛冶町筆屋	弥兵衛	
5人扶持	御彫物師	稲田源右衛門	
3人扶持	御彫物師	文次郎	
一	御彫物師	弥兵衛	
一	彫物細工	専治	文政11年8月18日細工宜しきに付き御小納戸支配職人に
3駄3人扶持	御蒔絵師	三舟源六	
3駄2人扶持	御蒔絵師	山口儀作	
2人扶持	御蒔絵師	榎本安次郎	江戸御出入
9人扶持	御鑓師	岡田庄次郎	江戸御出入
一	御鑓師	権右衛門	
一	御出入弓師	万吉	
一	肴町弓師	三宅五郎八	
2人扶持	江戸萬屋	助七	
一		越後屋金兵衛	江戸御出入、天保14年11月15日御小納戸付仰せ付けらる
3駄	一	古楯伊織	天保13年12月7日永く下され置く

職人名のあいうえお順に配列した．また，駄→金→扶持の多い順に配列した．

　表1と同様に，国元の職人が多く，江戸職人が少ないことにまず気付かされる．また，箔椀を制作する職人が見えないことも共通している．本書に講演録が収められている漆芸家で人間国宝の室瀬和美氏からは，蒔絵師が制作しているのだろうとのご意見を頂いた．従って，箔椀の加飾は，蒔絵師が行なっていたものと，当面理解しておきたい．史料2と表2によると，3名の蒔絵師が見える．3駄3人扶持の三舟源六，3駄2人扶持の山口儀作と，江戸出入りで2人扶持を給されている榎本安次郎である．このうち山口儀作については，後述する．他に5駄4人扶持の弥七と，2人扶持の弥十郎の木地引2名が見える．さらに御塗物師だけではなく，御烏帽子師，御金具師，御具足師，御鞘師等，漆と関連が深い職人も少な

からず書き上げられている．表1と比較して，職人がより多彩になり，総人数も増加していることが理解できる．なお，南部藩には，「御細工所」と称する組織があった．元禄16年（1703），「御細工所」から漆を盗んだとして，小者の助五郎ら3名が処罰されている[7]．

総じて，職人の層の厚さと，後述する領内の流通統制の問題も含めて，南部箔椀は，基本的に城下町盛岡で制作されたと考えておきたい．

3．箔座とその統制

この節では，幕府による箔の統制について，先行研究によりながら述べていきたい．

元禄9年（1696）に幕府が江戸と大坂に設置する箔座に関する数少ない貴重な研究に，平川新氏「幕藩権力と職人統制」[8]がある．平川氏は，『古事類苑』産業部等に所収された幕府による箔統制史料を用いて，箔の統制の推移について論じている．以下，平川氏の議論を踏まえて，幕府の箔統制について論じていく．

箔はいくつかの工程に分かれて製作される．そのうち延金・上澄工程は，金銀や銅・真鍮などの下金から作った延金を，澄打紙と称される和紙に一枚ごとに挟んで200枚ほど束ね，これに槌打ちを加えて千分の3ミリ程度に打延ばす工程である．ここでできたものが，上澄地金となる．この上澄地金を上箔打紙に500枚ほど挟み，さらに槌打ちを繰り返し，最終的には1万分の2〜3ミリにまで延ばして箔を仕上げる工程が，箔打である．平川氏によれば，中央都市の場合，元禄期には延金・上澄工程は澄屋，箔打工程は箔屋による分業が成立していたという．

次の史料は，『徳川禁令考』前編所収の元禄9年6月に幕府が発した「金銀箔売買の儀に付き御触書」である．その一部を〔史料3〕として示す．読点は，一部浅倉が改めた．

〔史料3〕
一, 箔屋ども所持持ち来たり候看板, 箔座え持参, 箔座の焼印を取り, 向後出し置き申すべく候, もし, 箔打ち止め候はば, 右の焼印箔座え返し申すべき事
一, 箔打ち申し候者, 箔出来候はば, 残らず箔座え持参致し, 御運上指し出し箔座極印を受け売買仕るべき事
一, 打箔屋ども, 向後上澄買い申し候はば, 上澄屋方え参り, 上澄包みに仕り, 箔座封印これ有る上澄買い取り申すべく候, 封印これ無き上澄, 一切買い申すまじき事
一, 上澄屋ども, 向後下金買い申し候はば, 下金屋え参り, 箔座封印これ無き下金, 一切買い取り申すまじく候, 上澄打ち立て申し候はば, 箔座え持参し, 御運上差し出し, 箔座指図の通り包み分け, 封印を請け, その上箔屋ども方え売り渡し申すべき事
一, 下金屋箔下金打ち立て候はば, 箔座え持参致し, 御運上差し出し, 箔座指図の通り包み分け, 封印を取り, 上澄屋ども方え売り渡し申すべく候, 封印これ無き下金売り出し申すまじき事
一, 粉, 梨地, 金銀下金吹き立て申し候ハヽ, 箔座え持参致し候て, 御運上差し出し, 極印を取り, 箔座差図の通り, 売り渡し申すべく候附り, 金具屋, 白銀屋, 鎰屋ども方え売り渡し申し候下金, 同前たり候, 極印これ無き下金, 一切売り出し申すまじく候事
一, 粉梨地屋, 金銀粉, 梨地, 下金買い取り申し候はば, 下金屋方にて, 箔座極印致し置き候下金買い取り申すべく候, 極印これ無き下金, 一切遣わす申すまじく候, 粉, 梨地出来申し候はば, 箔座え持参致し, 御運上差し出し, 箔座封印を取り, 塗師・蒔絵師どもえ売り渡し申すべく候, 京都より下り申す金銀箔, 唐箔, 粉, 梨地の類, 請け売り致候もの, 早々下り次第, 箔座え持参致し, 御運上差し出し箔座添え判を取り売買仕るべき事
　　　　　　　　　　　　　　　　　　　　　　　　　　　　以上
子六月

〔史料3〕の概要を示そう．第1条目は，箔屋たちが従来から所持してきた看板を箔座に持参して箔座の検印を受けることを求めている．第2条は，箔打は，出来上がった箔を全て箔座に持参して，箔座の極印を受けた後に売買することと述べ，第3条・第4条では，打箔屋が，箔座の封印がある上澄を上澄屋で購入すべきこと，上澄屋は，箔座の封印がある上澄を下金屋で購入し，上澄を打った後に箔座に持参して運上を出し，封印を受けた後に箔屋に売買することとする．さらに第5条で，下金屋が箔座に打ち立てた下金を持参して運上を出して封印を受け，上澄屋に売却することと述べている．打箔屋，上澄屋，下金屋が，箔生産の諸過程を担っていたことがわかる．これら諸過程の生産品，すなわち箔・上澄・下金の各種は，それぞれ箔座の検印を受け，運上金を納めなければ売買できず．また，看板への箔座焼印制も実施された．この法令は，幕府が箔座によって生産者を直接に

掌握し，それによって下金，箔類の生産と流通の全面的統制を意図したものであると，平川氏は位置付けている．

あわせて同じ6月に，幕府は以下の法令を公けにした[9]．

〔史料4〕
- 一，　金銀箔細工致し候者どもは申すに及ばず，惣じて箔類買い候はば，箔座極印致し置き候箔，買い取り申すべく候，印これ無き箔，一切遣わし申すまじき事
- 一，　塗師，蒔絵師，金銀粉，梨地屋，すり粉類類買い取り申候はば，箔座封印いたし置き候粉，梨地の類，買い取り申すべく候，封印これ無き粉，梨地一切遣わすまじき事
- 一，　金具屋，白銀師，錺屋，惣じて金銀細工仕る候者ども，箔座極印致し置く候下金，買い取り申すべく候，極印これ無き下金，一切遣わし申すまじく候，つぶし金銀類買い取り候ものこれ有り候はば，何程買い取り候由，箔座えあい断り申すべき事

　　　　　　　　　　　　　　　　　　　　　　　　　　　　　　　以上
子六月

すなわち，幕府は，金銀細工をするものは言うまでもなく，箔類を買う場合は，全て箔座の極印がある箔を購入すること，塗師，蒔絵師等が，箔座の封印がない金銀粉，梨子地粉等を購入しないこと，さらに金具屋や錺職人等が，箔座の極印が付されていない下金を購入することを禁止したのである．

その後さらに規制が強化されるものの，宝永6年（1709）3月，幕府は一転して箔座を廃止し，金箔を金座，銀箔が銀座で分掌・管轄される体制に改めたというが，具体的な内容は不明である．箔座の廃止には，新井白石の登用によるところが大きいという．これらの政策は，箔椀の生産にも少なからず影響を及ぼしたものと推測される．

4．南部藩「雑書」に見る箔・箔椀の記事

　この節では，南部藩「雑書」から，箔と箔椀に関する記事を拾い出し，南部藩における箔利用と箔椀制作の一端を掌握することに努めたい．

　まず，以下の史料に着目したい．「雑書」正保5年（1648）2月7日条である．

〔史料5〕
一，　八戸よりわざと立たせ候，御金薄拾枚，御鷹薬入用に御越し候様にと申し来たる，右二通今日遣す，但御町奉行所迄の使番鬼柳仁右衛門

領内の八戸から金薄（金箔）10枚と薬を求める書状が届き，それに対応したという内容である．正保から慶安に改元された後の慶安元年（1648）6月19日，さらに動きがあった．「江戸より河口主膳持ち下る金大薄八百枚，昨日八戸御町奉行是河宮内に誂え，八幡へ遣わす」と記されている．江戸から金の大箔800枚が持参され，八戸の町奉行是河宮内から八幡へ渡されたとある．

これに先立つ正保2年4月13日，八戸城の南西方向に所在する櫛引八幡宮の「釿（ちょうな）始め」が執行された．南部藩の総鎮守である櫛引八幡宮の造営が始まったのである．ついで閏5月28日条には，「八幡宮造営礎石居え候吉日は当六月十七日，同柱立ての吉日同廿五日の由」という託宣があった．したがって，大箔が必要な八幡宮は，櫛引八幡宮と考えられる．さらに慶安元年9月4日条には，「八幡宮造営吉日来たる十六日か廿日，両日間に御遷宮仰せ付けられる様に」あり，造営がなったことが判明する．

上記のように，大箔は，櫛引八幡宮造営のために江戸からもたらされた．しかし，その後宝永年間まで「雑書」をめくってみたものの，上記以外の箔関係史料を未だ見いだせていない（見逃している可能性もある）．幕府の箔統制は，南部藩に多大な影響を及ぼしたものと推測されるが，その影響を窺い知ることができずにいる．幕府が箔統制を強化する以前と，箔入手の困難さは変わっていないのだろうか？　南部藩には，白根金山（現秋田県鹿角市）など複数の金山が存在した．しかし，領内で箔を生産する技術はなく，全て江戸から搬入したはずである．幕府の箔統制の領内への影響の検討は，今後の大きな課題である．

次に箔椀の制作について考察したい．最も早い箔椀の生産を示す文書としては，田中庄一氏によって紹介された藩主南部重直の黒印状[10]がある．現在，二戸市の浄法寺歴史民俗資料館に所蔵されているこの文書（口絵写真1を参照）は，縦16.5

センチ，横 37.5 センチの切紙で，比較的最近の裏打ちがされている．史料の全文は，以下の通りである．なお／は，改行を示す．

〔史料6〕
　ここ元見廻いとして／干鱈五枚・薄椀／拾人前・樽一荷／到来候，誠に遠路の／処懇志の段／祝着候，なお楢山／五左衛門申し候也
　　二月七日（重直黒印）

　史料及び口絵写真 20 で明らかなように，充所が切られているため送り主が不明で，かつ「ここ元」と表現される重直の所在地が不明である．文書の内容は，不明の送り主から薄椀＝箔椀 10 人前が献上され，それに対して重直が黒印状という厚礼をもって応じていることがわかる．

　この文書は，かつて田中庄一氏から同資料館に寄贈されたもので，1987 年に「浄法寺の漆掻きと浄法寺漆の用具及び製品」として国の重要有形民俗文化財に指定された資料群の一つである．田中氏は，「ここ元」を浄法寺地域と理解しており，箔椀が浄法寺で制作された根拠としている．なお，この文書は，重直が藩主となった寛永9年（1632）から家老楢山五左衛門直隆が死去した慶安2年（1649）の間の文書と推定されている．この文書のさらなる検討も，残念ながら今後の課題とせざるを得ない．

　さて，南部藩の箔椀統制に関わる次の史料は，「雑書」寛永 21 年（1644）7月 26 日条の記述である．

〔史料7〕
　　鹿角松山口御留物の事，九ヶ条にこれを書く，五左衛門・伊賀連判，今日目時勘太夫へ遣わす
　　一，　武具類・同鉄類　　　　　　一，　紅花・柴根
　　一，　蠟漆　　　　　　　　　　　一，　油
　　一，　綿麻糸，附り布　　　　　　一，　無手形女並びに童子
　　一，　商売の馬，小荷駄迄も
　　一，　箔椀・同木地ともに　　　　一，　皮類何にても
　右の通り先年より御留物に候間，向後においていよいよ改め申すべく候，もしわき道なと隠し通し候者候はば，とらへ上げ申すべく候

右に示したように，秋田藩領との境界に位置する鹿角松山（現秋田県鹿角市）の口留番所の留物として，南部藩特産の柴根や馬，皮類とならんで箔椀と木地椀があげられており，箔椀の移出統制が既に行われていたことが示されている．同内容の書き付けが3ヶ月前の4月17日にも出されており，「蠟漆」・「薄（箔）付の器物類」が留物としてあげられている．この史料は，箔椀が国許で制作されたことを間接的に示すもので，第1節の職人の分析とも合致する．

　最後に，南部領内の職人について，これまで知られていなかった点を付言したい．付言すべき1点は，浄法寺歴史民俗資料館の中村弥生氏にご教示頂いた史料である．第1節で論じた蒔絵師の山口儀作家が，明治10年に届け出た史料の写[11]を次に示す．

〔史料8〕

山口儀作

そもそも承安三年奥州の住鎮守府将軍秀衡より甲州南部え使いを受く，これにより祖七郎父子四人・数多の職方奥州仙台に下り，多くの器の命を受け，蒔絵風雅にただ堅く製し，軍功の士にこれを用ひ，これ則ち世に南部椀と言う，それより遙かに歳霜を経て，七郎数代の孫重七，天文五年旧君を慕いて奥州三戸郡山口村に住居す，南部晴政公の命によりて南部椀を産とす，禄を賜ると雖も更に受けず，その後南部利直公の命によりて，重七曾孫儀三郎元和六年盛岡に住む，儀三郎六代の孫宇兵衛享保十一年禄を受け，産をなして今に伝える
　右の通り書上げ仕り候
　明治十歳五月廿八日

　由緒書なので必ずしも事実とは限らないが，山口儀作家は甲州出身で，奥州藤原氏第3代秀衡の招きで，多くの職人とともに仙台に赴き，蒔絵の風雅な器を数多く制作したという．これらの器は，軍功があった士に与えられた．これが世にいう南部椀である．その後，旧君（南部氏）を慕って，天文5年（1536）に浄法寺の北側の三戸郡山口村（現青森県田子町）に移住して，南部晴政の命で椀を作り続けた．さらに，元和6年（1620）に南部利直の命で盛岡に移り住み，享保11年（1726）から南部藩の禄を受けたとする．

　山口儀作が，南部藩の御用蒔絵師として3駄2人扶持の禄を受けていることは，既述の通りである．村方に出自を持つ者が，藩の御用蒔絵師としての由緒を誇る

ことも興味深い．また，儀作が居住していた山口村は，浄法寺に隣接した地域である．この事例も，したがって浄法寺地域と箔椀制作を結びつける機能を果たしている．

最後に「雑書」寛永21年7月15日条に着目したい．

〔史料9〕
一，江戸より御腰物の鞘壱つ，しんの黒とうけに塗らせ申すべき由にて，石橋八郎右衛門同心半左衛門，足沢預御小者ともに弐人にて持ち下着，即時松井左兵衛内鞘師二郎左衛門に申し付け候，但し，御鞘に御好みの注文を添え，木や九太夫に渡す

藩主の刀の鞘を「しんの黒とうけ」に塗らせるようにとの命で，江戸から盛岡に持ち帰り，松井左兵衛家内の鞘師二郎左衛門に注文したという内容である．また，同じ年の11月22日条にも，「江戸より遣わされ候御腰物の御鞘一，御脇差の御鞘一塗物御好みの事，毛馬内九左衛門よりの状書き出し，松井左兵衛内に居り候鞘師次郎左衛門に渡し候」とある．両条ともに，松井左兵衛家内の鞘師二（次）郎左衛門に依頼して藩主重直の刀と脇差の鞘を塗らせるものである．

この事例に先立って，同年6月にもやはり江戸から大脇差等の鞘の塗が，「松井左兵衛方に居住の木屋九太夫に渡」され，「鞘師名は二郎左衛門と申す由，九太夫申し上げる[12]」とある．松井方に居住している木屋九太夫を通して，鞘師二郎左衛門に塗らせるという内容である．これらの塗りは，「去る六日に江戸より御下し候御鞘，真の道花塗出来に付き，木屋九太夫持参上る[13]」と，6月28日に出来上がったようである．

松井左兵衛は，諱を秋長，陸奥会津若松藩主加藤式部少輔明成の旧臣で，重直に寛永21年に江戸で召抱えられ，500石を付与された[14]．妻は，遠野南部氏の八戸弥九郎直義（直栄）の娘であり，松井が非常に厚遇されていたことがわかる．また，かつて松井が仕えた加藤明成の妹は，重直の室であった．松井は，藩主家とは別に鞘師という職人を召抱えていることになろうか．その鞘師・二郎右衛門が，依頼されて藩主の鞘の塗りを行っている．あるいは，木屋という恐らく出入りの商

人が，二郎右衛門を抱えていたのだろうか．このような事例が一般化できるのか，まだ浅倉にはよくわかっていない．これも今後の課題とせざるを得ない．

5．おわりに

　以上，極めて初歩的かつ不十分な考察であるが，南部藩の箔椀制作に関わる基礎的な検討を行った．残された課題はあまりにも多い．再度あげると，南部藩の職人編成を時系列で明らかにしていくこと，特に箔椀の制作に関わったであろう蒔絵師についての検討を深めることが第一の課題である．第二の課題は，幕府の箔統制による南部箔椀への影響を見極めることである．そして，第三に江戸から盛岡への箔の移入について明らかにすること，第四に箔椀がどこで制作されているのかをより明確にすることがあげられる．さらに，家臣が抱えている職人について論じることもあげられる．

　今後一つずつ課題を解決していく作業を継続していきたい．

注

1) 『漆椀の世界—時代椀と輪島塗椀—』(石川県立輪島漆芸美術館，2016年)．浅倉が『東京芸術大学芸術資料館蔵品目録　漆工』(東京芸術大学芸術資料館，1987年)で確認したところ，これらの椀は，「枝菊漆絵椀」等として，「大正4年4月27日買入」と記載されている．
2) 浅倉有子「浄法寺漆器の生産と流通」(矢田俊文他編『中世の城館と集散地—中世考古学と文献研究』，高志書院，2005年)，同「蝦夷地における漆器の使途と流通—」(矢田俊文他編『都市と城館の中世』，高志書院，2010年) 等．
3) 田中庄一『南部うるし』(名著出版，1981年)，浄法寺町史編纂委員会編『浄法寺町史』上巻 (浄法寺町，1997年) 等．
4) 浅倉を代表者とする2016-18年度科学研究費補助金 (基盤研究 (B)) 「アイヌ漆器に関する学際的研究」，同じく2013-15年度科学研究費補助金 (基盤研究 (C)) 「アイヌ漆器に関する歴史的研究—文献史学と考古学，民俗学・文化人類学の連携」
5) 加藤章他編，国書刊行会，1984-5年．
6) 郷土史叢刊行会，1976年．
7) 南部藩「雑書」元禄16年3月2日条．なお，南部藩家老席日誌「雑書」は全189冊，寛永21年＝正保元年 (1644) から天保11年 (1840) が現存するが，一部欠年がある．本稿では盛岡市教育委員会他編，熊谷印刷出版部から刊行された『雑書』活字版と，雄松堂フィルム出版部から販売されたマイクロフィルム版を併用した．また，『雑書』刊行本の誤読と思われる部分は，マイクロフィルム版にて訂正した．
8) 『歴史＜東北大学＞』56号，1981年．

9) 『徳川禁令考』前集第 6（創文社，1959 年）所収 3780 号文書．また，史料 7 は，3779 号文書．
10) 浄法寺歴史資料館の目録では，「(黒印文書)」．
11) 「(山口儀作由緒書上)」．本史料は，1985 年に浄法寺塗が岩手県の伝統的工芸品に指定された時の根拠史料の一つである．本稿では，浄法寺歴史民族資料館所蔵の写しを利用した．
12) 『雑書』寛永 21 年 6 月 6 日条．
13) 『雑書』寛永 21 年 6 月 28 日条．
14) 松井については，加藤章他編『参考諸家系図』第 4 巻（国書刊行会，1985 年）．また遠野南部氏については，『参考諸家系図』第 1 巻（国書刊行会，1984 年）．

謝辞

本稿執筆にあたり，石川県立輪島漆芸美術館長の四柳嘉章氏と，二戸市の浄法寺歴史民俗資料館員の中村弥生氏に多大のご教示を頂きました．記して謝意を表します．

歴史的な浄法寺塗の塗膜分析と特徴

宮腰哲雄，出居宗一郎，本多貴之

明治大学大学院理工学研究科応用化学専攻

浅倉有子

上越教育大学大学院学校教育研究科

1. はじめに

　現在、浄法寺で製作されている漆器類は、「浄法寺塗」という名称で呼ばれている。これは、1985年に伝統的工芸品に指定された時の指定名称である。本節では、浄法寺塗の歴史を概観して行く．

　浄法寺塗は、古くは岩手県北西部の浄法寺地域（現二戸市）、浅沢地域（現八幡平市）を中心に製作された漆器である．中世においては、同地の古刹である天台宗の八葉山天台寺を中心に生産が行われていた[1]．幕藩体制の成立によって，浄法寺塗の生産の体制や流通は，近世的に改変されることになったが，天台寺は浄法寺塗の生産と流通に一定の影響力を保持し続けた．近世においては，椀・皿・片口などの挽物漆器,膳・重箱などの指物漆器,酒樽などの結物漆器など，多様な漆器が製作された．これらのうち組椀などの椀類は、「御山御器（五器）」とも称された．「御山」は、天台寺を指している．

　日常の椀類には，渋下地の無地で黒塗のものや,同じく渋下地で外側が黒塗,内側が弁柄塗の椀などがあった．17世紀半ばには,三つ椀（一汁一菜に対応する飯椀・汁椀・皿の組合せ）・四つ椀（一汁二菜の組合せ）等の漆器が,南部藩領外への移出品としての地位を獲得していた．また,寛文12年(1672),城下町盛岡の近江系商人は,「浄法寺村その他御領分中椀師ども仕出し候塗物（読みやすいように一部を書き改めた.以下同じ）」の内,箔椀以外の「四つ椀・つぼ・ひらき」や「三つ椀」などの領内産の漆器を独占的に領外へ移出することを藩に願い出て認められた[2]．その後、領外への漆器販売の独占をめぐり、浄法寺地域の村々と城下町商人との対立は続いていく[3]．同じ時期には，浄法寺地域から津軽・秋田藩領への漆器の抜荷も横行する．すなわち,17世紀には,浄法寺産の漆器が,南部藩領の有力商品としての価値を確立し,その利権をめぐって対立が深まるとともに，需要の拡大により生産が伸長したと考えられる．

他方，浄法寺塗と密接に関わるものとして，南部箔椀がある．南部箔椀は，外が黒塗，内が弁柄塗で，黄色の顔料（石黄）で枝菊を描き，あるいは針描きの技法で花弁を表現して，方形の金箔を貼るものである．下地には，漆下地，もしくは渋下地を用いるが，贈答先によって弁別された可能性が高い．箔椀は，おそらく藩主の手元で生産されていた可能性が高いと考えられるが，この点については，本書所収の拙稿を参照されたい．

　さて，蝦夷地への浄法寺塗の移出についてみよう．南部藩領の有力な港湾・野辺地の商人である野坂與治兵衛家が年度ごとに現金の所有高や在庫品等を記載した「有物覚・入方書留・諸勘定書留帳」[4]の寛保3年（1743）の項には，「一，銭拾三貫八百文　右は夷椀手取，浄法寺千太郎方に有り」と記され，浄法寺の千太郎に「夷椀」の「手取」として銭13貫余が渡されていたことが知られる．千太郎が浄法寺の職人か商人かは判然としないが，「夷椀」というアイヌに対象を限定した商品が浄法寺で生産され，野辺地商人の手によって蝦夷地へ移出されていることは注目に値する．18世紀前半は，蝦夷地において場所請負制が展開する時期に相当する．

　また一族である野坂勘三郎（勘左衛門）家の「勘定帳」[5]には，寛保2年分の勘定目録として，「一，三貫五百文　ひさげ壱個　同人（近江屋吉兵衛—引用者註）」が，前年の寛保元年の勘定には，「一，弐百文　□□□賃　盃代共に」・「一，三百文　流　わん（椀）拾人前」と，浄法寺塗が想定される記述がみえる．「ひさげ（提子）」は，小学館の『日本国語大辞典』によると「鉉（つる）と注ぎ口のついた，鍋に似てやや小形の金属製の器．湯や酒を入れてさげたり，暖めたりするのに用いる．後には，そうした形で，酒を入れて杯などに注ぐ器具にもいう」とあり，ここでは漆塗りの酒を注ぐ器を指す．浄法寺塗の移出役銭は，「一，浄法寺五器（御器）壱駄　三百文」と，1駄につき銭300文と設定されていた[6]．

　同じ野坂勘三郎家の「売掛帳」[7]には，享保2年(1717)〜同4年の「松前仕入」金が計上されている．このうち享保2年の仕入れ金は，1856両余に及ぶ．野坂家は，おそらくこの時期から積極的に蝦夷地・松前を対象とする商売に関わっていったものと考えられる．なお，野坂家が所在した野辺地湊は，延宝4年（1676）以降，秋田湊に代わって城下町盛岡の商人の荷を扱うようになったという[8]．また，南部藩の家老席日誌「雑書」慶安2年(1649)12月17日条には，松前から商船12艘が野辺地に着船し，また野辺地から商船8艘が松前に出船した旨の記事が見える．したがって野辺地湊は，17世紀半ば以降，対松前交易を初めとして，本格的に港湾としての機能を整えていったものと考えられる．

さらに付言すれば，天保 13 年(1842)の送状には，城下の村井弥右衛門宛の荷物として，「弁柄拾弐貫目入　三筃」がみえる[9]．弁柄は，浄法寺塗にも利用される顔料である．村井弥右衛門家は，近江国高島郡出身の薬種を営む家で，6代目が文政2年（1819）に元から交流のあった盛岡に住居したものである[10]．盛岡には，村井市左衛門家など，有力な近江系の城下町商人が複数存在した．

場所請負制の展開以降は，これらの漆器はまた場所請負商人によっても蝦夷地へもたらされた．近世後期になると，場所請負商人関係の史料から蝦夷地における浄法寺塗の流通の状況が窺えるようになる．

一方，アイヌ民族が漆器を宝器，祭具として重要視したことはよく知られており，漆器は対アイヌ交易の重要な物品であった．アイヌが用いた漆器には，台盃，椀，行器，耳盥，提，片口など多様なものが含まれる．以上，簡略ではあるが，浄法寺塗と南部箔椀について概略を述べた．

アイヌの社会では伝統的に人と神を繋ぐ重要な儀式や祭礼，ハレの日の儀礼具，宝物，威信具および飲食器などの生活用品として漆器は重視され重宝された．しかしアイヌ社会では漆器の生産は行なわれなかったので，いずれも交易を通じて搬入された．江戸時代前期のころのアイヌの社会には高台寺蒔絵などの優品の漆器や堅牢で実用性に優れた根来様式の漆器があり，また琉球の沈金技法や加飾を施した漆器も確認されている．これらの漆器の移入は山丹交易を含むアイヌ社会の活発な交易や交流が関係し伝世した．その後，江戸時代中期以降には松前藩などの和人社会の介入が顕著になり，浄法寺塗りなどの一般的な什器や生活用具が多くなった．この様にアイヌ社会の漆器利用の文化と歴史は時代の変化と情勢，地域性などが絡み合い変化したと考えられている[11],[12]．そのような状況の中，アイヌの漆器の中に浄法寺塗があるといわれている．その関連を明らかにするために浄法寺塗を各種科学分析法で分析し，漆器の漆材料や漆塗装構造の特徴を探った．この研究のために岩手県二戸市浄法寺歴史民俗資料館に所蔵されている漆器の中から11点を選び，それら漆塗膜を複数の科学分析で分析評価し，浄法寺塗の特徴を明らかにしたい．

アイヌの漆器は主に京漆器，若狭塗，輪島塗，会津塗，津軽塗，浄法寺塗，南部椀などさまざまな産地のものがあるといわれている．それらは主に北前船の交易で蝦夷地に運ばれ流通し，また各地の漆器商人の行商等で物々交換や交易で海を渡ったと考えられている．アイヌの漆器はどこで作られ，誰が蝦夷地に運んだのだろうか．その産地を知ることができるか，その産地同

定の科学分析のデータの収集と積み重ねが求められている．漆器の生産地を知るには，多くの生産地の漆器に関わる漆の材料情報や漆器制作の漆芸・技術などの情報が重要になる．その中でアイヌの漆器に関わる多くの研究者の中には，江戸時代後期ころのアイヌの漆器には浄法寺地域の漆器があると考えられている．そこで我々は先ず歴史的な浄法寺塗の漆膜片を詳しく科学分析して，漆の材料や漆塗装構造の特徴を探ったので，その結果を報告する．

2. 浄法寺塗の塗膜片の科学分析

歴史的に古い漆器がどのような漆を用い，漆とともにどのような材料を使い，どのような塗装技術・塗装法，漆芸で作られたかを分析し調べることで，漆器の特徴，さらにはその漆器がどこで作られたかを知るためにいろいろな科学分析を組み合わせて分析し，漆器のもつ材料情報を収集した．一つの分析法で分析対象の漆器の材料情報をすべて得ることはできない．そのため分析対象の漆器の試料量に応じて，種々の科学分析法を応用して，各種分析データを得ることになる．その一般的な分析法を次に示した（表1）．

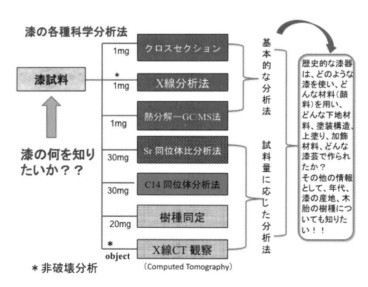

表1 歴史的な漆器の剥落片を用いたさまざまな科学分析法

これらの種々の科学分析法を応用して浄法寺歴史民俗資料館所蔵の浄法寺塗11点の塗膜を分析し，歴史的な浄法寺塗の漆材料情報と塗装構造等を調べたので報告する．

3. 浄法寺歴史民俗資料館所蔵の浄法寺塗の塗膜 11 点の科学

3.1 漆膜のクロスセクション分析と顕微 IR（赤外線吸収）スペクトル

漆の塗装構造を観察するために，塗膜の一部を用いてプレパラートを作製し，顕微鏡観察をおこなうものである．漆の塗り重ねや混和物等の特徴が観察できる．試料はエポキシ樹脂の 53 型 (株式会社 三啓社製) を用いて樹脂包埋を行った．その後試料面が出るように切断し，スライドガラスに接着し，自動研磨機で研磨を行い，試料プレパラートを作製した．これを光学顕微鏡 (ニコン社製 ECLIPSE LV100POL) を用いて観察を行った．また，作製したプレパラートを用いて，ED-XRF 装置 (堀場製作所社製) にて試料中に含まれる元素を分析した．さらに，FT/IR スペクトル測定装置 (Thermo Fisher SCIENTIFIC 社製 Nicolet iN10) を用いて，ATR 法により試料断面の FT/IR スペクトルを測定した．

3.2 漆膜の熱分解-ガスクロマトグラフ/質量分析

漆塗りの塗膜の一部をもちいて漆か否かを判定する手法である．これまでは外観観察や赤外線（IR）スペクトルによる分析が主流であったが，正確な判別は難しいものがある．漆の判定を正確におこなうためには熱分解によるウルシオールの検出がもっとも判定精度が高い．

熱分解装置はフロンティア・ラボ社製ダブルショットパイロライザー JP-2020iD，ガスクロマトグラフは Agilent 社製ガスクロマトグラム HP6890，質量分析装置は Agilent 社製 HP5975A，キャピラリー分離カラムは Ultra Alloy-PY (HT/MS，30m，直径 0．25mm，膜厚 0．25mm) を用いて分析を行った．熱分解温度は 500℃，イオン化電圧は 70eV，ガスクロマトグラム温度は 40℃ (2 分保持)-12℃/分昇温-320℃(10 分保持)，インジェクション温度は 280℃，インターフェイス温度は 280℃，質量分析計内温度は 180℃，キャピラリーガスは He，カラム温度は 40-320℃(rate 12℃／min)，カラム流量：ヘリウム 1．0mL/分の条件で分析を行った．

3.3 漆膜の蛍光 X 線分析

分析用試料に X 線を照射すると試料中の電子が高いエネルギー状態になり，これらの電子が元の状態に戻る際に蛍光を発生させる．この蛍光のエネルギーが元素ごとに異なるため，元素の種類を判別できる．この分析はクロスセクションをおこなった試料に対してもおこなうことが可能であり，各塗装層における金属元素・顔料の利用や分布を識別することができる．この分析には堀場製作所製蛍光 X 線分析装置 XGT-5200 を用いた．

3.4 分析に用いた浄法寺塗の漆膜11点の概要

　岩手県二戸市浄法寺歴史民俗資料館のご協力で同館所蔵の漆器の中から，参考資料や漆器の調査記録などから江戸時代後期から明治時代初期のものと考えられる漆器11点を選び，それらの分析用試料片を恵与していただき，それを各種科学分析で分析評価した．なお制作年代については放射性炭素14年代測定を行い確認した．

　先ず浄法寺塗11点の概要と特徴を次に記した．

「朱」の扱いについて：「塗り」に関する記載で「総朱」，「内朱外黒」などのように「朱」と表記しているが，これは本来の水銀朱（辰砂），本朱を指すのではなく，「朱色（赤色）」の意味である．厳密には使用される顔料の違いから区別しなければならないが，特定が難しい資料もあるため，一旦「朱色」として分別した．詳しくは，可能な限り，蛍光X線分析で分析評価した．

　サンプルNO.1 菓子盆（絵皿），所蔵番号：大村596，塗り：黒色．紋様：枝菊に流水，碁笥底5枚見つかっているうちの1枚で，中に「文化」銘のものがある．所蔵番号IK-07（サンプルNO.2）の菓子盆とは少し趣が異なり，産地・時代・用途・作り手の技量などについて検討が必要である．古いものではないかという説がある．

　サンプルNO.2 菓子盆（絵皿），所蔵番号：IK-07，塗り：黒色．模様：銀杏（黄）．コメント：碁笥底，典型的な浄法寺菓子盆．イチョウの黄色は石黄によると思われる．木地はブナで渋下地．大正銘のある同種ものと比較すると古いように思える．黄味が濃く，少し暗めの黄色がアイヌの漆器の紋様によく見られる．

　サンプルNO.3 南部箔椀文様：南部絵（菱箔・枝菊・雲形紋），時代は江戸時代．漆器の劣化が激しいが特有の文様の跡がある．コメント：四つ椀の内の1つと思われる．南部箔椀の木地はブナがほとんどで，カツラ材のものが稀にあるようである．秀衡椀の木地はケヤキで，本朱を使用し，南部箔椀はケヤキを使用せずベンガラで漆絵を描く．

　サンプルNO.4 飯椀（三つ椀の内の1つ）所蔵番号：4479，塗り：総朱，時代：明治初期とある．コメント：小田島昭夫家寄贈資料．

　サンプルNo.5 椀（四つ椀の2つ）所蔵番号：大村1737①②，塗り：内朱外黒色，文様：絵入の〇紋．コメント：大村1732，アイヌの漆器によく見られるタイプ．

サンプルNO.6 片口（ヒアゲ） 所蔵番号：大村2301, 内朱外黒色, 文様：轡紋・梅（朱）, 江戸時代のものか？ コメント：コレクターの中では浄法寺の古い物とされるタイプのヒアゲ. 口の紋を見ると浄法寺の特長を感じる.

サンプルNO.7 五段食籠, 塗り：総黒色, 時代：江戸時代・安政6年. コメント：地元小田島昭夫家寄贈の資料. 銘入りの木箱あり. 漆器としては大型.

サンプルNO.8 手箱（メンバコ）, 塗り：総黒色. 文様：梅・竹（朱）の加飾がある. 地元の小森家では200年位前のものと伝わっている. コメント：地元小森正直家所蔵. 蓬莱紋の図柄が有名. 朱・黄・緑の漆絵が描かれたものもある. 地元小森家の資料は単色でシンプルな図柄である. 木地は杉ではないかと言われている.

サンプルNO.9 高杯, 所蔵番号4476, 塗り：総黒色. 時代：明治初期とある. コメント：地元小田島昭夫家寄贈資料. サンプルNO.11と比較できる. 地元では台皿などとも呼ばれている.

サンプルNO.10 椀（四つ組み）, 塗り：総黒色, 文様：桜（金・朱・緑）. 江戸時代の作か. コメント：地元小田島家寄贈資料. 揃いで数十組寄贈されている. 同種の漆器に大正銘のものも有る. 小田島家ではこれらは古いものとの事. 形や塗りは浄法寺の感じだが一般向け漆器でない.

サンプルNO.11 高杯, 塗り：総黒色. 文様：桜に松葉（朱・金）. コメント：旧所有者不明. 破損品の一括資料の中にあったもの. おそらく地元収集資料. 古いものと思って選別. いわゆる一般家庭向きではない漆器である.

以上が浄法塗11点の特徴と概略を表2にまとめた.

表2 浄法寺歴史民俗資料館の漆器11点の概要

NO.	漆器の種類	資料館所蔵番号	外観・特徴
1	菓子盆	大村596	黒色, 枝菊に流水紋, 裏に「たつ，五月」の銘あり
2	菓子盆	IK-07	黒色, 銀杏（黄色）紋
3	南部箔椀	–	菱箔, 枝菊, 雲形紋の南部絵
4	飯椀	4479	総朱, 三つ組みの1つ
5	椀	大村1737	四つ組み椀の1つ
6	片口（ヒアゲ）	大村2301	内朱外黒色, 轡紋及び梅（朱）紋
7	五段食籠	–	総黒色

8	手箱（メンバコ）	-	内朱外黒色
9	高杯	4476	総黒色
10	椀	-	四つ組み椀，桜（金，朱，緑）紋
11	高杯	-	総黒色，桜に松葉（朱，金）紋

以上の漆器の写真を次に示した（写真１）．

NO.1 菓子盆

NO.2 菓子盆

NO.3 南部箔椀

NO.4 飯椀

NO.5 椀

NO.6 片口

NO.7 五段食籠

NO.8 手箱

NO.9 高杯　　　　　NO.10 椀（四つ組み）　　　　NO.11　高杯

写真1　科学分析に用いた浄法寺塗11点の写真

4. 分析結果と考察

4.1 浄法寺塗の木胎の樹種同定

　歴史的に古い時代の漆器の素地・木胎は，地元の木を使い漆器が作られていたと考えられている．例えば，京都に近い地域では常緑針葉樹ヒノキ科ヒノキ属 *Chamaecyparis obtusa* や常緑針葉樹ヒノキ科アスナロ属が使われ，輪島ではアテが，これは能登ヒバあるいはアスナロの地方名で，いわゆる常緑針葉樹ヒノキ科アスナロ属ヒノキアスナロ *Thujopsis dolabrata var. hondae* Makino の木が使われている．琉球では琉球漆器の木胎として琉球産のイヌマキ科イヌマキ属 *Podocarpus macrophylla D. Don* の木や中国産の常緑針葉樹コウヨウザン *Cunninghamia lanceolata* の木が使われ，また日本産のマツ科マツ属 *Pinus* や常緑針葉樹ヒノキ科スギ亜科スギ属 *Cryptomeria japonica* の木も使われていた．江戸時代後半から明治時代の初め頃浄法寺ではどのような種類の木が使われていたのであろうか．

　浄法寺歴史民俗資料館・中村弥生資料調査員によると浄法寺塗の木胎に使われた樹種は，古くから地元のトチノキ属やブナ属が使われていたとのことであった．そこで，それを確かめるために浄法寺歴史民俗資料館に所蔵されている漆器の中から，それらの記録や資料などから，江戸時代から明治初頭の漆器 11 点を選び，木胎の樹種や塗膜の材料の成分や塗装構造を調べた．なお，漆器の年代は，後述のように放射性炭素 14 年代測定法で詳細に調べた．

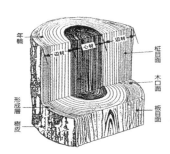

図1 樹種同定用木片の3断面のクロスセクション

　以上のように，先ず浄法寺塗に使われた木胎の樹種を調べた．漆器の木胎の樹種を決めるには，木の横断面（木口 C），接線断面（板目 T）および放射断面（柾目 R）の3断面の組織の特徴から調べられている（図1）．その結果を以下に示した．

　サンプル NO.1 菓子盆の木胎の横断面（木口 C），接線断面（板目 T）および放射断面（柾目 R）の3断面の組織を調べたところ落葉広葉樹のブナ科ブナ属 *Fagus crenata Blume* と判断した（写真2）．

写真2 サンプル NO.1 のブナ属の横断面（木口 C　左），接線断面（板目 T　中央），放射断面（柾目 R　右）の3断面のクロスセクション

　サンプル NO.2 菓子盆〜サンプル NO.5 椀，サンプル NO.7 五段食籠及びサンプル NO.9 高杯〜サンプル NO.11 高杯の木胎の木材組織の横断面（木口 C），接線断面（板目 T）および放射断面（柾目 R）の3断面を調べたところサンプル NO.1 菓子盆と同様に落葉広葉樹のブナ科ブナ属 *Fagus crenata Blume* が使われていたことが分かった．またサンプル NO.6 片口（ヒアゲ）の木胎の樹種を同様に調べたところ落葉広葉樹トチノキ科トチノキ属 *Aesculus turbinata Blume (Hippocastanaceae)* が使われていた（写真3）．

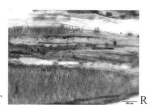

写真3 サンプル NO.6 片口のトチノキ属の横断面（木口 C 左），接線断面（板目 T 中央），放射断面（柾目 R 右）の3断面のクロスセクション

　サンプル NO.8 手箱の木胎の樹種を調べたところアカマツ，すなわち常緑針葉樹マツ科マツ属 *Pinus sylvestris* が使われていたことが認められた（写真4）．

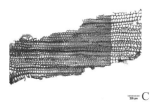

写真4 サンプル NO.8 のアカマツ属の横断面（木口 C 左），接線断面（板目 T 中央），放射断面（柾目 R 右）の3断面のクロスセクション

　以上をまとめると，浄法寺塗の木胎の樹種は，漆器に使われた木材の3断面の構造観察からそれらの樹種は落葉広葉樹のブナ科ブナ属 *Fagus crenata* Blume の利用が9点あり，落葉広葉樹トチノキ科トチノキ属 *Aesculus turbinata* Blume (Hippocastanaceae)が1点，アカマツ，すなわち常緑針葉樹マツ科マツ属 *Pinus sylvestris* の利用が1点認められた（表3）．椀類の木地にはブナ材が多く用いられたことは，浄法寺周辺にブナ林が豊富にあったことと，木地として比較的変形が少なく細工がし易いことがあるといわれている．

　今回の試料の中に含まれていなかったが浄法寺塗の木胎として落葉広葉樹のモクレン属 *Magnolia kobus* var. *borealis* Sargent の材もよく使われる材だと地元でいわれている．

　浄法寺地区では，江戸時代末期ころまで，大型の漆器用の木地に太くて入手しやすい木としてクリ属が使われ，変形の少ない落葉性トチノキ科トチノキ属も利用されたといわれている．表3の NO.6 片口の以外の同資料館所蔵の片口（黄色の轡紋付き，小田島昭夫家寄贈資料）の樹

種を調べたところブナ科クリ属 *Castanea crenata* が使われていた．そのほかの片口の樹種はツガ属 *Buxus microphylla var. japonica* やカバノキ科ハンノキ属 *Alnus hirsuta* の利用も認められた．以上のように片口の樹種はいろいろな木が使われていることが分かった．どのような理由で片口の素地・木胎の樹種の選別や選択が行われていたかについては今後の検討課題である．

表3 浄法寺歴史民俗資料館の分析用漆器11点の木胎の樹種

NO.	漆器の種類	所蔵番号	樹種
1	菓子盆	大村596	ブナ属
2	菓子盆	IK-07	ブナ属
3	南部箔椀	-	ブナ属
4	飯椀	4479	ブナ属
5	椀	大村1737	ブナ属
6	片口（ヒアゲ）	大村2301	トチノキ属
7	五段食籠	-	ブナ属
8	手箱（メンバコ）	-	アカマツ属
9	高杯	4476	ブナ属
10	椀	-	ブナ属
11	高杯	-	ブナ属

4.2 浄法寺塗の塗膜の放射性炭素14年代測定

自然界に存在する炭素（C）原子はほぼ一定の量が存在しており，大気中の酸素で酸化されて二酸化炭素になる．それらは光合成によって植物に取り込まれ，水に溶けることで食物連鎖の中に入り，すべての有機物が炭素を保有することになる．生物が生命活動を停止すると新たな炭素原子を取り組むことができなくなる．炭素元素のうちの 14C は放射性炭素と呼ばれ放射壊変を起す．その半減期は5730年であり，炭素を含む遺物の 14C 濃度を測定することで，その遺物がいつ生命活動を停止したかを知ることができる．この放射性炭素14年代測定は加速器質量分析法で浄法寺塗の塗膜を測定した（表4）．サンプル NO.1 菓子盆（所蔵番号：大村596）の塗膜片の C14 の暦年代は，2σ暦年代範囲（確率94.5%）で1665-1694（18%），1726-1814（57%），

1918（21％）の結果が得られた．またサンプル NO.2 菓子盆（所蔵番号：IK-07）の塗膜片の C14 の暦年代は，2σ暦年代範囲は 1692-1729 cal AD (27%), 1811-1920 cal AD (68%)でほぼ同じ時代であった．よってこれらの漆器の制作年代は 17 世紀半ばころから 18 世紀初めころで，江戸時代後半になる．漆器の外観はそれぞれ異なり，仕事の丁寧さに差が見受けられるが，制作年代はほぼ同じであることが分かった．なお江戸時代は 1603～1867 年である．

表 4 浄法寺塗 11 点の漆膜の炭素 14 暦年代に較正した年代範囲

NO.	種類	暦年代：放射性炭素 14 年代を暦年代に較正した年代範囲
		2σ暦年代範囲　Post-bomb NH2 2013
1	菓子盆	1665-1694 cal AD (18.0%), 1726-1814 cal AD (57%), 1918 (12%) cal AD
2	菓子盆	1692-1729 cal AD (27%), 1811-1920 cal AD (68%)
4	飯椀	1690-173 cal AD (26%), 1810-1926 cal AD (69%)
5	椀	1682-1738 cal AD (28%), 1805-1894 cal AD (56%), 1906-1932 cal AD (12%)
6	片口	1690-173 cal AD (26%), 1810-1925 cal AD (69%)
9	高杯	1662-1684 cal AD (20Z%), 1736-1805 cal AD (52%), 1935 cal AD (23%)
10	椀	1697-1724 cal AD (16%), 1814-1835 cal AD, 1877-1918 cal AD (70%)
11	高杯	1695-1727 cal AD (22%), 1812-1854 cal AD (19%), 1867-1919 cal AD (54%)

　なおサンプル NO.3 南部箔椀，サンプル NO.7 五段食籠及びサンプル NO.8 手箱の年代測定は十分なサンプル量が得られなかったので分析できなかった．しかしサンプル NO.3 南部箔椀は地元の資料館の記録・情報では江戸時代の漆器といわれている．またサンプル NO.7 五段食籠は地元の旧家小田島昭夫家の寄贈資料で江戸時代安政 6 年（1859 年）の銘がある漆器である．サンプル NO.8 手箱は地元の旧家小森正直家所蔵の 200 年前（江戸末期の 1800 年ころ）の漆器と伝承されている．以上のような所蔵記録等から分析対象の浄法寺塗の年代はいずれも江戸末期ころだと考えている．

4.3 浄法寺塗 11 点の塗膜のクロスセクションと顕微 IR スペクトル

浄法寺歴史民俗資料館所蔵の漆器 11 点の塗装構造を調べるためにクロスセクションを作成し，それを観察し分析した．またその塗膜の塗装層ごとに顕微 IR スペクトルを測定し，必要に応じて蛍光 X 線分析と，そのマッピング分析を行なった．

次に典型的な浄法寺塗であるサンプル NO.1 菓子盆の漆膜のクロスセクションを写真 5 に示した．木地の上に炭粉−柿渋下地があり，その上に精製漆を 1 回塗装した簡素な塗りであった．下地層に柿渋が使われていることはクロスセクションの下地層を，顕微 IR スペクトルを測定することで柿渋特有のスペクトルが観測されることから確認した．下地層に炭粉が使われていることはクロスセクションの下地層に黒い炭粉がたくさん認められ，その拡大図（写真 5 の右）から炭粉の存在が明確に確認された．またその蛍光 X 線分析から下地層の炭素（C）の濃度（mass%）は 99.19% で，漆層のその濃度（mass%）は 65.59% と比較して極めて高いことからも，それが炭素（C）に由来することを確認した．

写真 5 サンプル NO.1 菓子盆の黒色塗膜のクロスセクション　（左：全体像，右：拡大図）

サンプル NO.4 飯椀の内赤色の漆膜のクロスセクションを写真 6 に示した．木地の上に炭粉−柿渋下地があり，その上にベンガラ漆を 1 回塗装した簡素な塗りであった．下地層に柿渋が使われていることはクロスセクションの下地層を，顕微 IR スペクトルを測定すると柿渋特有のスペクトルが観測されることから確認した．下地層に炭粉が使われていることは，クロスセクションの下地層に黒い炭粉がたくさん認められることから判断した．なお蛍光 X 線分析の結果から下地層の炭素（C）濃度が極めて高いことからも確認した（表 5）．

写真6 サンプルNO.4飯椀の内赤色漆膜のクロスセクション

表5 サンプルNO.4 飯椀の赤色塗膜のX線分析の結果 (mass%)

分析 NO.	塗膜層	C	SiO_2	CaO	Fe_2O_3
NO.4	漆層	65.59	0.53	7.29	43.88
飯椀	下地層	99.19	-	0.81	-

　サンプルNO.3南部箔椀の外黒色漆膜のクロスセクションを写真7に示した．木地の上に炭粉－柿渋下地があり，その上に精製漆を1回塗装した簡素な塗りであった．下地層に柿渋が使われていることはクロスセクションの下地層を顕微IRスペクトルを測定すると柿渋特有のスペクトルが観測されることから確認した．下地層に炭粉が使われていることは，クロスセクションの下地層に黒い炭粉がたくさん認められることと蛍光X線分析の結果から下地層の炭素（C）濃度が極めて高いことからも確認できる．漆層の上の最上層に金箔（右 写真）が張られていることはこのクロスセクションから確認でき，それを蛍光X線分析のマッピング分析でAu（金）を確認した（写真7 右）．

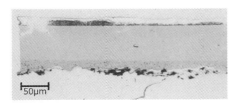 

写真7 サンプルNO.3 南部箔椀 外黒色漆膜のクロスセクション（左）

　サンプルNO.5 椀の内赤色漆膜のクロスセクションを写真8に示した．木地の上に炭粉－柿渋下地があり，その上に赤色漆を1回塗装した簡素な塗りであった．下地層に柿渋が使われている

ことはクロスセクションの下地層を顕微 IR スペクトルを測定すると柿渋特有のスペクトルが観測されることから確認した．下地層に炭粉が使われていることは，クロスセクションの下地層に黒い炭粉がたくさん認められたことと蛍光 X 線分析の結果から下地層の炭素（C）濃度が極めて高いことからも確認できた．渋下地は豆柿の柿渋とシナ（アオイ科シナノキ属 Tilia japonica の落葉高木で日本特産種である）の木の炭またはサワグルミ（クルミ科サワグルミ属 Pterocarya rhoifolia の落葉高木）の炭を水で混ぜたものを数回繰り返し塗布する．柿渋は豆柿をつぶして発酵させて作られる．これらの下地材料は広く浄法寺地域にあり，漆が木地に密着し堅牢にするために渋下地による下地作業が行われる．また一方，木地に漆が多くしみ込みすぎないようするため比較的安価な渋下地が広く採用されてきた下地作業でもある．

　一方，漆層の上層の赤色漆は熱分解-GC/MS 分析で Hg（水銀）が確認されたことと蛍光 X 線分析のマッピング分析から確認できた（写真8　右）．

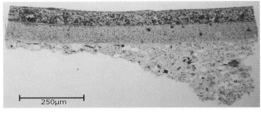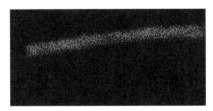

写真8　サンプル NO.5 椀の内赤色漆膜のクロスセクション

　サンプル NO.5 椀の内赤色漆膜を熱分解-GC／MS 分析すると m/z　196(0.15%), 198(9.97%), 199(16.87%), 200(23.1%), 201(13.18%), 202(29.86%)及び204(6.87%)が検出された．これは漆膜中の赤色の顔料である朱（HgS_2）が熱分解して水銀（Hg）になり，水銀には同位体があるため，m/z 196, 198, 199, 200, 201, 202 及び 204 が検出される．このことから漆膜中の赤色顔料は朱であることを確認することができた（図2）．

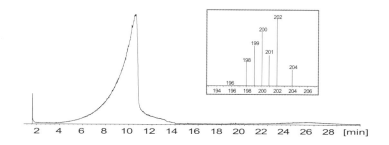

図2 朱漆膜の熱分解-GC／MS分析による朱（Hg）の確認

サンプルNO.2 菓子盆の黄色の紋様部分の塗膜のクロスセクションを写真8に示した.

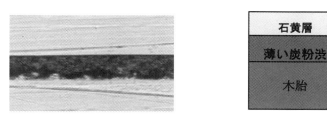

写真9 サンプルNO.2 菓子盆の黄色漆膜のクロスセクション

サンプルNO.2 菓子盆の黄色の紋様部分の塗膜を熱分解-GC／MS分析すると m/z 75 MSクロマトグラムから, m/z 74.9, 149.8, 224.7及び299.6のマススペクトルが検出される. これは黄色の顔料である石黄 As_2S_3 が熱分解して砒素（As）となり，それがオリゴマー化して $(As)_n$ =74.9(As×1), 149.8（As×2）,224.7（As×3）及び299.6（As×4）になり検出された. なお砒素Asの分子量は74.92である. このことから漆膜中の黄色顔料は石黄であることがわかった（図3）.

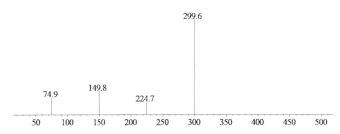

図3 黄色の漆膜の熱分解-GC/MS分析による砒素（As）の確認

4.4 浄法寺塗の塗膜11点の漆膜の赤外線吸収スペクトルと熱分解-ガスクロマトグラフィー（GC）／質量分析（MS）

浄法寺塗の下地に柿渋を使ったか漆を利用したかは塗膜のクロスセクションの下地層を顕微IR（赤外線）スペクトルを測定すると，その相違を明確に識別できる．柿渋の顕微IRスペクトルは図4の左図で，漆の顕微IRスペクトルは図4の右図である．それぞれのスペクトルの指紋領域は大きく異なることから明確に区別できる．

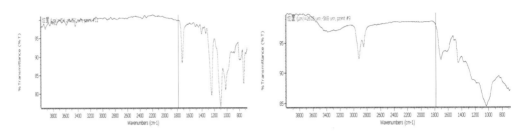

図4 標準の柿渋（左）と標準の漆（右）の顕微IRスペクトル

この結果を基に，それぞれの漆膜 NO.1〜11 のクロスセクションの下地層を顕微IRスペクトルを測定したところすべての漆器の下地層に柿渋が使われていることが分かった．また，サンプル NO.2 菓子盆の黒色塗膜のIRスペクトルもともに渋下地が認められた（図5-6）．

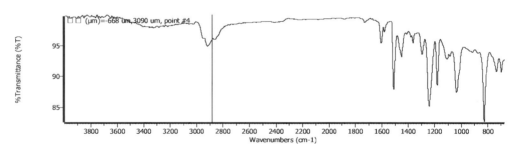

図5 サンプルNO.2 菓子盆の黒色塗膜のIRスペクトル

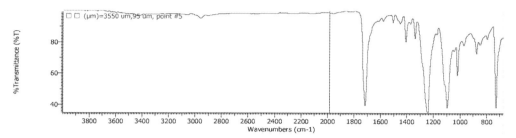

図6 サンプル NO.3 南部菓子盆の黒色塗膜の IR スペクトル

4.5 浄法寺の漆器の塗膜の熱分解−ガスクロマトグラフィー(GC)／質量分析(MS)分析

サンプル NO.1 菓子盆(黒色)の剥落塗膜を熱分解−GC／MS を用いて分析した．その TIC(全イオンクロマトグラム)からアルキルフェノール(m/z 108)を抽出したところ，ウルシオール重合物が熱分解した3−ペンタデシルフェノール(C15)と3−ヘプチルフェノール(C7)が確認された(図7)．このことからサンプル NO.1 菓子盆(黒色)の塗膜は漆膜で，それはウルシの木 Toxicodendron verniciﬂuum の樹液を用いたことがわかった．

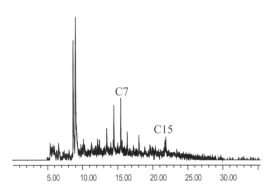

図7 サンプル NO.1 菓子盆の塗膜の熱分解−GC／MS 分析結果 m/z 108 MS クロマトグラム

m/z 60 のカルボン酸に関わる MS クロマトイオングラムを抽出するとパルミチン酸(C16)とステアリン酸(C18)などの脂肪酸類が認められた(図8)．このことから漆に乾性油を混ぜ

て使われていたことが示唆された．地元では漆にエゴマの油を加え使われたといわれている．漆の塗装・乾燥時高温多湿下で漆を乾燥硬化させると漆は早く乾燥するが塗膜の色は濃くなり，また皺が生じ易い．そこで漆に乾性油を加えて乾燥をコントロールし，また漆膜の艶をよくするために油を加えることもあり，当時どのような目的で漆に油を加えたか興味がある．

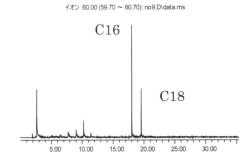

図8 サンプル NO.1 菓子盆の塗膜の熱分解-GC／MS 分析結果　m/z 60 MS クロマトグラム

MS クロマトグラム m/z 202 の抽出によりリテン retene（分子式 $C_{18}H_{18}$，分子量 234），ピレン pyrene（分子式 $C_{16}H_{10}$，分子量 202）及びフルオランテン fluoranthene（分子式 $C_{16}H_{10}$，分子量 202）が検出された（図9）．これらの化合物は煤や炭粉などのカーボン中から認められることから漆器の下地層に炭粉などのカーボンが使われ，黒色漆を得るために利用されたと考えている．

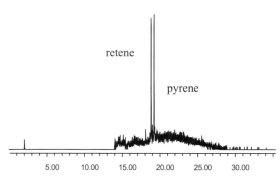

図9 サンプル NO.1 菓子盆の塗膜の熱分解-GC／MS 分析結果　m/z 202 MS クロマトグラム

更にサンプル NO.2～11 の塗膜片についても同様に熱分解-GC／MS 分析したところ MS クロマトグラム *m/z* 108 から 3-ペンタデシルフェノール（C15）と 3-ヘプチルフェノール（C7）が確認された．このことからそれらの漆器はいずれもウルシの木 *Toxicodendron vernicifluum* の樹液を用いたことがわかった．またいずれのサンプルの熱分解-GC／MS 分析の MS クロマトグラム *m/z* 60 からパルミチン酸（C16）やステアリン酸（C18）などの脂肪酸類が認められた．このことからこれらの漆器作りで漆液に乾性油を加えて，使われたことが分かった．さらに MS クロマトグラム *m/z* 202 からリテン retene，ピレン pyrene 及びフルオランテン fluoranthene が検出されことからこれらの漆器の塗膜には炭粉や煤などのカーボンが含まれ，それが黒色漆器制作や下地作りに使われていたことも分かった．

4.6 浄法寺塗の塗膜 11 点の科学分析の結果のまとめ

アイヌの漆器に関わる多くの研究者は，岩手県二戸市浄法寺地域の漆器がアイヌの漆器が含まれていると考えている．そこで我々は，先ず浄法寺の漆器を詳しく科学分析して，漆器に関わる材料情報や漆芸技術の特徴を調べた．浄法寺歴史民俗資料館に所蔵されている漆器の中から 11 点を選び，それを種々の科学分析から漆の材料情報と木胎の樹種について検討した．浄法寺歴史民俗資料館のご協力で同館所蔵の漆器の中から，資料館の資料や漆器の記録などから江戸時代後期から明治時代初期と考えられる漆器 11 点を選び，それらを各種科学分析で分析評価した．なおそれらの漆器の制作年代については放射性炭素 14 年代測定を行い確認した．

以上のまとめとして浄法寺歴史民俗資料館の江戸時代後半から明治初頭の浄法寺塗 11 点を種々の科学分析で分析したところ，椀や菓子盆（絵皿）などの漆器の木胎はブナ属の木材が使われ，その塗装法は炭粉-柿渋下地で，その上に漆を 1 層塗装し，その漆膜はおおよそ 50μm と比較的薄く簡素な塗りの漆器であることがわかった．以上のように浄法寺塗は特徴を有していることが分かった．ただ，本研究で分析した NO.6 の片口（ヒアゲ）の樹種は落葉広葉樹トチノキ科トチノキ属 *Aesculus turbinata* Blume (Hippocastanaceae)が使われていた．他の片口の樹種を調べたところ，ブナ科クリ属 *Castanea crenata*，ツガ属 *Buxus microphylla var. japonica* あるいはカバノキ科ハンノキ属 *Alnus hirsuta* の利用例もあった．このようなことから片口に使われた樹種については，さらに検討する必要がある．

今後，これらの分析結果を基にして種々のアイヌの漆器を科学分析し評価することで，歴史的なアイヌの漆器の産地同定の可能性を追求したいと考えている．

5. まとめ

アイヌの漆器の制作地を知るには，多くの漆器生産地の漆に関わる材料情報や漆器制作の漆芸や技術情報が重要になる．アイヌの漆器に関わる多くの研究者が，アイヌの漆器の中に岩手県二戸市浄法寺地域の漆器が含まれていると考えている．そこで，今回は先ず始めに，浄法寺塗の特徴を知るために浄法寺歴史民俗資料館に所蔵されている漆器の中から，江戸時代後半から明治初頭の漆器と考えられる 11 点を選び，それらを各種の科学分析で分析評価した．その結果，それらの漆器の木胎はブナ属の木材が使われ，その塗装法は炭粉−柿渋下地で，その上に漆を 1 層塗装し，その漆膜はおおよそ 50μm くらいで比較的薄い塗膜で簡素な塗りの漆器が多いことがわかった．以上が浄法寺塗の特徴だと考えている．

この特徴を基に北海道にあるアイヌの漆器やサハリン・アイヌの漆器の特色や制作地をさまざまな科学分析法で分析評価し，歴史的なアイヌの漆器の材料情報と塗装構造などを調べる研究に発展させたいと考えている．

謝辞

岩手県二戸市浄法寺歴史民俗資料館中村弥生資料調査員には，浄法寺塗の塗膜片と樹種同定のための漆器の素地・木胎を恵与していただくとともに浄法寺塗の特徴とそれに関する資料をご教授・ご教示していただきました．ここに記して厚く御礼を申し上げます．歴史的な漆器の木胎の樹種同定は明治大学黒曜石センター客員教授能城修一博士にお願いしました．ここに記して深く感謝を申し上げます．また，明治大学研究知財戦略機構の山田千里研究員に本研究論文の図・表や写真をとりまとめ編集していただきお世話になりました．ここに記して御礼を申し上げます．本研究は文部科学省科学研究費基盤研究（B）Grant Numbers 16H 03472 （研究代表者浅倉有子）による学際研究の一環として行なわれました．ここに記して厚く御礼を申し上げます．

参考文献

1) 浅倉有子「浄法寺漆器の生産と流通」（矢田俊文他編『中世の城館と集散地—中世考古学と文献研究』，高志書院，2005 年），同「蝦夷地における漆器の使途と流通—」（矢田俊文他編『都市と城館の中世』，高志書院，2010 年）。また，田中庄一『南部うるし』（名著出版，1981 年），浄法寺町史編纂委員会編『浄

法寺町史』上巻(浄法寺町, 1997 年) 等。不明な点は,浄法寺歴史民俗資料館の中村弥生氏からご教示頂いた.
2) 盛岡藩家老席日誌「雑書」寛文 12 年閏 6 月 12 日条。本稿では盛岡市教育委員会他編,熊谷印刷出版部から刊行された『雑書』活字版と,雄松堂フィルム出版部から販売されたマイクロフィルム版を併用した.
3) 参考文献 1) に同じ.
4) 本稿では,青森県史編さん室所蔵のマイクロフィルム版を利用した.
5) 野辺地町史編さん委員会編『野辺地町史』資料編第 7 集(野辺地町, 1992 年).
6) 『野辺地町史』資料編第 1 集, 1991 年.
7) 『野辺地町史』資料編第 16 集, 1996 年.
8) 『野辺地町史』通史編第 1 巻(野辺地町, 1996 年).
9) 『野辺地町史』資料編第 1 集,前出.
10) 岩手県姓氏歴史人物大辞典編纂委員会編『岩手県姓氏歴史人物大辞典』,角川書店, 1998 年)。中村弥生氏のご教示による.
11) 北野信彦,アイヌ社会と漆, 200-201, URUSHI -人と漆の 12000 年史- 国立歴史民俗博物館 2017 年.
12) 北野信彦,中・近世アイヌ史の解明に対する漆器分析の可能性, 186-194, 新しいアイヌ史の構築:先史編・古代編・中世編:「新しいアイヌ史の構築」プロジェクト報告書 2012.

岩手県二戸市浄法寺で生産された可能性のある漆器について
－新ひだか町博物館所蔵資料の検討から－

藪中 剛司

国立アイヌ民族博物館設立準備室

1. はじめに

　日本国内の博物館等に収蔵されている，いわゆるアイヌ民具資料は，資料目録等から約 25,000 点以上あり，そのうち約 5,000 点以上が漆器であると推測されている（古原編 2014）．

　漆器類の多くは，主として儀式に用いられたもので，椀，それと組み合わせる天目台，片口，盌，食籠，行器など多種多様な器種が認められ，博物館などでのアイヌ資料展示には必ずといっていいほど漆器が飾られている．しかし，残念ながらその漆器のほとんどは，生産地，生産年代など資料に由来する情報が不明である．

　そうした中，岩手県二戸市浄法寺周辺で生産されたいわゆる「浄法寺椀」，「南部椀」と称される一群の椀・片口が，アイヌ民具資料の中に含まれている可能性があり，あらためて資料の抽出を試みた．本稿はそれら「浄法寺椀」，「南部椀」の可能性を含む漆器の紹介である．

2. 浄法寺漆器

　浄法寺漆器とはどのような全体像であるのか，先学の研究から引いてみよう．

　『南部うるし』（田中 1981）のなかで田中庄一は，「今日，浄法寺椀といえば大別して二通りある．一つは後に述べる南部藩の統制管理品であった箔椀であり，一つは江戸時代初期の古文書に出てくる三ツ椀・四ツ椀を指している．前者は南部の殿様の使用する椀であり，後者の浄法寺椀は統制外のいわゆるゴキともいっているものである．大きい順に大椀・中椀・小椀と重ねておくので，三ツ重ね椀ともいわれている」さらに「浄法寺塗りというと，箔椀・黒塗り椀・朱塗り椀しかないように思われる方もいるが，決してそんなことはなく，実に多様な椀が存在する．浄法寺椀とは，浄法寺通りから産する椀の総称である」として箔椀とそれ以外の2種としている．

　また，『漆ぬりもの風土記　東日本編』（山岸 1985）で山岸寿治は，「浄法寺椀は，青森県に近い浄法寺村にある天台寺というお寺が，自家用の什器としてつくったのが始まりで，浄法寺御器

ともいって由緒深いものだ．昔は，浄法寺村でつくられていたが，工人が原木を求めて川（安比川）を遡り，二戸郡の荒沢から荒屋敷町に移った．ここの特色は，絵付けで，銀杏とか桃，菊，鶴など決まった紋様が三つ四つあって，いまも描き続けている．こうして造った品物は，浄法寺や一戸などの市で売った．いまも市は立つが漆器もんはめっきり少なくなったという」ここでは箔椀についてはふれていない．

また『漆芸事典』（光芸出版編2004）の「浄法寺塗」の一項で「現在の岩手県二戸郡浄法寺町（現二戸市）で作られた漆器．浄法寺御山の天台寺で自家用の什器を製したのがその起りとされ，当時は浄法寺御器や御山御器と称された．その後原木を求めて浄法寺川を遡り，荒屋新田，浅沢，赤坂田などに生産の中心が移り，江戸末期には荒沢村が産地で，浄法寺が市場となった．（中略）"黒漆地に黄一色で花や葉を描いた素朴なものが多く，特に椀は浄法寺椀の名で知られる．なお現在は浄法寺町は優良漆液の産地で，朱漆の飲食器を製造している」とある．

「浄法寺町史」（浄法寺町史編集員会編1997）では，浄法寺椀について「浄法寺漆器の来歴については，諸説があってにわかに断定できないと思われる」としている．「国史大辞典」（荒川1989）では「南部藩（岩手県地方）に産した漆器．この地方には「南部椀」「浄法寺椀」「秀衡椀」「正法寺椀」などと称される椀を産したが，それぞれの特徴や相違は厳密には明らかにされていない．一説には岩手県二戸郡浄法寺近辺に産する椀を南部では浄法寺椀といい，他領では南部椀と称したといわれる．

このように浄法寺周辺で生産されたこと以外はっきりとしたことが不明である浄法寺生産の漆器について，杉山寿栄男（1993）は，アイヌ民具資料を集成したなかで「南部椀」として一項目をおこして説明している．それによると「…,一方是に対して当地方に於ける往昔の庶民階級のものは如何なる形式であったかと見ると，これ等は前者のものとは異なり，木地厚く粗い挽物で木質は当地方に多い胡桃の木の如き柔かい木地に，外面黒生漆に内面紅殻朱のにぶい赤色に塗られて，その形状は恰も餓鬼草子の絵巻物に表れた椀の深いもの如くで，その文様も余り密なものはないが，却ってこの素地に相応しい簡素の文様表現は，多種椀類には全く見られない描写法を示して居った事は，恐らくこの南部地方の下手椀として特筆すべきものであると思う．この素朴にして風雅な手法は，恐らくこれまで簡素に至るまでのその製作者の技巧の経路を窺うに足りる」としている．さらに南部椀に描かれている文様について「挿図三〇上図の三ツ盛紋は南部椀として八戸地方に残された古式椀で，南部家の丸に向い鶴が略されたものに下に桐や松を添え紋

として三ツ盛式に表されたたもの，其外は単独のもので右方から桃の如きもの，雪笹か竜胆か不明，次は帆を示したか次は銀杏葉か其地方的な各種の紋章らしいものを表している．

挿図三〇にある図柄のいくつかは，図示した椀に非常によく似た特徴を有している．

図1「アイヌ芸術　挿図三〇」

図2「アイヌ芸術　図版三二　椀」　　図3「アイヌ芸術　図版三三　椀」

「図版三二　椀　イタンキ」の説明として「これらの手法がより古い時代の陸奥地方の下手椀に用いられていた表現だったと云う事は面白い」としている．

— 239 —

また,「図版三三　椀　イタンキ」では,「この木地は殆ど部厚の胡桃樹を以て粗く挽かれた木地の上に直接黒漆を塗布し,これに酸化鉄の紅殻朱か,又一名黄粉と云われる黄漆塗で極く簡単に表現されたものである」

注口の説明として「陸奥地方に於ける酒を斗るヒサゲ又はヒサゴとも云われる,その名称は5に類する提手のある器に偏提から転化したものらしい.是等片口の如き酒注はアイヌはこれをエトヌプ注口の突出した物の名称で呼んで居り,内地では近来単に片口とのみ云われて来たので,この種器は奥羽地方で生産され古くアイヌに送られて居ったものである」

図4「アイヌ芸術　図版五二　陸奥片口」　　図5『浄法寺町史（上）』口絵

さらに「浄法寺町史（上）」の口絵には「樋上　ひあげは,酒や汁ものなどを注ぐ容器で,直径10cmから40cmぐらいまで用途に応じた大きさがある.形は地方によってさまざまであるが,浄法寺のひあげは,注ぎ口がしなやかに長く独特の美しさがある.ほとんどが内朱,外黒に塗られ,口辺には工人それぞれのデザインによる装飾がほどこされるほか,注文による定紋や草花文が蒔絵されているものがある」とされる.

3. 浄法寺生産の可能性のある漆器

さて,以上のような浄法寺漆器についての様相,特に杉山の提示した南部椀の特徴を示している漆器がアイヌ資料の椀にも少なからずみられる.ここでは新ひだか町博物館所蔵の資料から浄法寺生産の可能性のある漆器について,それぞれの観察記録を記す.

椀

　椀は, アイヌ語でトゥキあるいはイタンキと呼ばれる. トゥキは天目台とセットとなり儀礼に使用される. イタンキは日常使いの食器としてトゥキと区別されるという. しかし実見する限り明瞭に区分することは難しい.

家紋

　資料番号2006 (図6-1,写真図版1-1) は, 外黒内朱であるが, 外面の黒と内面の朱は共に茶色に近い色調. 赤色漆で「丸十」が一つ描かれる. 文様の描写は粗い. 口縁部の厚さは3.1㎜.器体は, 器高は高い箇所で79.2㎜, 低い箇所で77.8㎜. 口縁部が長径127.9㎜×短径122.1㎜, 高台の長径が59.4㎜×短径54.8㎜と長円状に歪んでいる. 高台底部にV字状の刻みが2箇所あり, また高台内には線が刻まれている. 塗りは内外面共に薄い.

　資料番号2140 (図6-2,写真図版1-2) は外黒内赤. 赤色漆で「丸に二」が三つ描かれる. 文様の描写は粗い. 口縁部の厚さは3.1㎜. 器体は, 器高は高い箇所で81.0㎜, 低い箇所で79.4㎜. 口縁部が長径123.3㎜×短径122.5㎜, 高台の長径が66.5㎜×短径66.0㎜とやや長円状となっている. 内外面共にろくろを曳いた際の削り跡が同心円状に見られる. 高台内に刻線が刻まれている. 高台から器体にかけて割れがある. 塗りは内外面共に薄い.

　資料番号16253 (図6-3,写真図版2-1) は, 外黒内赤.赤色漆で「井」が三つ描かれる.文様の描写は粗い. 口縁部の厚さは2.2㎜.器体は, 器高は高い箇所で83.0㎜, 低い箇所で80.6㎜. 口縁部が長径119.5㎜×短径117.8㎜, 高台の長径が61.8㎜×短径60.6㎜と長円状に歪んでいる.高台内に刻線が刻まれている. 高台は垂直に立ち上がり, 上部には白木綿糸一本が巻かれている. 塗りは内外面共に薄い.

三つ巴

　資料番号7613 (図6-9,写真図版2-2) は外黒内赤.黄色漆 (蒔絵?) で「丸に三つ巴」紋が三つ描かれる. 文様の描写は粗い. 口縁部の厚さは1.8㎜.器体は, 器高は高い箇所で74.7㎜, 低い箇所で72.1㎜. 口縁部が長径129.0㎜×短径124.7㎜, 高台の長径が68.0㎜×短径65.5㎜と長円状に歪んでいる.

　資料番号9614 (図6-4,写真図版3-1) は, 外黒内赤.黄色漆 (蒔絵?) で「丸に三つ巴」紋が三つ描かれる. 文様の描写は粗い. 口唇部の一部が欠けている. 口縁部の厚さは2.0㎜.器体は, 器高

は高い箇所で 73.1 ㎜, 低い箇所で 71.5 ㎜. 口縁部が長径 129.7 ㎜×短径 122.3 ㎜, 高台の長径が 60.0 ㎜×短径 57.5 ㎜と長円状に歪んでいる. 塗りは内外面共に薄い.

笹竜胆

資料番号 2192（図 6-6, 写真図版 3-2）は, 内外黒.黄色漆（蒔絵？）で「笹竜胆」紋と「三つ巴」紋がそれぞれ一つ描かれる. 笹竜胆は, 他に比して丁寧に描かれる. 口縁部の厚さは 2.3 ㎜.器高は 74.3 ㎜. 口縁部が長径 110.4 ㎜×短径 103.8 ㎜, 高台の長径が 55.7 ㎜×短径 53.0 ㎜と長円状に歪んでいる. 漆の剥離が著しい.

資料番号 9620（図 6-7, 写真図版 4-1）は, 外黒内朱.黄色漆（蒔絵？）で「笹竜胆」紋と「丸に三つ巴」紋がそれぞれ一つ描かれる. 笹竜胆は, 簡略化され笹の葉 5 枚と竜胆が線で 3 つ表されている. 口縁部の厚さは 2.0 ㎜.器高は 73.0 ㎜. 口縁部が長径 131.2 ㎜×短径 130.7 ㎜, 高台の長径が 67.8 ㎜×短径 65.8 ㎜と長円状に歪んでいる. 口縁の一部が欠けている. 塗りは内外面共に薄い. 高台内に「／ ＼」状に線が刻まれている.

資料番号 16208（図 6-8, 写真図版 4-2）は, 外黒内朱.黄色漆（蒔絵？）で「笹竜胆」紋と「三つ巴」紋がそれぞれ一つ描かれる. 笹竜胆は, 非常に簡略化され笹の葉 5 枚と竜胆が線で 3 つ表されている. 口縁部の厚さは 2.5 ㎜.器高は高い箇所で 66.6 ㎜, 低い箇所で 65.6 ㎜. 口縁部が長径 133.0 ㎜×短径 125.9 ㎜, 高台の長径が 67.5 ㎜×短径 64.0 ㎜と長円状に歪んでいる. 口縁と高台の一部が欠けている. 塗りは内外面共に薄く, またムラが見られる.

資料番号 2161（図 6-9, 写真図版 5-1）は, 外黒内朱.黄色漆で「笹竜胆」紋が二つ,「三つ巴」紋が一つ描かれる. 笹竜胆は, 非常に簡略化され笹の葉 5 枚と竜胆は点 3 つで表されている. 口唇部と高台底には黄色漆が塗られている. 口縁部の厚さは 2.2 ㎜. 器高は高い箇所で 76.3 ㎜, 低い箇所で 74.1 ㎜. 口縁部が長径 121.5 ㎜×短径 120.6 ㎜, 高台の長径が 57.0 ㎜×短径 53.1 ㎜と長円状に歪んでいる. 高台内に「／＼一」（ヤマイチ）と刻線が彫られている. また高台の一部が欠けている. 塗りは内外面共に薄く, またムラが見られ, 一部は剥離している.

片口

片口は, アイヌ語でエトヌプと呼ばれ「鼻のあるもの」という意味がある. 大きなものでは一升 5 合入りのものもあるという.

資料番号 7636（図 1-10, 写真図版 5-2）は外黒内朱. 口縁, 注口, 高台の一部が欠けている. 注口を巡るように朱漆で線, 唐草様が描かれる. 器体には割れがある. 口縁部の厚さは 4.5 ㎜.器高は

119〜122 mm, 器体の口縁部は 118.4〜118.7 mm. 高台は長径が 98.0 mm, 短径が 91.7 mm で長円形を呈している. 注口部は長さ 54 ミリで, 上方を向く. 浄法寺町史の口絵にもあるように注口部の周りの加飾が特徴的である.

4. まとめ

浄法寺で生産された可能性のある漆器について, 文様や形態的特徴からみてきた. しかし現段階ではアイヌ民具資料のうち浄法寺で生産された漆器であることを客観的に示すデータを得るに至っていない. 本稿ではその可能性のある漆器について抽出したに過ぎない. 今後さらに多くの資料を対象に分析を進めるとともに分析方法も検討してゆきたい.

本題からすこしそれるが, 大正から昭和初期にかけての浄法寺の漆器の動向を知ることができる『佐藤節良家関係資料調査報告』(二戸市立浄法寺歴史民俗資料館 2016) をみてみよう.

この報告は浄法寺町内の漆器商の「売原簿」などから当該期に同町内で生産された漆器製品の器種・数量・価格・移出先などが詳細に記されている. 例えば大正 12 年一年間の都道府県別の漆器移出数では, 北海道が 38,160 個で最も多く, 次が青森県の 25,925 個, 三番目が秋田県で 15,730 個となっており, 圧倒的に北海道が多い. これは一商店だけのものなので全体を推し量ることはできないが, 浄法寺と北海道の結びつきを考えるうえで重要である.

同じく大正 10 年から昭和 7 年の間に北海道内に移出された商品の宛先（原文ママ）は次の通りとなっている.（図 7）

樺太大泊栄町, 稚内町, 幌延村, 天塩港, 名寄町, 幌加内村, 旭川市, 富良野町, 深川町, 滝川町, 沼田町, 北竜村, 岩見沢町, 砂川町, 由仁町, 夕張町, 留萌町, 増毛町, 網走町, 斜里町, 野付牛町, 雄武村, 興部村, 紋別町, 下湧別村, 根室町, 釧路市, 厚岸町, 帯広町, 豊頃村, 池田町, 札幌市, 小樽市, 余市町, 美国町, 寿都町, 岩内町, 赤井川村, 室蘭市, 伊達町, 歌笛村, 浦河町, 江差町, 函館市, 松前町, 七飯町, 大野村, 八雲町

北は樺太から, 北海道内では沿岸地から内陸部までほぼまんべんなく出荷されている様子がわかる. 出荷された商品の販売先・名称・員数・金額について同報告書の表を北海道分だけを再編したものが, 大正 10〜13 年分が表 2〜3, 大正 13 年〜昭和 2 年分が表 4〜5 である. これによると, 出荷数はほとんどが百個単位で, 中には一度の 3,000 個の椀を出荷している例もある. それらの

ほとんどが椀・汁椀と称されるものである．他県への出荷品をみると，全体に椀の占める割合が高いものの，盆・鉢・膳・輪羽・坏などがあり，北海道への椀の偏りは著しい．

道内に移入されてからの流通に関しては全く不明であるが，これらの中の一部がアイヌの使用した漆器に含まれている可能性も否定はできない．残念ながら明治期の様相は不明であるが，浄法寺と北海道との強い結びつきを裏付けるものであろう．

なお，資料番号21611, 6208, 7636, 9614, 16253について別稿で宮腰先生が塗膜片の分析をされているので参照いただきたい．

本稿を草するにあたりまして下記の機関・個人の方々のお世話になりました．記して感謝申しあげます．（敬称略）

浅倉 有子　中村 弥生　宮腰 哲雄　四柳 嘉章　古原 敏弘　小野寺 聡　斉藤 大朋　納 健二　蜂屋 忠信　新川 剛

引用・参考文献

- 古原敏弘編「アイヌ民族に伝わる漆器の調査研究－アイヌ民具としての漆器類の基礎的データの収集と分析」神奈川大学日本常民文化研究所調査報告第22集 2014 神奈川大学常民文化研究所
- 荒川浩和「南部塗」『国史大辞典』1989　吉川弘文館
- 杉山寿栄男『新装版アイヌ芸術 金工・漆器篇』1993 北海道出版企画センター
- 光芸出版編「浄法寺塗」『漆芸事典』2004 光芸出版
- 山岸寿治『漆ぬりもの風土記　東日本編』1985 雄山閣
- 田中庄一『南部うるし』1981 名著出版
- 浄法寺町史編集員会編『浄法寺町史（上）』浄法寺町 1997
- 二戸市立浄法寺歴史民俗資料館『佐藤節良家関係資料調査報告』二戸市立浄法寺歴史民俗資料館調査報告第2集 2016

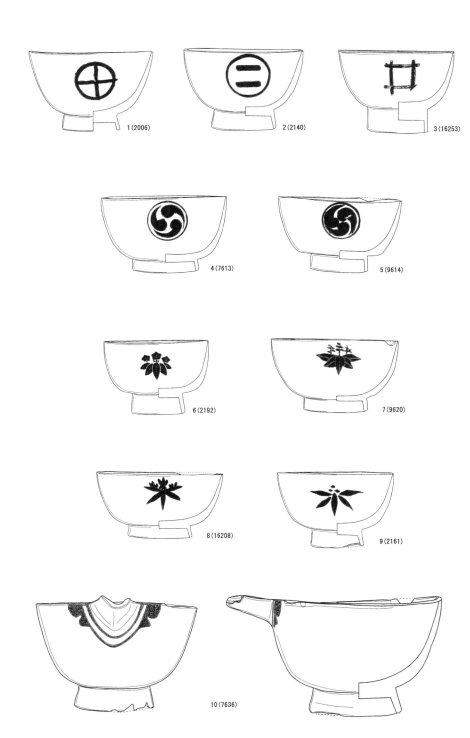

図6 漆器実測図

図7 浄法寺漆器の取引先

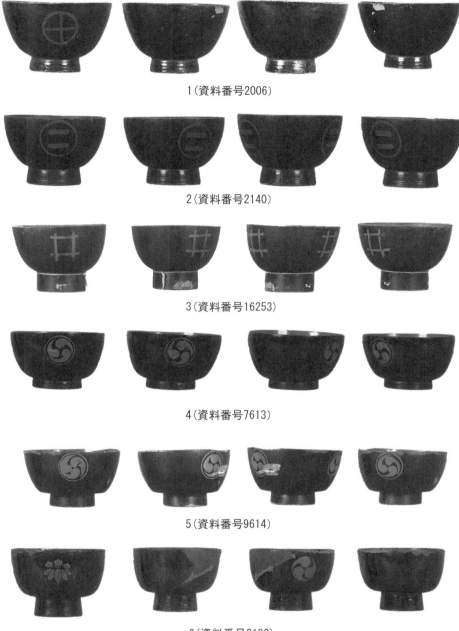

1（資料番号2006）

2（資料番号2140）

3（資料番号16253）

4（資料番号7613）

5（資料番号9614）

6（資料番号2192）

写真図版1

7（資料番号9620）

8（資料番号16208）

9（資料番号2161）

10（資料番号7636）

写真図版2

(単位：mm　g)

資料番号	長径	短径	径比	全高	高台長径	高台短径	径比	重量	文様	色調(内)	色調(外)	備考
2006	127.9	122.1	0.95	77.0	59.4	54.8	0.92	101.2	丸十(1)	朱	黒	図1-1
1292	127.0	127.5	1.00	64.0	84.8	84.9	1.00	93.3	丸十(3)	朱	黒	
2140	123.3	122.5	0.99	81.0	66.5	66.0	0.99	112.2	丸二(3)	朱	黒	図1-2
7667	122.9	121.8	0.99	79.0	59.6	59.4	1.00	109.5	丸二(3)	朱	黒	
16203	125.3	121.7	0.97	80.0	61.7	57.1	0.93	150.9	丸二(3)	朱	黒	
16204	121.0	120.3	0.99	78.0	60.8	55.6	0.91	107.3	丸二(3)	朱	黒	
16205	124.5	121.3	0.97	80.0	61.8	57.9	0.94	110.9	丸二(3)	朱	黒	
2252	118.6	117.0	0.99	81.0	61.5	61.3	1.00	109.8	井(3)	朱	黒	
7657	127.2	125.1	0.98	76.0	62.4	62.2	1.00	90.1	井(3)	朱	黒	
16211	123.3	122.3	0.99	81.0	60.3	60.3	1.00	102.5	井(3)	朱	黒	
16253	119.5	117.8	0.99	83.0	61.8	60.6	0.98	94.0	井(3)	朱	黒	図1-3
2003	112.8	108.4	0.96	74.0	52.4	50.4	0.96	86.4	丸三巴(3)	朱	黒	
2004	113.3	108.2	0.95	72.0	52.6	48.8	0.93	92.0	丸三巴(3)	朱	黒	
2005	112.5	107.4	0.95	75.0	51.4	49.5	0.96	86.9	丸三巴(3)	朱	黒	
2141	128.5	122.7	0.95	65.0	67.7	64.0	0.95	124.8	丸三巴(3)	朱	黒	
2190	114.1	109.7	0.96	73.0	56.1	52.0	0.93	74.8	丸三巴(3)	朱	黒	
2195	111.1	107.1	0.96	73.0	50.7	48.4	0.95	101.1	丸三巴(3)	朱	黒	
2253	132.1	124.6	0.94	75.0	69.6	65.0	0.93	125.8	丸三巴(3)	朱	黒	
7613	129.0	124.7	0.97	74.7	68.0	65.5	0.96	135.2	丸三巴(3)	朱	黒	図1-4 蒔絵？
9612	127.1	125.0	0.98	74.0	64.0	61.7	0.96	144.7	丸三巴(3)	朱	黒	
9614	129.7	122.3	0.94	73.1	61.8	60.6	0.98	115.3	丸三巴(3)	朱	黒	図1-5 蒔絵？
9619	128.5	124.0	0.96	76.0	62.2	58.7	0.94	146.7	丸三巴(3)	朱	黒	
16198	132.2	126.5	0.96	75.0	68.6	66.9	0.98	126.0	丸三巴(3)	朱	黒	
16199	130.4	124.0	0.95	76.0	66.5	62.9	0.95	118.4	丸三巴(3)	朱	黒	
16210	130.5	124.1	0.95	70.0	64.6	59.3	0.92	117.8	三巴(1)	朱		
2192	110.4	103.8	0.94	74.3	55.7	53.0	0.95	116.6	笹竜胆(1)、三巴(1)	黒	黒	図1-6 蒔絵？
1291	134.9	127.7	0.95	69.0	67.6	63.6	0.94	144.1	笹竜胆(1)、三巴(1)	朱	黒	
2161	121.5	120.6	0.99	76.3	57.0	52.8	0.93	89.4	笹竜胆(1)、三巴(1)	朱	黒	図1-9 口唇-黄
7681	133.7	129.9	0.97	65.0	65.6	62.4	0.95	114.2	笹竜胆(1)、三巴(1)	朱	黒	
9620	131.2	130.7	1.00	73.0	67.8	65.8	0.97	58.9	笹竜胆(1)、三巴(1)	朱	黒	図1-7 蒔絵？
16207	132.0	125.9	0.95	70.0	66.5	62.0	0.93	123.0	笹竜胆(1)、三巴(1)	朱	黒	
16208	133.0	125.9	0.95	66.6	67.5	64.0	0.95	111.0	笹竜胆(1)、三巴(1)	朱	黒	図1-8 蒔絵？
16209	(129.9)	121.4	-0.93	72.0	64.4	61.0	0.95	110.1	笹竜胆(1)、三巴(1)	朱	黒	蒔絵？
681	124.8	120.9	0.97	79.0	59.3	55.5	0.94	101.8	笹竜胆(2)、三巴(1)	朱	黒	口唇、畳付-黄
697	124.8	119.2	0.96	86.0	58.5	56.0	0.96	97.4	笹竜胆(2)、三巴(1)	朱	黒	口唇-黄
7661	126.1	117.1	0.93	84.0	57.9	55.2	0.95	117.4	笹竜胆(2)、三巴(1)	朱	黒	口唇-黄
9615	123.3	120.1	0.97	82.0	58.0	54.7	0.94	124.4	笹竜胆(2)、三巴(1)	朱	黒	口唇、畳付-黄
9616	123.1	117.6	0.96	79.0	57.1	54.0	0.95	144.2	笹竜胆(2)、三巴(1)	朱	黒	口唇、畳付-黄
9617	124.1	119.0	0.96	79.0	58.6	55.2	0.94	99.8	笹竜胆(2)、三巴(1)	朱	黒	口唇、畳付-黄
12142	123.5	119.0	0.96	81.0	58.8	55.8	0.95	119.9	笹竜胆(2)、三巴(1)	朱	黒	口唇-黄
15417	124.0	117.3	0.95	74.0	58.9	55.2	0.94	104.9	笹竜胆(2)、三巴(1)	朱	黒	口唇、畳付-黄
16200	129.2	125.2	0.97	81.0	61.8	57.5	0.93	126.9	丸杏葉	朱	黒	
9611	122.8	121.0	0.99	78.0	59.3	54.3	0.92	134.3	丸三階松(3)	朱	茶	

表1　漆器椀の計測表

※文様欄の( )内数字は文様個数

No.	年月日	販売先	品名	員数	単価(円)	金額(円)	合計(円)	No.	年月日	販売先	品名	員数	単価(円)	金額(円)	合計(円)
14	13.02.20	釧路市真砂町 水野商店	内赤汁椀	120	0.105	12.60			12.03.23		内朱汁椀	300	0.100	30.00	
			姝内洗朱汁	120	0.120	14.40					内赤汁	300	0.090	27.00	
			惣洗朱汁	120	0.150	18.00			12.06.21		内朱汁椀	480	0.100	48.00	
			内朱汁椀	120	0.115	13.80					内朱汁椀	270	0.090	24.30	
			洗朱フタ付汁	60	0.275	16.50	75.30				洗朱汁椀	40	0.125	5.00	
24	13.04.26	根室町本町 有海商店	内赤汁椀	360	0.105	37.80					内朱汁	160	0.100	16.00	
			内朱汁椀	120	0.120	14.40					洗朱汁	200	0.125	25.00	
			姝内洗朱汁	120	0.125	15.00	67.20				内朱汁	40	0.100	4.00	
25	13.03.16	網走町 中川商店	内赤汁	40	0.110	4.40					内赤汁	240	0.090	21.60	200.90
			内朱汁	80	0.120	9.60		68	11.02.05	岩内港 斉藤三太郎	漆阿羽木	850	0.051	43.35	43.34
			姝内洗朱汁	80	0.125	10.00			12.01.26		漆阿羽	1,500	0.050	75.00	
			ツガル汁	80	0.135	10.80			12.01.31		漆阿羽	3,100	0.050	155.00	
			洗朱上汁	80	0.150	12.00	46.80				漆阿羽 尺五二	104	0.130	13.52	
38	10.12.07	小樽市港町 渡辺合名会社	内朱汁椀	600	0.120	72.00					漆阿羽 尺五三	103	0.085	8.76	252.28
	10.12.17		内朱汁椀	600	0.120	72.00		69	11.02.06	函館市 水野賢蔵	姝内洗朱汁	80	0.125	10.00	
	10.12.23		内朱汁椀	600	0.120	72.00	216.00				惣洗朱汁椀	80	0.140	11.20	
	11.02.11		内朱汁椀	600	0.120	72.00			11.08.30		内朱汁椀	300	0.120	36.00	
			内朱汁椀	600	0.120	72.00					洗朱汁椀	300	0.135	40.50	
			内朱汁椀	600	0.120	72.00			11.11.30		惣洗朱汁椀	200	0.140	28.00	125.70
	11.05.11		内朱汁椀	1,800	0.115	207.00		70	11.02.11	岩内港 本間明治郎	内朱汁椀	600	0.120	72.00	72.00
	11.08.13		内朱汁椀	600	0.115	69.00			12.01.20		内朱汁椀	600	0.100	60.00	60.00
	11.09.20		内朱汁椀	600	0.115	69.00			13.01.21		ツガル内洗朱汁	100	0.135	13.50	
			姝内洗朱汁	600	0.120	14.40					洗朱輪島汁	80	0.135	10.80	
	11.10.16		内朱汁椀	600	0.115	69.00					内朱汁	120	0.120	14.40	
	11.11.24		内朱汁椀	1,800	0.105	189.00	741.00		13.01.13		内朱汁椀	600	0.110	66.00	104.70
	12.02.23		内朱汁椀	600	0.100	60.00		73	11.02.11	根室弥生町 青木ヨセ	内朱汁	300	0.110	33.00	
			内朱汁	600	0.100	60.00					内朱汁	100	0.120	12.00	
	12.09.26		内朱汁椀	600	0.100	60.00					惣洗朱汁椀	200	0.140	28.00	
			内朱汁	600	0.100	60.00			11.07.15		内朱汁椀	320	0.105	33.60	
			内朱汁	600	0.100	60.00					内朱汁椀	280	0.115	32.20	138.80
	12.11.03		内朱汁	3,000	0.110	330.00	690.00		12.05.06		内朱汁	200	0.100	20.00	
39	13.11.23	小樽市港町 渡辺合名会社	洗朱汁椀 並	280	0.125	25.00					姝内洗朱汁	160	0.105	16.80	
			洗朱汁椀 上	320	0.140	44.80					惣洗朱汁	80	0.120	9.60	
			内朱汁	600	0.110	66.00	135.80				内赤汁	160	0.090	14.40	
47	10.12.17	岩内港 笠井勇吉	黒内朱汁椀	600	0.120	72.00	72.00		12.11.28		黒内朱汁	360	0.110	39.60	
	11.01.19		黒内朱汁	600	0.120	72.00					内朱汁	40	0.110	4.40	
	11.01.22		内朱汁椀	1,200	0.120	144.00					姝内洗朱汁	200	0.115	23.00	
	11.04.22		内朱汁	600	0.115	69.00					内朱汁	120	0.120	12.00	139.80
	11.12.03		内朱汁	600	0.120	72.00	357.00	83	11.04.07	旭川市二条通十一丁目 西沢商店	黒内朱汁	320	0.115	36.80	
	12.01.13		内朱汁	1,800	0.105	190.80					内朱汁	280	0.105	29.40	66.20
	12.12.31		内朱汁	600	0.110	66.00		92	11.04.14	小樽区入船町 本多太吉	洗朱汁	360	0.135	48.60	48.60
			内朱汁	600	0.110	66.00	322.80	96	11.04.28	網走町 宗沢家具店	黒内朱汁	120	0.115	13.80	
52	11.01.05	稚内町 渡波作次郎	黒内朱汁椀	160	0.125	19.20					黒内朱汁	120	0.105	12.60	26.40
			姝内洗朱汁	160	0.125	20.00		106	11.06.03	函館区末広町 寺井漆器店	内朱汁	1,800	0.115	207.00	207.00
	11.04.14		姝内洗朱汁	240	0.120	28.80		108	11.07.15	下湧別村 蜊持権作	惣洗朱汁	200	0.140	28.00	
			黒内洗朱汁	160	0.115	18.40					内赤汁	200	0.105	21.00	
			洗朱汁	60	0.135	8.10					内朱汁	200	0.115	23.00	72.00
	11.07.23		黒内洗朱汁	160	0.115	18.40			13.02.20		内赤汁	120	0.105	12.60	
			惣洗朱汁	160	0.115	18.40					姝内洗朱汁椀	80	0.120	9.60	
			洗朱汁	120	0.135	16.20					惣洗朱汁	150	0.120	18.00	
	11.08.04		黒内洗朱汁	240	0.115	27.60					洗朱フタ付汁	40	0.275	11.00	51.20
			姝内洗朱汁	240	0.120	28.80	203.90	110	11.07.15	小樽市色内町 渡辺本店	内朱汁	3,000	0.105	315.00	
	12.03.10		洗朱汁椀	120	0.115	13.80					姝内洗朱汁	600	0.120	72.00	
			黒内赤汁	200	0.100	20.00					黒内洗朱汁	600	0.115	69.00	456.00
			姝内洗朱汁	120	0.105	12.60		112	11.07.29	江差町 佐藤小三郎	黒内朱汁椀	40	0.115	4.60	
	12.04.23		内朱汁	240	0.100	24.00					黒内赤汁椀	40	0.105	4.20	
			内朱汁	120	0.105	12.60					姝内洗朱汁	80	0.120	9.60	
			洗朱汁	120	0.120	14.40	97.40				惣洗朱汁	80	0.135	10.80	29.20
56	11.01.05	函館区鶴岡町 佐野合資会社	内赤汁椀	600	0.105	63.00			13.11.03	寿都港 小沢商店	内朱上汁椀	600	0.115	69.00	69.00
			内朱汁	600	0.120	72.00		113	11.07.29	江差港 岩田豊次郎	内赤汁	160	0.105	16.80	
	11.04.02		内朱汁	1,200	0.115	138.00	273.00				内朱汁	160	0.115	18.40	
57	11.01.05	増毛町 西川九三郎	黒内赤汁椀	120	0.105	12.60					内朱小三椀	10	0.280	2.80	
			黒内朱汁	120	0.120	14.40			11.12.14		内朱汁	120	0.110	13.20	
			惣洗朱汁	80	0.140	11.20	38.20				内朱汁	80	0.115	9.20	61.20
66	11.02.06	江差町 田島宗兵衛	姝内洗朱汁椀	300	0.125	37.50		123	11.08.31	七飯局区内 小西友吉	洗朱汁	80	0.140	11.20	
			惣洗朱汁	200	0.140	28.00					姝内洗朱汁	100	0.100	10.00	
			内赤吸汁	300	0.105	31.50					ツガル内洗朱	80	0.135	10.80	
			内朱汁椀	300	0.115	34.50					黒内朱汁	80	0.120	9.60	
			黒内洗朱汁	300	0.115	34.50					内朱汁	40	0.110	4.40	46.00
	11.07.24		内赤吸汁	280	0.110	30.80		124	11.09.04	天塩港 上田伊平	内赤汁椀	240	0.105	25.20	
			内朱汁椀	320	0.120	38.40					内朱汁	240	0.120	28.80	54.00
	11.11.30		姝内洗朱汁	200	0.125	25.00		125	11.09.04	根室港弥生町 熊谷近吉	内赤汁	600	0.105	63.00	63.00
			洗朱汁椀	120	0.140	16.80	277.00		12.02.03		木杓子	350	0.070	24.50	
											内朱汁	600	0.115	69.40	93.90
								132	11.11.24	野付牛町 笠井勇吉支店	内朱汁椀	600	0.120	72.00	72.00
									12.10.30		内朱汁椀	600	0.110	66.00	66.00

表2

No.	年月日	販売先		品名	員数	単価(円)	金額(円)	合計(円)	No.	年月日	販売先		品名	員数	単価(円)	金額(円)	合計(円)
	13.02.03			内赤汁椀	480	0.105	50.40		189	12.06.21	函館市末広町	森清馬	黒内朱汁椀	600	0.108	64.80	
				洗朱汁椀	120	0.135	16.20						姝内洗朱汁椀	600	0.115	69.00	
	13.11.10			内朱汁椀	600	0.115	69.00	135.60					洗朱汁	600	0.125	75.00	
137	11.12.23	小樽市堺町	林久太郎	内朱汁椀	600	0.110	66.00	66.00		12.11.11			姝内洗朱汁	600	0.115	69.00	
	12.03.15			内朱汁椀	600	0.100	60.00	60.00		12.11.24			姝内洗朱汁	600	0.115	69.00	
	13.02.13			内朱汁椀	600	0.120	72.00			12.12.31			総洗朱汁	600	0.125	75.00	421.80
				内朱汁椀	600	0.120	72.00	144.00	194	12.06.21	札幌市南一条西十丁目	栄屋商店	内赤汁椀	80	0.095	7.60	
138	11.12.23	留萌町	松橋弥太郎	内朱汁椀	600	0.110	66.00						ツガル内洗朱汁	80	0.125	10.00	
				内赤汁椀	160	0.100	16.00						惣洗朱汁	200	0.125	25.00	
				外ツガル内洗朱	200	0.130	26.00	108.00					内朱汁椀	120	0.108	12.96	
	12.02.13			内朱汁椀	200	0.100	20.00			12.07.12			洗朱汁椀	200	0.125	25.00	
				内朱汁椀	160	0.090	14.40						内朱汁椀	120	0.095	11.40	
	12.12.10			内朱汁椀	360	0.110	39.60	74.00					内朱汁椀	160	0.108	17.28	109.24
	13.02.20			内朱汁椀	240	0.115	27.60			13.03.23			内朱汁椀	200	0.100	20.00	
144	12.01.26	大野村	高橋清次郎	惣洗朱汁椀	200	0.130	26.00						洗朱汁椀	280	0.140	39.20	59.20
				内朱汁椀	160	0.110	17.60	43.60	199	12.07.12	札幌区南一条	長谷川栄助	内朱汁椀	600	0.125	75.00	
	13.01.13			内朱汁椀	120	0.100	12.00			12.07.18			内朱汁椀	600	0.115	69.00	144.00
				内朱汁椀	240	0.110	26.40		201	12.07.12	釧路港幣舞町	田村亀太郎	内朱汁椀	600	0.108	64.80	
				総洗朱汁椀	40	0.135	5.40	43.80		12.08.08			内朱汁椀	600	0.120	72.00	136.80
148	12.02.01	函館市地蔵町	桝田合資会社	内赤汁椀	1,200	0.090	108.00	108.00		13.04.13			内朱汁椀	600	0.115	69.00	69.00
151	12.02.01	寿都町	若狭音之助	内朱汁椀	160	0.090	14.40			13.09.28	深川本町	亀上謙五郎	内朱汁椀	40	0.115	4.60	
				内朱汁椀	80	0.105	8.40						洗朱汁椀	40	0.120	4.80	
				ツガル内洗朱汁	80	0.115	9.20						ツガル内洗朱汁	80	0.135	10.80	
	12.03.05			惣洗朱汁	40	0.115	4.60						洗朱汁	80	0.135	10.80	31.00
				内朱汁椀	100	0.110	11.00		207	12.08.15	帯広町	田村惣吉	黒内朱フタナシ汁	400	0.108	43.20	
				内朱汁椀	100	0.120	12.00						惣朱枯上汁	80	0.135	10.80	54.00
				ツガル内洗朱汁椀	80	0.135	10.80	82.40	214	12.10.07	網走町	山本寅吉商店	内赤汁	160	0.095	15.20	
152	12.02.01	室蘭市海岸町	信田為二郎	内朱汁椀	120	0.100	12.00						内朱汁	200	0.108	21.60	
				姝内洗朱汁椀	120	0.105	12.60		218	12.10.14	旭川市二条通十二丁目	藤森家具店	内朱汁椀	120	0.115	13.80	50.60
				津軽内洗朱汁	120	0.115	13.80						内朱汁椀	600	0.100	60.00	
				総洗朱汁	120	0.115	13.80	52.20		12.11.03			内朱汁椀	600	0.120	72.00	132.00
153	12.02.01	旭川区	立山陶器店	姝内洗朱汁	320	0.105	33.60		220	12.10.16	旭川市二条通	神保千之助	内朱汁椀	600	0.100	60.00	
				内朱汁椀	280	0.100	28.00			12.10.26			内朱汁椀	600	0.110	66.00	126.00
				洗朱汁	340	0.115	39.10			13.08.20			内朱汁椀	600	0.095	57.00	
				黒朱汁椀	260	0.100	26.00	126.70					姝内洗朱汁椀	480	0.105	50.40	107.40
154	12.02.01	天塩港	柴野支店	総洗朱汁	200	0.115	23.75	23.75	224	12.10.26	根室港	中沢助五郎	内朱汁椀	120	0.110	13.20	
161	12.02.13	帯広町	曽根捨治	津軽内洗朱椀	160	0.115	18.40						姝内洗朱汁椀	100	0.115	11.50	
				内朱汁椀	310	0.100	31.00						ツガル内洗朱	80	0.125	10.00	34.70
				内赤汁椀	460	0.090	41.40	90.80		13.12.06	夕張町	都築商店	総洗朱汁	40	0.130	5.20	
163	12.02.23	根室町	佐野合資会社	内朱汁椀	600	0.100	60.00						内赤汁椀	40	0.105	4.20	
				惣洗朱汁	180	0.115	20.70						姝内洗朱汁	40	0.120	4.80	
				姝内洗汁	160	0.105	16.80						ツガル	40	0.135	5.40	
	12.07.28			内朱汁椀	600	0.108	64.80	162.30					内朱汁椀	40	0.115	4.60	24.20
	13.01.21			内朱汁椀	600	0.110	66.00		226	12.10.29	函館市大町	関商店	内朱汁椀	600	0.110	66.00	
	13.04.26			内朱汁椀	600	0.105	63.00			12.11.14			洗朱汁椀	600	0.125	75.00	141.00
	13.08.13			内朱汁椀	600	0.120	72.00	201.00		13.08.27			内朱汁椀	600	0.115	69.00	
166	12.03.10	幌加内村	丹野幸三郎	内朱汁椀	120	0.105	12.60						内朱汁椀	600	0.105	63.00	
				内赤汁椀	120	0.095	11.40			13.12.06			洗朱汁椀	480	0.130	62.40	
				惣洗朱汁	40	0.125	5.00						ツガル内洗朱	120	0.135	16.20	
				ツガル内洗朱汁	80	0.125	10.00	39.00		13.05.25			内朱汁椀	600	0.100	60.00	
	13.01.13			内朱汁椀	120	0.110	13.20						内朱汁椀	600	0.095	57.00	327.60
				内赤汁椀	120	0.100	12.00		228	12.11.14	余市町大川町	森伝次郎	内朱汁椀	360	0.110	39.60	
				洗朱汁	120	0.135	16.20						洗朱フタ付汁	40	0.270	10.80	
				ツガル内洗朱汁	120	0.135	16.20	57.60					内朱五キ	10	0.275	2.75	53.15
169	12.03.15	岩見沢町	樋爪長治郎	内朱汁椀	80	0.100	8.00			13.12.06			内赤汁椀	300	0.105	31.50	31.50
				内赤汁椀	40	0.090	3.60		232	12.11.30	小樽市石山町	阿部茂次	内朱汁椀	40	0.110	4.40	
				洗朱汁椀	80	0.115	9.20						総洗朱汁	40	0.130	5.20	
				内朱汁椀	80	0.105	8.40						姝内洗朱汁	40	0.115	4.60	14.20
	12.04.14			黒平	70	0.335	23.45	63.65	241	13.01.23	江差港	西田亀蔵	内朱汁椀	600	0.110	66.00	66.00
173	12.02.23	根室港花咲町	目黒商店	内朱汁椀	120	0.100	12.00		243	13.01.23	寿都町	木村春松	内朱汁椀	240	0.115	27.60	27.60
				姝内洗朱汁	120	0.105	12.60		244	13.01.23	岩内港	板谷鷹三郎	ツガル内洗朱	160	0.140	22.40	
				内朱汁椀	120	0.090	10.80						総洗朱汁	40	0.135	10.80	
				洗朱汁椀	120	0.115	13.80						惣朱上枯汁	40	0.150	6.00	
				黒内朱汁椀	600	0.100	6.00	109.20					洗朱フタ付汁	40	0.270	10.80	
174	13.07.23	函館市	及能豊商店	内朱汁椀	600	0.110	66.00	66.00					内朱吸椀	60	0.245	14.70	64.70
176	12.03.28	室蘭市海岸町	吉沢伝次郎	漆阿羽 二寸	100	0.065	6.50		247	13.01.14	美国町	林久吉	内朱汁椀	240	0.110	26.40	
				漆阿羽 二寸五分	100	0.085	8.50						姝内洗朱汁	120	0.120	14.40	
				漆阿羽 三寸	100	0.115	11.50	26.50					ツガル内洗朱	80	0.135	10.80	
	13.11.19			漆阿羽 四寸	98	0.130	12.74						内朱汁椀	160	0.135	21.60	73.20
				漆阿羽 三寸	99	0.110	10.89			13.09.28	釧路市西熊舞町	中西姞蔵	内朱汁	40	0.105	4.20	
				漆阿羽 二寸五分	81	0.085	6.89	30.52					姝内洗朱汁	40	0.120	4.80	
188	12.06.21	根室港	九谷屋商店	内朱汁椀	120	0.108	12.96						洗朱汁	40	0.135	5.40	
				姝内洗朱汁	120	0.115	13.80			13.11.23			内朱汁椀	120	0.135	16.20	30.60
				惣洗朱汁	120	0.125	15.00	41.76	253	13.03.05	室蘭市大町	立野商店	内赤汁椀	80	0.105	8.40	
													姝内洗朱汁	80	0.125	10.00	
													ツガル内洗朱汁	80	0.135	10.80	
													内朱小供汁椀	80	0.110	8.80	
													内朱吸椀	20	0.245	4.90	
													洗朱枯上椀	120	0.150	18.00	60.90

表3

No.	年月日	販売先		品名	員数	単価(円)	金額(円)	合計(円)	No.	年月日	販売先		品名	員数	単価(円)	金額(円)	合計(円)
16	13.12.24	江差港	酒谷商店	内赤汁椀	120	0.105	12.60		89	15.01.23	旭川市二条通十四丁目	柳瀬市蔵商店	内赤汁椀	40	0.095	3.80	
				姝内洗汁特上	80	0.130	10.40						姝内洗汁椀	80	0.115	9.20	
				内朱汁椀	120	0.115	13.80	36.80					津軽内洗汁椀	80	0.130	10.40	
	15.04.04			洗朱汁椀	120	0.125	15.00						洗朱十汁椀	40	0.125	5.00	
				姝内洗汁椀	120	0.110	13.20	28.20					内朱汁椀	40	0.110	4.40	38.00
17	13.12.24	江差町	岩田豊次郎	黒内赤汁椀	120	0.105	12.60		90	14.03.29	釧路市真砂町	水野商店	姝内洗汁椀	560	0.115	64.40	
				黒内朱汁椀	120	0.115	13.80	26.40					洗朱子供汁椀	40	0.125	5.00	
18	13.12.24	室蘭市海岸町	目黒商店	洗朱子供汁椀	120	0.125	15.00	15.00					内朱汁椀	560	0.110	61.60	
	14.12.15			内朱汁椀	600	0.105	63.00	63.00					洗朱上枯汁椀	40	0.145	5.80	136.80
21	13.12.24	函館市大町	関商店	ツガル汁椀	200	0.135	27.00		92	14.03.29	根室港弥生町	熊谷近吉	ツガル汁椀	40	0.130	5.20	
				洗朱汁椀 枯上	120	0.145	17.40						姝内洗汁椀	40	0.145	5.80	
				洗朱並汁椀	80	0.125	10.00						姝内洗汁椀	40	0.125	4.80	
				姝内洗汁椀 上	200	0.130	26.00	80.40					洗朱子供汁椀	40	0.125	5.00	
	14.05.25			内朱汁椀	600	0.100	60.00						内朱汁椀	440	0.100	44.00	
				内朱汁椀	600	0.095	57.00	117.00		14.06.23			姝内洗汁椀	520	0.105	54.60	
	15.02.19			内朱汁椀	600	0.100	60.00						津軽内洗汁椀	80	0.110	8.80	128.20
				内朱汁椀	600	0.090	54.00	114.00	94	14.03.29	旭川市二条通十三丁目	藤森家具店	洗朱上汁椀	280	0.145	40.60	
	03.02.12			内朱汁椀	600	0.085	51.00						姝内洗汁椀	200	0.125	25.00	
				内朱汁椀	600	0.085	51.00						ツガル汁椀	80	0.130	10.40	
				内朱汁椀	600	0.085	51.00	153.00					洗朱子供汁椀	40	0.125	5.00	81.00
39	14.01.10	大野村	高橋陶器店	総洗朱汁椀	120	0.140	16.80			02.03.03			惣洗朱汁椀	120	0.120	14.40	
				内朱汁椀	120	0.110	13.20						姝内洗汁椀	120	0.105	12.60	
	14.12.14			内朱汁椀	120	0.100	12.00						津軽内洗汁椀	120	0.120	14.40	41.40
				総洗朱汁椀	60	0.125	7.50		96	14.03.29	釧路市幣舞町	田村亀太郎	洗朱上枯汁椀	120	0.145	17.40	
				内朱汁椀	160	0.110	17.60						内朱汁椀	280	0.130	36.40	
				洗朱枯上汁	40	0.145	5.80						洗朱汁椀	200	0.130	26.00	79.80
	15.01.14			ツガル洗朱子供汁椀	40	0.120	4.80		97	15.01.23	小樽市花園町大通	吉川豊吉商店	内朱汁椀	600	0.105	63.00	
				洗朱汁椀	160	0.120	19.20	96.90					内朱汁椀	600	0.105	63.00	
40	14.01.13	網走町中通	森木支店	内朱汁椀 尺六寸汁椀 40本入	10	3.750	37.50						内朱汁椀	600	0.105	63.00	189.00
	14.01.23			洗朱フタ付汁椀	10	0.335	3.35	40.85	98	14.03.30	帯広町大通	田村惣吉	内朱平	30	0.315	9.45	
54	14.01.18	根室弥生町	青木商店	内朱汁椀	480	0.110	52.80						黒平	30	0.305	9.15	
				内朱汁椀	280	0.105	29.40						内朱汁椀	160	0.110	17.60	
				内朱汁椀	200	0.120	24.00						ツガル内洗汁椀	80	0.130	10.40	
				内朱汁椀	600	0.105	63.00	169.20					洗朱上汁椀	160	0.145	23.20	
56	14.01.19	寿都港	平野喜三郎	黑内朱汁椀 600人 長4尺2寸角	2	0.017	20.40	20.40					姝内洗汁椀	320	0.125	40.00	109.80
57	14.01.19	増毛町	西川商店	内朱汁椀	240	0.110	26.40		102	14.03.30	帯広町五丁目	曽根捨治	ツガル洗朱汁椀	280	0.130	36.40	
				総洗朱汁椀	120	0.130	15.60						内朱汁椀	160	0.130	20.80	
	14.02.18			内朱汁椀	200	0.130	26.00						洗朱子供汁椀	40	0.125	5.00	62.20
				津軽内洗汁	160	0.135	21.60	84.60	120	14.05.09	小樽市色内町	孫野長五郎	内朱汁椀	600	0.095	57.00	
59	14.01.23	美国町	林久吉	内朱汁椀	200	0.110	22.00	22.00		14.10.29			内朱汁椀	600	0.095	57.00	114.00
	15.01.23			内朱汁椀	280	0.110	30.80			15.03.13			内朱汁椀	300	0.090	27.00	
				内朱汁椀	200	0.130	26.00	56.80					内朱汁椀	300	0.100	30.00	
64	14.01.23	留萌町	松橋弥太郎	内朱汁椀	600	0.110	66.00			15.10.13			内朱汁椀	280	0.095	26.60	
	14.01.29			内朱汁椀	600	0.110	66.00	132.00					内朱汁椀	320	0.085	27.20	110.80
66	14.02.03	寿都町大字大磯町	若狭商店	内朱汁椀	100	0.090	9.00			02.02.09			内朱汁椀	600	0.095	57.00	57.00
				内朱汁椀	300	0.100	30.00	39.00	144	14.08.16	伊達町	早瀬俊太郎	内朱汁椀	160	0.095	15.20	
71	14.02.03	岩内港	笠井勇吉	内朱汁椀	1,200	0.110	132.00						総洗朱汁椀	160	0.135	21.60	36.80
	14.12.24			内朱汁椀	600	0.110	66.00	198.00		15.05.04			黒内朱汁椀	160	0.100	16.00	
	15.02.03			内朱汁椀	600	0.090	54.00						総洗朱汁椀 上	160	0.130	20.80	36.80
	15.12.21			内朱汁椀	600	0.095	57.00	111.00		02.03.03			内朱汁椀	160	0.095	15.20	
	02.02.09			内朱汁椀	600	0.095	57.00	57.00					内朱汁椀	160	0.120	19.20	34.40
74	14.02.03	岩内港	本間明治郎	黒内朱汁椀	600	0.110	66.00	66.00	157	14.10.05	増毛町	佐藤武三郎	黒銘々盆	30	0.180	5.40	
78	14.02.15	稚内町	渡波作次郎	姝内洗朱汁椀	160	0.115	18.40						黒内朱汁椀	80	0.108	8.64	
				洗朱汁椀	120	0.130	15.60	34.00					姝内洗汁椀	80	0.115	9.20	
80	14.02.23	小樽市港町	渡辺合名会社	内朱汁椀	600	0.100	60.00						惣洗朱汁椀	40	0.135	5.40	28.64
				内朱汁椀	600	0.100	60.00		161	14.10.17	八雲町	小滝商店	津軽洗朱汁椀	40	0.130	5.20	
	14.03.31			内朱汁椀	600	0.100	60.00						洗朱特上汁椀	80	0.135	10.80	
				内朱汁椀	600	0.100	60.00						内朱汁椀	80	0.105	8.40	24.40
				内朱汁椀	600	0.100	60.00	360.00	163	15.03.06	室蘭市海岸町	吉沢伝次郎	漆板阿羽	200	0.105	21.00	
81	14.08.17	小樽市港町	渡辺合名会社	内朱汁椀	600	0.090	54.00						漆板阿羽	300	0.105	31.50	
				内朱汁椀	600	0.090	54.00						漆板阿羽	200	0.120	24.00	
				内朱汁椀	600	0.090	54.00	162.00					漆板阿羽	200	0.080	16.00	
	15.05.13			内朱汁椀	600	0.090	54.00						漆板阿羽	100	0.060	6.00	
				内朱汁椀	600	0.090	54.00							150	0.070	10.50	
				内朱汁椀	600	0.090	54.00	162.00						150	0.055	8.25	117.25
82	14.02.23	根室港	佐野合資会社	内朱汁椀	600	0.095	57.00		164	14.10.23	下湧別港	釼持商店	内赤汁椀	120	0.090	10.80	
				内朱汁椀	600	0.105	63.00						内朱汁椀	120	0.105	12.60	
	14.12.13			内朱汁椀	1,200	0.090	108.00						洗朱汁椀	110	0.130	14.40	37.80
				内朱汁椀	600	0.105	63.00	291.00	169	14.11.13	小樽市色内町	川守田商店	漆板羽 8寸8分角	5,000	0.011	55.00	
83	15.04.04	函館市鶴岡町	佐野支店	洗朱上汁椀	600	0.120	72.00						漆板羽 8寸7分角	6,000	0.0085	51.00	106.00
				内朱汁椀	600	0.100	60.00		170	14.11.13	小樽市手宮町	柴野豊蔵商店	漆板阿羽 1尺4寸割物	960	0.120	115.20	115.20
	15.07.09			洗朱上汁椀	600	0.120	72.00		172	15.07.18	小樽市堺町本通	林久太郎	内朱汁椀	600	0.085	51.00	51.00
				内朱上汁椀	600	0.100	60.00	264.00	182	14.12.03	小樽市稲穂町	加藤隆久	姝内洗汁椀	600	0.110	66.00	
87	15.06.07	釧路市西幣舞町	中西姑蔵	惣洗朱汁椀	160	0.135	21.60	21.60					津軽内洗汁椀	200	0.125	25.00	
88	14.03.29	根室港本町	有海商店	姝内洗汁椀	520	0.110	57.20						惣洗朱特上汁椀	195	0.140	27.30	
				ツガル内洗汁椀	40	0.135	5.40						惣洗朱汁椀	200	0.130	26.00	144.30
				洗朱上枯汁椀	40	0.145	5.80										
				内赤汁椀	600	0.100	60.00	128.40									

表4

No.	年月日	販売先		品名	員数	単価(円)	金額(円)	合計(円)
184	14.12.03	寿都港	小沢支店	黒内朱特上汁椀	40	0.140	5.60	
				内赤特上汁椀	100	0.110	11.00	
				津軽内洗朱子供汁椀	80	0.115	9.20	
				内朱汁椀	240	0.105	25.20	51.00
189	14.12.25	名寄町	佐久家具店	内朱汁椀	20	0.110	2.20	
				姝内洗矢汁椀	20	0.110	2.20	
				津軽内洗朱汁椀	20	0.125	2.50	
				内赤汁椀	20	0.100	2.00	
				洗朱汁椀	20	0.130	2.60	11.50
190	14.12.24	旭川市	齋藤仙次商店	津軽内朱汁椀	460	0.125	57.50	57.50
196	15.05.30	樺太大泊栄町	山本大吉	内朱汁椀	600	0.115	69.00	
				内赤汁椀	600	0.090	54.00	123.00
197	15.01.13	函館市末広町	寺井漆器店	内朱汁椀	600	0.105	63.00	
				内朱汁椀	600	0.105	63.00	
				内朱汁椀	600	0.105	63.00	
				内朱汁椀	600	0.105	63.00	
				内朱汁椀	600	0.105	63.00	
				洗朱汁椀	600	0.125	75.00	
	15.01.29			洗朱汁椀	600	0.125	75.00	
				洗朱汁椀枯	280	0.135	37.80	
				洗朱汁椀並	320	0.125	40.00	542.80
201	15.02.18	砂川町	山下商店	内赤汁椀	40	0.090	3.60	
				黒内朱汁椀	80	0.105	8.40	
				姝内洗朱汁椀	80	0.110	8.80	
				津軽内朱汁椀	40	0.135	5.40	
				洗朱汁椀	80	0.135	10.80	
	15.05.04			惣洗朱汁椀	40	0.130	5.20	
				内赤汁椀	120	0.090	10.80	
				黒内朱汁椀	200	0.100	20.00	
				津軽内朱汁椀	40	0.125	5.00	78.00
	02.01.23			洗朱汁椀	80	0.120	9.60	
				内朱汁椀	200	0.095	19.00	28.60

表5

新ひだか町博物館所蔵のアイヌの漆器の特徴と科学分析

宮腰哲雄，出居宗一郎，本多貴之

明治大学大学院理工学研究科応用化学専攻

藪中剛司

国立アイヌ民族博物館設立準備室

1. はじめに

　北海道内各地にある博物館で，アイヌの歴史や文化を伝えるコーナーには，ほぼどこの館でも漆器資料が展示されている．現在北海道内で漆器を生産している箇所はなく，かつてあったという記録もない．いわば漆器は，ほとんどが北海道外からもたらされたものであるといえる．

　ではなぜ，アイヌの歴史や文化を語る資料が漆器なのであろうか？ アイヌの人々は，様々な場面において神々へ祈りや感謝を捧げてきた．祈りのことばを神に伝えるとき，天目台に載せられた椀に酒が注がれ，その中へイクパスイを浸し，その酒の滴を神に捧げる．イクパスイは，長さ 30 cm，幅 3 cm，厚さ 1 cmほどの板状の木製品で様々な意匠が彫刻されている．アイヌ独自の儀礼具で，人の言葉を神に伝えるという重要な役割を担っている．椀に酒を注ぐのは片口や柄杓であり，その酒を醸すのは行器や樽である．神への供物は，膳や盌・食籠などに盛られる．このように儀式における酒器や供具は，ほぼ漆器で占められている．

　椀・天目台の中には，同色同文様でセットとなっているものや，アイヌ自製品であるイクパスイのなかにも漆製品がわずかながらあり，明らかにアイヌ向けに生産された漆器といえるものもある．一方日常の暮らしの中の漆器は，イタンキと称される椀を食器として使用しているくらいで，種類は限られる．イタンキは，儀式に用いられるトゥキと区別されているが，その違いを明瞭に区分することは難しい．また手箱，硯箱，櫃といった箱類や卓，台などの家具の類は，ほとんど存在しない．

　新ひだか町博物館では，アイヌ民具資料を約1,400点収蔵している．そのうち漆器類は，420点余りで全体の約3割を占めており，当該資料が全体に占める割合が高い．器種では，椀，天目台，皿，湯桶，楾，片口，盌，膳，行器，樽，イクパスイなどがあり，そのうち多くは椀類である．

椀は，色調，型，加飾の有無，文様形態などが非常に多彩で，なかには天目台とセットとして考えられるものも少なからず存在する．

杉山寿栄男は，『アイヌ芸術－金工・漆器篇』（杉山　1993）のなかでアイヌの漆器についてとりまとめている．その中で南部地方において生産された漆器椀を「南部椀」として一項目をおこしている．その南部椀の一種には「木地厚く粗い挽物で木質は当地方に多い胡桃の木の如き柔かい木地に，外面黒生漆に内面紅殻朱のにぶい赤色に塗られて」とあり，さらにその南部椀に描かれている文様について示している．そのうち幾つかのタイプは新ひだか町博物館に収蔵されている資料に類似するものであり，それらを浄法寺生産の可能性のある漆器として抽出，分析するに至った．

アイヌの社会では伝統的に人と神を繋ぐ重要な儀式や祭礼，ハレの日の儀礼具，宝物，威信具及び飲食器などの生活用品として漆器が重視され重宝された．しかしアイヌ社会では漆器の生産は行なわれなかったので，いずれも交易を通じて搬入された．江戸時代前期のころのアイヌの社会には高台寺蒔絵などの優品の漆器や堅牢で実用性に優れた根来様式の漆器があり，また琉球の沈金技法や加飾を施した漆器も確認されている．これらの漆器の移入は山丹交易を含むアイヌ社会の活発な交易や交流が関係し伝世した．その後，江戸時代中期以降には松前藩などの和人社会の介入が顕著になり，浄法寺塗りなどの一般的な什器や生活用具が多くなった．この様にアイヌ社会の漆器利用の文化と歴史は時代の変化と情勢，地域性が複雑に絡み合い変化したと考えられている．

2．アイヌの漆器の科学分析

歴史的に古い漆器がどのような漆を用い，漆とともにどのような材料を使い，どのような塗装技術で，どんな塗装法，漆芸で作られたかを分析し調べることで，漆器の特徴，さらにはその漆器がどこで作られたかを知るためにいろいろな科学分析を組み合わせて分析し，漆器のもつ材料情報を収集した．一つの分析法で分析対象の漆器の材料情報をすべて得ることはできない．そのため分析対象の漆器の剥落片の試料量に応じて，種々の科学分析法を応用して，各種分析データを得ることになる．先に我々は，歴史的な浄法寺塗を各種科学分析で調べ，その特徴は「漆器の木胎にはブナ属やモクレン属の木材が使われ，その塗装法は炭粉-柿渋下地で，その上に漆を1層塗装し，その漆膜はおおよそ$50\mu m$くらいで比較的薄い塗膜で簡素な塗りの漆器が

多いことがわかった．ただ片口の木材の樹種としてはブナ科クリ属 *Castanea crenata*, ツガ属 *Buxus microphylla var. japonica* あるいはカバノキ科ハンノキ属 *Alnus hirsuta* の利用例があること」を確認した．それらを基に新ひだか町博物館所蔵のアイヌの漆器 5 点の塗膜をさまざまな科学分析法で分析評価し，歴史的な漆器の材料情報と塗装構造等を調べたので報告する．

3. 新ひだか町博物館所蔵のアイヌの漆器 5 点の科学分析法

3.1 漆膜のクロスセクション分析と顕微 IR（赤外線吸収）スペクトル

漆の塗装構造を観察するために，塗膜の一部を用いてプレパラートを作製し，顕微鏡観察をおこなうものである．漆の塗り重ねや混和物等の特徴が観察できる．試料はエポキシ樹脂の 53 型 (株式会社　三啓社製) を用いて樹脂包埋を行った．その後試料面が出るように切断し，スライドガラスに接着し，自動研磨機で研磨を行い，試料プレパラートを作製した．これを光学顕微鏡 (ニコン社製　ECLIPSE LV100POL) を用いて観察を行った．また，作製したプレパラートを用いて，蛍光 X 線装置 XGT-5200 ED-XRF 装置 (堀場製作所社製) で試料中に含まれる元素を分析した．さらに，FT/IR スペクトル測定装置 (Thermo Fisher SCIENTIFIC 社製　Nicolet iN10) を用いて，ATR 法により試料断面の FT/IR スペクトルを測定した．

3.2 漆膜の熱分解-ガスクロマトグラフ/質量分析

漆塗りの塗膜の一部をもちいて漆か否かを判定する手法である．これまでは外観観察や赤外線（IR）スペクトルによる分析が主流であったが，正確な判別は難しいものがある．漆の判定を正確におこなうためには熱分解によるウルシオールの検出がもっとも判定精度が高い．

熱分解装置はフロンティア・ラボ社製ダブルショットパイロライザー　JP-2020iD, ガスクロマトグラフは Agilent 社製ガスクロマトグラム HP6890，質量分析装置は Agilent 社製 HP5975A, キャピラリー分離カラムは Ultra Alloy-PY (HT/MS, 30m，直径 0.25mm, 膜厚 0.25mm) を用いて分析を行った．熱分解温度は 500℃, イオン化電圧は 70eV, ガスクロマトグラム温度は 40℃ (2 分保持)-12℃/分昇温-320℃ (10 分保持)，インジェクション温度は 280℃, インターフェイス温度は 280℃,質量分析計内温度は 180℃,キャピラリーガスは He, カラム温度は 40-320℃ (rate12℃／min)，カラム流量：ヘリウム 1.0mL/分の条件で分析を行った．

3.3 漆膜の蛍光 X 線分析

分析用試料に X 線を照射すると試料中の電子が高いエネルギー状態になり，これらの電子が

元の状態に戻る際に蛍光を発生させる．この蛍光のエネルギーが元素ごとに異なるため，元素の種類を判別できる．この分析はクロスセクションをおこなった試料に対してもおこなうことが可能であり，各塗装層における金属元素・顔料の利用や分布を識別することができる．この分析には堀場製作所製蛍光X線分析装置XGT-5200を用いた．

3.4 新ひだか町博物館所蔵の漆器5点

新ひだか町博物館所蔵の漆器の中から，漆器の形，大きさ及び記録などから浄法寺で作られたと考えられる漆器5点を選び，それらを科学分析し，その成分組成を分析し評価した（表1）．

表1 新ひだか町博物館所蔵の漆器5点

NO.	種類	所蔵番号	外観・特徴
1	椀	2161	外黒内赤，直径12cm，高さ8cm，高台1.8cm，三つ巴紋，ササリンドウ
2	片口	7636	外黒内赤，直径18.5cm，高さ12cm，高台5cm，口長さ5.4cm 轡紋（赤色）
3	椀	9614	外黒内赤，直径12.5cm，高さ7cm，高台1.4cm，巴紋（黄色）
4	椀	16208	外黒内赤，直径13cm，高さ6.6cm，高台1cm，巴紋，ササリンドウ（黄色）
5	椀	16253	外黒内赤，直径12cm，高さ8cm，高台2.2cm，井印紋

それらの漆器の写真を次に示した（写真1）．

NO.1 椀　NO.2161　　　NO.2 片口　NO.7636　　　NO.3 椀　NO.9614

NO.4 椀　NO. 16208　　　NO.5 椀　NO. 16253

写真1　新ひだか町博物館所蔵の漆器5点の写真

4. 分析結果と考察

4.1 新ひだか町博物館所蔵の漆器5点の木胎の樹種同定

歴史的に古い時代の漆器の木胎は，地元の木を使い漆器が作られていたと考えられる．例えば，京都に近い地域では常緑針葉樹ヒノキ科ヒノキ属 *Chamaecyparis obtusa* や常緑針葉樹ヒノキ科アスナロ属が使われ，輪島ではアテが，これは能登ヒバあるいはアスナロの地方名で，いわゆる常緑針葉樹ヒノキ科アスナロ属ヒノキアスナロ *Thujopsis dolabrata var. hondae* Makino が使われている．琉球では琉球漆器の木胎として琉球産のイヌマキ科イヌマキ属 *Podocarpus macrophylla* D.Don や中国産の常緑針葉樹コウヨウザン *Cunninghamia lanceolata* が使われ，また日本産のマツ科マツ属 *Pinus* や常緑針葉樹ヒノキ科スギ亜科スギ属 *Cryptomeria japonica* も使われていた．新ひだか町博物館に所蔵されている，江戸時代後半から明治時代の初めころのアイヌの漆器はどのような種類の木が使われていたのであろうか．

漆器の素地・木胎の樹種を決めるには，木の横断面（木口 C），接線断面（板目 T）および放射断面（柾目 R）の3断面の組織の特徴から調べられている（図1）

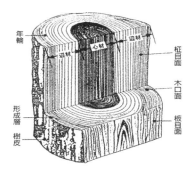

図1　樹種同定用木片の3断面のクロスセクション

以上のことを基に，先ず新ひだか町博物所蔵の漆器5点に使われた木胎の樹種を木の横断面（木口C），接線断面（板目T）及び放射断面（柾目R）の3断面の組織の特徴から調べた．その結果を次に示した．サンプルNO.1～5の漆器の木胎の樹種は，漆器の素地・木胎の3断面を調べたところサンプルNO.1とサンプルNO.5はモクレン属で，サンプルNO.3とサンプルNO.4はブナ属で，サンプルNO.2の片口（所蔵番号No.763）の木材組織の横断面（木口C），接線断面（板目T）及び放射断面（柾目R）の構造からハンノキ属ハンノキ節の樹種であることが分かった（写真2-4）

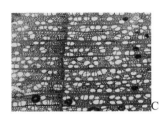 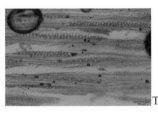 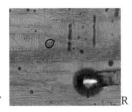

写真2　サンプルNO.1椀の木胎の樹種モクレン属の木材組織の3断面

写真3　サンプルNO.3椀の木胎の樹種ブナ属の木材組織の3断面

 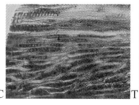 

写真4　サンプルNO.2片口の木胎の樹種ハンノキ属の木材組織の3断面

　浄法寺塗は「木地厚く粗い挽物で木質は当地方に多い胡桃の木の如き柔かい木地に，外面黒生漆に内面紅殻朱のにぶい赤色に塗られて」とあり，さらに描かれている文様，型式，様式・景色

の情報から新ひだか町博物館に収蔵されている資料に類似するものであり，それらを浄法寺生産の可能性のある漆器として抽出，分析するに至った．浄法寺塗の特徴をまとめると次のようである．浄法寺歴史民俗資料館に所蔵されている漆器の中から選んだ 11 点の漆器は，江戸時代後期から明治初期にかけて漆器では，椀や皿等の木胎の樹種はブナ属やモクレン属の木材が使われていることを確認した．そこで新ひだか町博物館に所蔵されて漆器5点の木胎の樹種を調べたところモクレン属（2種類）とブナ属（2種類）が使われていた．このことは浄法寺塗に使われた木胎の樹種と同様な種類の木材が使われていたことになる．ただ片口（ヒアゲ）の制作に使われた樹種を調べたところトチノキ属，クリ属，ツガ属あるいはハンノキ属が使われ一定していない．その理由はわからないが，片口などの比較的大型の漆器には，このような樹種が適していたのではないかと考えている．

4.2 新ひだか町博物館所蔵の漆器の塗膜の放射性炭素 14 年代測定

　新ひだか町博物館所蔵の漆器の漆膜の年代測定は加速器質量分析法で測定した．サンプル NO.1 椀の塗膜を有機溶媒，酸，更にアルカリで前処理した後，加速器質量分析計（パレオ・ラボ，コンパクト AMS：NEC 製 1.5SDH）を用いて放射性炭素 14 を測定した．得られた ^{14}C 濃度について同位体分別効果の補正を行った後，^{14}C 年代，暦年代を算出した．暦年較正は大気中の ^{14}C 濃度が一定で半減期が 5568 年として算出された ^{14}C 年代に対し，過去の宇宙線強度や地球磁場の変動による大気中の ^{14}C 濃度の変動，および半減期の違い（^{14}C の半減期 5730±40 年）を較正して，より実際の年代値に近いものを算出する．^{14}C 年代の暦年較正は OxCal4.3（較正曲線データ：IntCal13，暦年較正結果が 1950 年以降にのびる試料については Post-bomb atmospheric NH2）を使用した．なお 1σ 暦年代範囲は OxCal の確率法を使用して算出し ^{14}C 年代誤差に相当する 68.2% の信頼限界で暦年代範囲を算出し，同様に 2σ 暦年代範囲は 95.4% の信頼限界で暦年代範囲を得た．サンプル NO.1～5 の漆膜片の放射性炭素 14 年代測定の結果を表 2 に示した．この暦年代はおおよそ江戸時代後期から明治初頭のものであることが分かった．なお，江戸時代は 1603 年～1867 年（17～19 世紀半ば）で明治時代は 1868 年～1967 年である．

表2 サンプル NO.1 椀の年代測定の結果

サンプル NO.1 漆器・椀の ^{14}C 年代を暦年に較正した年代範囲

1σ暦年代範囲	2σ暦年代範囲
Post-bomb　NH2 2013.	Post-bomb　NH2 2013.
1694-1710　cal AD (11.7%)	1686-1731　(27.3%)
1813-1828　cal AD (10.7%)	1808-1895　(56.0%)
1842-1853　cal AD (8.1%)	1904-1927　(12.0%)
1866-1890　cal AD (16.6%)	

　また，サンプル NO.2〜5 の漆膜片の放射性炭素 14 年代測定の結果を表 5 に示した．この暦年代はおおよそ江戸後期から明治初頭のものであることが分かった（表 3）．

表3 新ひだか博物館所蔵のアイヌの漆器類 NO.2〜5 の暦年代に較正した年代範囲

試料 NO.	漆器	放射性炭素 14 年代を暦年代に較正した年代範囲
		2σ暦年代範囲　Post-bomb NH2 2013.
NO. 2	片口	1690-1729 cal AD (27.0%), 1810-1896 cal AD (56.2%), 1903-1925 cal AD (12.2%)
NO. 3	椀	1646-1682 cal AD (37.1%), 1762-1803 cal AD (44.6%)
NO. 4	椀	1646-1682 cal AD (37.1%), 1762-1803 cal AD (44.6%)
NO. 5	椀	1667-1697 cal AD (15.6%), 1725-1783 cal AD (41.2%), 1796-1815 cal AD (10.9%)

　新ひだか町博物館所蔵のアイヌの漆器の中から浄法寺塗りと思われる漆器 5 点を選別して，それらの放射性炭素 14 年代測定法で分析した結果は，いずれも江戸時代後期から明治初期の漆器であった．その中でも，NO.3 や NO.4 の漆器はかなり古く，一方，NO.1 や No.2 の漆器は比較的新しことがわかった．その他の漆器 NO.5 は，その中間であった．

4.3 新ひだか町博物館所蔵の漆器の塗膜のクロスセクションと顕微 IR スペクトル

　サンプル NO.1 の外黒内赤の椀の黒色塗膜のクロスセクションを次に示した．椀の塗装は，クロスセクションから木胎の上に炭粉−柿渋下地を施し，その上に漆を一層塗布したことが認めら

れた．上層の漆膜の厚さは50μmで下地層は250-300μmと厚い．クロスセクションの上層の漆膜はきれいで透明であることから精製漆が使われたと考えている（写真5）．

写真5 サンプルNo.1（黒色漆膜）のクロスセクション：透過光（左2），反射光（右2），偏光（右），塗装構造イメージ図（左）

サンプルNo.1（黒色塗膜）の下地層に柿渋が使われたことは，下層の顕微IRスペクトルが，標品の柿渋のIRスペクトルと一致したことから確認した（図2）．

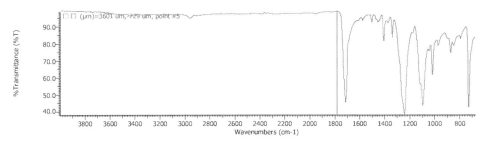

図2 サンプルNo.1（黒色漆膜）のクロスセクションの下地層の顕微IRスペクトル

以上のことからサンプルNO.1（黒漆膜）の椀の塗装は，モクレン属の木の上に炭粉-柿渋下地を施し，その上に漆を一層塗布したことが認められた．上層の漆は，クロスセクションがきれいで透明であることから精製漆が使われたと考えている（写真5）．

サンプルNO.1の外黒内赤の椀の赤色塗膜のクロスセクションを次に示した（写真6）．椀の塗装は，クロスセクションから木胎の上に炭粉-柿渋下地を施し，その上にベンガラ漆を一層塗布したことが認められた．上層の漆膜の厚さは50μmで下地層は250-300μmと厚いことが分かった．

写真6 サンプルNo.1（赤色漆膜）のクロスセクション：透過光（左2），反射光（右2），偏光（右），塗装構造イメージ図（左）

　サンプルNo.1（赤色塗膜）の下地層に柿渋が使われたことは，下層の顕微IRスペクトルが，標品の柿渋のIRスペクトルと一致したことから確認した．この赤色の塗膜を蛍光X線分析したところ鉄（Fe）が認められたことからベンガラを使った彩漆を使ったと考えている（図3）．

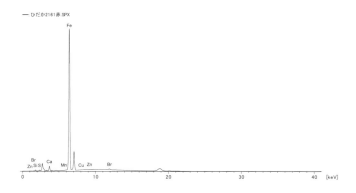

図3 サンプルNO.1の赤色塗膜の蛍光X線分析の結果

　サンプルNO.2 片口の外黒内赤の黒色塗膜のクロスセクションを次に示した（写真7）．片口の塗装は，クロスセクションから木胎の上に炭粉-柿渋下地を施し，その上に漆を一層塗布したことが認められた．上層の漆膜の厚さは30μmで下地層は50μmと薄い．この漆器の下地層に柿渋が使われたことは，下層の顕微IRスペクトルが，標品の柿渋のIRスペクトルと一致したことから確認した．

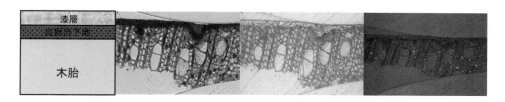

写真7 サンプルNo.2（黒色漆膜）のクロスセクション：透過光（左2），反射光（右2），偏光（右），塗装構造イメージ図（左）

サンプルNo.2 片口（赤色塗膜）のクロスセクションを次に示した（写真8）．赤色塗膜の下地層（a〜b層）は炭粉-柿渋下地で，炭粉の利用は蛍光X線分析の結果からカーボン含有濃度は92-93％と非常に高いことことが確認され，この下地層の顕微IRスペクトルが，標品の柿渋のIRスペクトルと一致したことから柿渋の利用を確認した（表4）．またこの赤色塗膜はX線分析から水銀（Hg）が認められたことから朱（c層）を使った彩漆を使ったことが確認された（表4）．

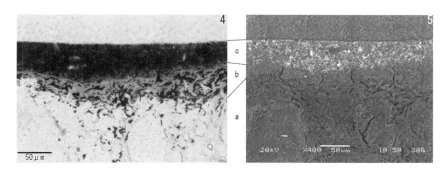

写真8 サンプルNo.2（赤色漆膜）のクロスセクション：透過光（左），反射光（右）

表4 X線分析結果（mass%）

分析No.	塗膜層	C	SiO_2	SO_3	K_2O	CaO	HgO
サンプル	c	77.22	1.34	7.29	—	—	14.15
NO.2	b2	93.88	1.42	1.51	1.12	2.07	—
椀	b1	92.09	2.06	1.32	—	4.52	—

サンプル No. 3 椀（赤色塗膜）とサンプル No.5 椀（赤色塗膜）の下地層も炭粉-柿渋下地で，その上の層には朱漆を使った彩漆を施されていた．またサンプル NO.3 椀の内赤の漆膜を蛍光 X 線分析で分析したところ水銀（Hg）を確認したことから朱の利用を確認した．同様に，サンプル NO.5 椀の内赤の漆膜も蛍光 X 線分析で分析したところ水銀（Hg）を確認したことから朱の利用されていた（表5）．

　また，サンプル NO.2~5 椀の黒色塗膜のクロスセクションは，サンプル NO. 1 の黒色塗膜の同様に炭粉-柿渋下地層であることはクロスセクションの下層の顕微 IR スペクトルから認められ，その上塗り層の漆の存在は顕微 IR スペクトルとクロスセクションの上塗り層の透明性から精製漆を 1 層塗布した塗装構造であることが認められた．サンプル No.2 片口（赤色塗膜）の下地層も炭粉-柿渋下地で，その上の層にはベンガラ漆を使った彩漆を施されていた．このことは同様に蛍光 X 分析で測定して鉄（Fe）を確認した．

表5 新ひだか博物館所蔵のアイヌの漆器類 NO. 1～5 の塗装構造

NO.	漆器	位置	色	下地・膜厚	上塗り・膜厚
1	椀	外側	黒色	炭粉-柿渋 300μm	漆 50μm
		内側	赤色	炭粉-柿渋 300μm	ベンガラ漆 50μm
2	片口	外側	黒色	炭粉-柿渋 300μm	漆 50μm
		内側	赤色	炭粉-柿渋 50μm	朱漆 50μm
3	椀	外側	黒色	炭粉-柿渋 50μm	漆 50μm
		内側	赤色	炭粉-柿渋 200μm	朱漆 30μm
4	片口	外側	黒色	炭粉-柿渋 50μm	漆 50μm
		内側	赤色	炭粉-柿渋 50μm	ベンガラ漆 50μm
5	椀	外側	黒色	炭粉-柿渋 50μm	漆 30μm
		内側	赤色	炭粉-柿渋 30μm	朱漆 60μm

4.4 新ひだか町博物館所蔵の漆器の塗膜の熱分解-ガスクロマトグラフィー（GC）／質量分析（MS）と顕微IR（赤外線吸収）スペクトル分析

サンプルNo.1の黒色の塗膜のIRスペクトルを図4に示した．比較のために標準的な漆膜と比較してよく似たスペクトルが得られたことからNO.1（黒色）の塗膜は漆と考えた．なおこの塗膜を熱分解-GC/MS法で分析した結果を図5に示した．

サンプルNO.1片口（赤色漆膜）の剥落塗膜を用いて熱分解-GC／MS法で分析し，そのTIC（全イオンクロマトグラム）からアルキルフェノール（m/z 108）を抽出したところ，ウルシオール重合物が熱分解した3-ペンタデシルフェノール（C15）と3-ヘプチルフェノール（C7）が確認された．このことから片口の塗装に使われた漆はウルシの木 *Toxicodendron vernicifluum* の漆液を用いたことがわかった（図5）．

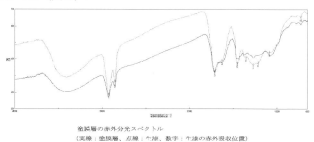

図4 サンプルNo.1の黒色塗膜のIRスペクトル

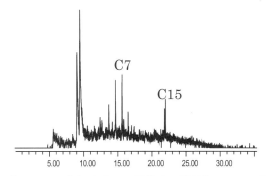

図5 サンプルNO.2（赤色塗膜）の剥落片の熱分解-GC／MS分析結果：

MSクロマトグラム m/z 108

m/z 60 のカルボン酸に関わる MS クロマトイオングラムを抽出するとパルミチン酸（C16）とステアリン酸（C18）などの脂肪酸類が認められた（図6）．このことから漆に乾性油を混ぜて使われていたことが示唆された．漆の塗装時高温多湿下で漆を乾燥硬化させると漆は早く乾燥するが塗膜の色は濃くなり，また皺が生じ易い．そこで漆に乾性油を加えて乾燥をコントロールし，また漆膜の艶をよくするために油を加えることもあり，当時どのような目的で漆に油を加えたか興味がある．

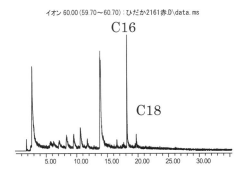

図6 サンプル NO．2 片口（赤色塗膜）の熱分解-GC／MS 分析の結果：

MS クロマトグラム m/z 60

MS クロマトグラム m/z 202 の抽出によりリテン retene（分子式 $C_{18}H_{18}$, 分子量 234），ピレン pyrene（分子式 $C_{16}H_{10}$, 分子量 202）及びフルオランテン fluoranthene（分子式 $C_{16}H_{10}$, 分子量 202）が検出された（図7）．これらの化合物は煤や炭粉などのカーボン中から認められることから漆器の下地層に煤や炭粉などのカーボンが使われためにそれらが検出されたと考えている．

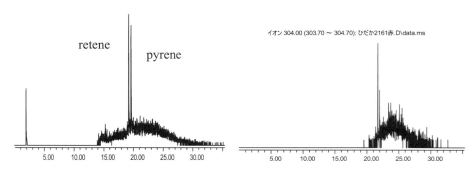

図7 サンプル NO.1 大型丸鉢 の熱分解-GC／MS 分析の結果：

MS クロマトグラム m/z 202 と 304

更にサンプル NO. 2〜5 の漆器の（黒色の）塗膜片を同様に熱分解-GC／MS 分析したところ MS クロマトグラム *m/z* 108 から 3-ペンタデシルフェノール（C15）と 3-ヘプチルフェノール（C7）が確認された．このことからそれらの漆器はいずれもウルシの木 *Toxicodendron vernicifluum* の漆液を用いたことがわかった．またいずれのサンプルの熱分解-GC／MS 分析の MS クロマトグラム *m/z* 60 からパルミチン酸（C16）やステアリン酸（C18）などの脂肪酸類が認められた．さらに MS クロマトグラム *m/z* 202 からリテン retene，ピレン pyrene 及びフルオランテン fluoranthene が検出されことからこれらの漆器の塗膜には炭粉や煤などのカーボンが含まれ，それが黒色漆器制作や下地形成のために使われていたことが分かった．

またサンプル NO. 2〜5 の漆器の（赤色の）塗膜片を同様に熱分解-GC／MS 分析したところ MS クロマトグラム *m/z* 108 から 3-ペンタデシルフェノール（C15）と 3-ヘプチルフェノール（C7）が確認された．このことからそれらの漆器はいずれもウルシの木 *Toxicodendron vernicifluum* の漆液を用いたことがわかった．

4.5 新ひだか町博物館所蔵の漆器 5 点の科学分析の結果のまとめ

新ひだか博物館に所蔵されている多くの漆器の中から，浄法寺塗の特徴である型式，形態，様子，景色などから漆器 5 点を選び，それをいろいろな科学分析法で分析して漆に関わる材料情報や塗装構造を評価した．

新ひだか博物館所属のアイヌの漆器 5 点の木胎はブナ属（2 点）とモクレン属（2 点）の木材が使われていることがわかった．また，その漆塗装法は炭粉-柿渋下地が施され，その上に漆を 1 層塗装されていて，その漆膜の厚さはおおよそ 50μm と比較的薄く簡素な漆器であることも認められた．ただ片口（ヒアゲ）の制作に使われた樹種はハンノキ属が使われていた．浄法寺塗の片口の素地・木胎はバライティーで，トチノキ属，クリ属，ツガ属が使われ，ハンノキ属の利用例もあり一定していない．また，新ひだか博物館所属の片口の塗膜も炭粉-柿渋下地が施され，その上に漆が 1 層塗装されていて，その漆膜の厚さはおおよそ 50μm と比較的薄く簡素な塗膜であることが分かった．以上のように新ひだか博物館所属のアイヌの漆器 5 点は，浄法寺塗の特徴である型式，形態，様子，景色などが比較的似た漆器を選び，それを各種科学分析した結果はいずれも浄法寺地域で作られた漆器に極めて似ていることがわかった．これらの漆器の年代は，新ひだか町博物館所蔵のアイヌの漆器の中から浄法寺塗りと思われる漆器 5 点を選別して，それらの放射性炭素 14 年代測定法で分析した結果は，いずれも江戸時代後期から明治初期の漆

器であった．これらの漆器が制作された期間はかなり長い期間になるが，その間の漆器製造に関わる材料の選別，下地作り，塗装方法は，ほとんど同じで，浄法寺地域の伝統的な塗りの技法，技術を踏襲して，浄法寺塗りが行われたことがわかった．

　今後は，更にこの種の分析データを増やし，浄法寺塗と考える漆器例を増やし，また他の産地の漆の材料情報も多く収集して，その類似性や相違を詳しく調べることで，多くのアイヌの漆器全体の産地同定法を確立したいと考えている．

5. まとめ

　アイヌの漆器の制作地を知るには，多くの漆器生産地の漆に関わる材料情報や漆器制作の漆芸や技術情報が重要になる．アイヌの漆器に関わる多くの研究者が，アイヌの漆器の中に岩手県二戸市浄法寺地域の漆器が含まれていると考えている．そこで，今回は先ず始めに，浄法寺塗の特徴を知るために浄法寺歴史民俗資料館に所蔵されている漆器の中から，江戸時代後半から明治初頭の漆器と考えられる 11 点を選び，それらを各種の科学分析で分析評価した．その結果，それらの漆器の木胎はブナ属やモクレン属の木材が使われ，その塗装法は炭粉－柿渋下地で，その上に漆を 1 層塗装し，その漆膜はおおよそ 50μm くらいで比較的薄い塗膜で簡素な塗りの漆器が多いことがわかった．ただ片口の木材の樹種としてはブナ科クリ属 *Castanea crenata*，ツガ属 *Buxus microphylla var. japonica* あるいはカバノキ科ハンノキ属 *Alnus hirsuta* の利用例があった．以上が浄法寺塗の特徴ではないかと考え，これらの分析結果を基にして，新ひだか博物館所属のアイヌの漆器の特徴を科学分析で評価し，比較検討することで，漆器の産地同定を試みた．その結果，新ひだか町博物館所蔵の多くのアイヌの漆器の中から浄法寺塗の特徴である型式，形態，様子，景色が比較的似た漆器 5 点を選び，それらの剥落片を種々の科学分析で漆の木胎の樹種や塗膜構造を分析評価し，それらの生産地の解明を検討した．その結果漆椀 4 点に使われた樹種はモクレン属の利用が 2 点，ブナ属の利用が 2 点あった．片口の樹種はハンノキ属ハンノキ節であった．それらの漆器の外黒色の塗膜は，いずれも炭粉－柿渋下地で，その上に漆を 1 層おおよそ 50μm くらいで比較的薄く塗装した簡素な漆器がほとんどであった．内赤色の塗膜はベンガラ漆が使われ，中には朱漆も使われ，黄色の彩漆には石黄の利用も認められた．以上のように新ひだか博物館所蔵のアイヌの漆器 5 点の漆の材料情報と塗装構造は浄法寺塗の特徴と極めて似ていることから浄法寺塗と考えた．

この分析結果とその特徴を基に,さらに北海道にあるアイヌの漆器やサハリン・アイヌの漆器の特色や制作地をさまざまな科学分析法で分析評価し,歴史的なアイヌの漆器の材料情報と塗装構造,制作地を調べる研究に発展させたいと考えている.

また,今後,更にアイヌの漆器の形態的な特徴といろいろな科学分析の結果から得られる材料情報を蓄積して,アイヌの漆器の歴史や漆工技術を調べることで多くのアイヌの漆器の産地同定法を確立したいと考えている.

謝辞

アイヌの漆器5点を恵与していただいた新ひだか町博物館に深謝申し上げます.歴史的な漆器の素地・木胎の樹種同定は明治大学黒曜石センター客員教授能城修一博士にお願いした.ここに記して感謝を申し上げます.本研究は文部科学省科学研究費(B) Grant Numbers 16H 03472(研究代表者 浅倉有子)による学際研究の一環として行なわれた.ここに記して厚く御礼を申し上げます.

参考文献

1) 杉山寿栄男『アイヌ芸術－金工・漆器篇』 1993 復刻 北海道出版企画センター
2) 前報 研究論文「歴史的な浄法寺塗の塗膜分析と特徴」浅倉有子,中村弥生,出居宗一郎,本多貴之,宮腰哲雄、アイヌの漆器の学際研究論文集(仮題),2018年9月発刊(予定).
3) 谷本晃久,サハリン州郷土博物館所蔵漆器(NO.2270)の収集地について 〜西海岸ライチシカ:来知志のこと〜 浅倉漆器科研報告レジュメ 1〜4,アイヌの漆器のシンポジウム,北海道大学,2016年12月21日.
4) 四柳嘉章,漆の文化史,岩波新書(2009).
5) 北野信彦,アイヌ社会と漆,200-201, URUSHI -人と漆の12000年史- 国立歴史民俗博物館2017年.
6) 北野信彦,北海道の中世・近世出土漆器からみた北方交易に実態解明に関する基礎調査,150-160,中近世北方交易と蝦夷地の内国化に関する研究-平成22〜25年度科学研究費基盤研究A(課題番号22242024)研究成果報告書,2014年2月.研究代表者関根達人(弘前大学人文学部).
7) 北野信彦,中・近世アイヌ史の解明に対する漆器分析の可能性,186-194,新しいアイヌ史の構築:先史編・古代編・中世編:「新しいアイヌ史の構築」プロジェクト報告書2012.
8) 神奈川大学日本常民文化研究所調査報告 第22集,アイヌ民族に伝わる漆器の調査研究-アイヌ民具としての漆器類の基礎データの収集と分析—,神奈川大学日本常民文化研究所発行(2014年).日本語

【執筆者等一覧】(所属、専門領域)

編　者：浅倉　有子(上越教育大学大学院学校教育研究科、文献史学〔近世史〕)

監修者：室瀬　和美(公益社団法人日本工芸会副理事長・重要無形文化財「蒔絵」保持者、漆芸制作及び文化財保存)

　　　　佐々木利和(北海道大学アイヌ・先住民研究センター、アイヌ文化史)

執筆者(執筆順、重複を除く)

小野　哲也(標津町ポー川史跡自然公園、考古学)

東　　俊佑(北海道博物館研究部歴史研究グループ、文献史学〔近世史〕)

谷本　晃久(北海道大学文学研究科、文献史学〔近世史〕)

宮腰　哲雄(明治大学名誉教授・明治大学研究知財戦略機構研究推進員、有機合成化学・漆の化学)

本多　貴之(明治大学理工学部、化学〔有機分析〕)

清水　　香(新潟大学人文学部、考古学〔近世考古学・アイヌ考古学〕)

菅原　慶郎(小樽市総合博物館、文献史学〔近世史〕)

松本あづさ(藤女子大学文学部、文献史学〔近世史〕)

神谷　嘉美(金沢大学人間社会研究域附属国際文化資源学研究センター、漆工技術・文化財分析)

小林　幸雄(元・北海道開拓記念館、アイヌ漆器〔トゥキ(杯)〕)

藪中　剛司(国立アイヌ民族博物館設立準備室、物質文化〔アイヌ〕)

編者紹介

編　者：浅倉有子（あさくら・ゆうこ）
所属等：上越教育大学大学院学校教育研究科
専　門：文献史学（近世史）
主要著作等：
- 『北方史と近世社会』（清文堂、1999年）
- 「浄法寺漆器の生産と流通」（矢田俊文他編『中世の城館と集散地』、高志書院、2005年）
- 「蝦夷地における漆器の使途と流通－椀（盃）・盃台・「台盃」－」、（『北海道・東北史研究』6号、2010年）
- 「米沢藩記録方の編纂事業に関する基礎的考察」（国文学研究資料館編『幕藩政アーカイブズの総合的研究』、思文閣出版、2015年）他

アイヌの漆器に関する学際的研究

発　行　　２０１９年３月３０日
編　者　　浅　倉　有　子
発行者　　野　澤　緯三男
発行所　　北海道出版企画センター
〒001-0018 札幌市北区北18条西6丁目2-47
電　話　011-737-1755　FAX　011-737-4007
振　替　02970-6-16677
Ｕ Ｒ Ｌ　http://www.h-ppc.com/
印刷所　　（株）北海道機関紙印刷所

ISBN978-4-8328-1903-0　C3021